Dieter Uhrig

Begegnungen mit Dirigenten

Erinnerungen an Dirigenten
der Staatskapelle Dresden und des
Rundfunk-Sinfonieorchesters Berlin
1957–1998

Herausgegeben
von Matthias Herrmann

DONATUS

Dresdner Studien zur Musik
Band 1

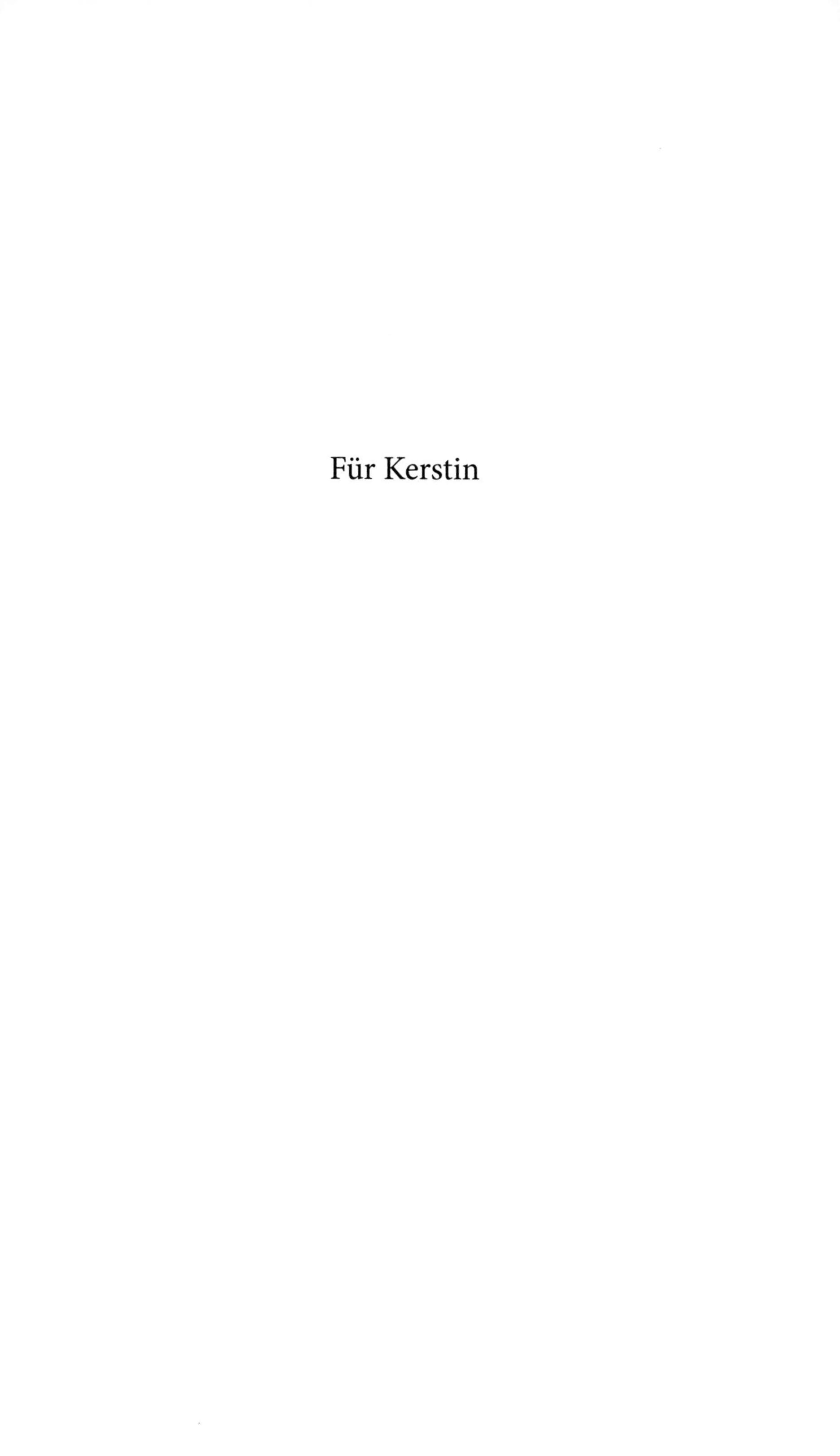

Für Kerstin

Dieter Uhrig (* 1933) wurde in Dresden geboren und besuchte die Kreuzschule, wo er 1953 das Abitur ablegte. Er studierte von 1953 bis 1957 Deutsche Sprach- und Literaturwissenschaft, Musikwissenschaft und Philosophie an der Leipziger Universität (1957 Abschluss als Diplom-Philologe). 1957 begann er seine berufliche Tätigkeit als Dramaturg am Stadttheater Bautzen. 1959 wechselte er an die Staatsoper Dresden als Dramaturg für Oper und Konzert. Von 1969 bis 1987 übernahm Dieter Uhrig das Amt des Orchesterdirektors der Staatskapelle Dresden.
Von 1988 bis 1998 wirkte er beim Rundfunk-Sinfonieorchester Berlin, wo er zuerst als Produzent und nach 1990 als Orchesterdirektor tätig war. Er schrieb zu zahlreichen musikwissenschaftlichen Themen und verfasste Beiträge für Programmhefte und Schallplatten- und CD-Produktionen. Dieter Uhrig konzipierte und plante Konzertreihen, verpflichtete und betreute namhafte Dirigenten und Musiker und arbeitete eng mit internationalen Agenturen zusammen.
1961 publizierte Dieter Uhrig ein Buch über E. T. A. Hoffmann. 1973 erschien gemeinsam mit Eberhard Steindorf anlässlich des 425-jährigen Jubiläums der Staatskapelle Dresden eine Festschrift.

Bibliografische Information der Deutschen Nationalbibliothek:
Die Deutsche Nationalbibliothek verzeichnet diese Publikation in der Deutschen Nationalbibliografie; detaillierte bibliografische Daten sind im Internet über www.dnb.de abrufbar.

Impressum

Gestaltung: spitzenton.design
Verlag: Donatus-Verlag, Niederjahna
Bilder Cover: Rafael Frühbeck de Burgos (Foto: Christian Bard)
Otmar Suitner (Foto: Jutta Landgraf)
Kurt Sanderling (Foto: Hansjoachim Mirschel)
Herbert Blomstedt (Foto: Wolfgang Wahrig)
Bilder Rücktitel: Staatskapelle Dresden unter Franz Konwitschny 1954 (Foto: Werner Frost)
Martin Turnovský (Foto: Hans Dieter Grohé)
Heinz Rögner (Foto: Susanne Rögner)
Hans Vonk (Foto: Erwin Döring)
Herstellung: BOD, Books on Demand Norderstedt
ISBN: 978-3-946710-64-6

Inhalt

Geleitwort von Herbert Blomstedt

Nie werde ich meinen ersten Tag in der DDR vergessen! Die Anreise mit dem Zug aus Stockholm war lang und mühsam. Mitten in der Nacht wurde ich auf der Fähre zwischen Trelleborg und Saßnitz in meiner Kabine von zwei Grenzpolizisten aus dem Schlaf geweckt. Sie waren nicht unfreundlich, aber auch nicht freundlich, und sie hatten einen Hund dabei, der unter meinem Bett schnüffelte. Ich fühlte mich unerwünscht. Auf dem leeren Ostbahnhof in Berlin war es nicht besser. Kein Mensch war so früh morgens zu sehen. In dem spärlichen Licht wurde ich aber eines Soldaten gewahr, oben auf der Rampe. Mit Gewehr. Im Erste-Klasse-Abteil nach Dresden war ich allein. Es war kalt, und es roch nach ungewohntem Reinigungsmittel. Im Dresdner Hauptbahnhof war alles noch schwarz vor Sott und alle Fensterscheiben waren kaputt oder weg. Aber – dann kommt ein freundlich lächelnder Mann mir entgegen: Dieter Uhrig, der Orchesterdirektor der Staatskapelle. Ein Mensch von Fleisch und Blut, ohne Uniform, ohne Hund und ohne Gewehr. Ich fühlte mich dann doch willkommen und fast sofort wie zu Hause – ein totaler Umschwung zu den letzten 24 Stunden. Nächsten Morgen dann die erste Begegnung mit der Kapelle – mein Idol seit frühester Kindheit. Und wie sie klang! Ich war wie im Himmel!

Das war der Anfang von 15 Jahren ungetrübter Zusammenarbeit. Dieter Uhrig war der ideale Orchesterdirektor. Immer positiv. Er erzählte mir von den großen Persönlichkeiten im Orchester, dieser mirakulösen Wunderharfe. Alle Probleme löste er, oft lange bevor sie mir bekannt wurden. Ich hatte den Eindruck, dass er das volle Vertrauen des Orchesters hatte. Er und die Musiker machten mich mit allen historischen und gegenwärtigen Schönheiten der Musikstadt Dresden bekannt. Die langen und schwierigen Verhandlungen wegen der mir angetragenen Chefposition haben sie geduldig, aber auch konsequent durchgehalten und mit Hilfe des Intendanten Horst Seeger zum gewünschten Ziel geführt.

Besonders interessant war die Programmarbeit. Herr Uhrig kannte die Orchesterliteratur gründlich und empfahl mir wichtige Werke zeitgenössischer Komponisten. Viel wurde brieflich besprochen, aber oft saßen wir auch am runden Tisch in seiner Wohnung, nach einem delikaten Abendbrot. Ähnlich Vertrauliches habe ich mit dem Programmteam aus San Francisco erlebt. Die Extreme berühren sich oft! Das war eine musikalisch und menschlich wunderbare Zeit, die nur am Ende getrübt wurde durch die zunehmenden wirtschaftlichen Probleme der DDR. Dann ging ich nach San Francisco und Herr Uhrig nach Berlin. Und es entstand eine lange Pause. Aber die Kapelle blieb für immer unsere gemeinsame „Wunderharfe“.

Herbert Blomstedt

Ehrendirigent der Sächsischen Staatskapelle Dresden, 5. Juli 2020

Geleitwort von Ernst Elitz

Es war eine glückliche Fügung, dass Dieter Uhrig in seinem der Musik gewidmeten Arbeitsleben mit dem Mauerfall und der Wiedervereinigung eine neue Epoche für das Rundfunk-Sinfonieorchester miterleben und mitgestalten konnte. Nach der Wiedervereinigung stand viel auf dem Spiel. Trotz aller Bekenntnisse im Einheitsvertrag, dass die „kulturelle Substanz (auf dem ehemaligen Gebiet der DDR) keinen Schaden nehmen“ dürfe, wurden Kulturinstitutionen in den neuen Bundesländern gnadenlos geschleift. Die Ängste waren groß. Jedes einzelne Ensemblemitglied fragte sich: Was wird aus mir? Was wird aus uns? Dieter Uhrig musste die Sorgen dämpfen und nach Wegen suchen, dem Orchester eine neue Chance zu geben. Die Hoffnung siegte.
Das Rundfunk-Sinfonieorchester verdankte das Überleben in der Zeit des kulturellen Harmagedons seiner Zugehörigkeit zum Staatlichen Rundfunkkomitee der DDR und gelangte so an der Seite des für eine bundesweite Ausstrahlung vorgesehenen Senders „DS Kultur“ unter die Obhut der Bundesregierung und des ZDF in eine „geschützte Zone“. Hier ging es nicht um Abbruch, sondern um Erhalt. Die Radiomacher des zu Zeiten des „Runden Tisches“ entwickelten Radioprogramms zogen in den Westen Berlins in das Funkhaus des RIAS, um dort gemeinsam mit den RIAS-Kollegen das Kulturprogramm des gerade gegründeten nationalen Hörfunks DeutschlandRadio aufzubauen.
Und der andere glückliche Gewinner der kulturellen Wiedervereinigung, das RSB, wurde nach langem Ringen gleichberechtigter Partner in der neuen Rundfunk Orchester und Chöre gGmbH Berlin (ROC). Auch diese Gesellschaft war eine in der Folge der deutschen Einheit von der Bundespolitik ersonnene Innovation. Neben dem klassischen „West-Berliner“ Deutschen Symphonie-Orchester (DSO), das dem RIAS verbunden war, wurde das RSB, dessen Geschicke Dieter Uhrig leitete, gemeinsam mit dem RIAS-Kammerchor und dem ebenfalls vor der Abwicklung geretteten Rundfunkchor Berlin gleichberechtigter Partner in der ROC und eine erste Adresse im gesamtdeutschen Kulturleben.
Da lief nichts wie geschmiert. Der Weg in die Gemeinsamkeit war ein Weg voller Tücken. Es waren nervenaufreibende Zeiten, in denen sich Ängste und Hoffnungen abwechselten, aber in denen Dieter Uhrig immer besonnen reagierte – ein Ruhepol in unruhiger Umgebung. So habe ich und so haben die Ensemblemitglieder ihn erlebt. Da mussten Vorurteile gegen die „Ossis“ ausgeräumt und Alleinvertretungsansprüche erfolgreich abgewehrt werden. Und so konnte mit Dieter Uhrig ein neues Kapitel in der inzwischen hundertjährigen Geschichte des Or-

chesters beginnen. Vergangenheit und Zukunft begegneten sich. Das RSB kehrte zurück in den angestammten Proben- und Sendesaal des von Hans Poelzig entworfenen und zu Zeiten der Weimarer Republik eröffneten „Haus des Rundfunks“ in Berlin-Charlottenburg. Und es ging zugleich mit Rafael Frühbeck de Burgos auf Europa-Tourneen. Ein wichtiger Durchbruch. Es folgten prägende Jahre unter den international gerühmten Chefdirigenten Marek Janowski und Vladimir Jurowski. Dieter Uhrig gehört zu denen, die den Weg dafür geebnet hatten.

Ernst Elitz
Intendant a. D.
Vorsitzender des Kuratoriums
der Rundfunk Orchester und Chöre gGmbh Berlin (ROC)
August 2022

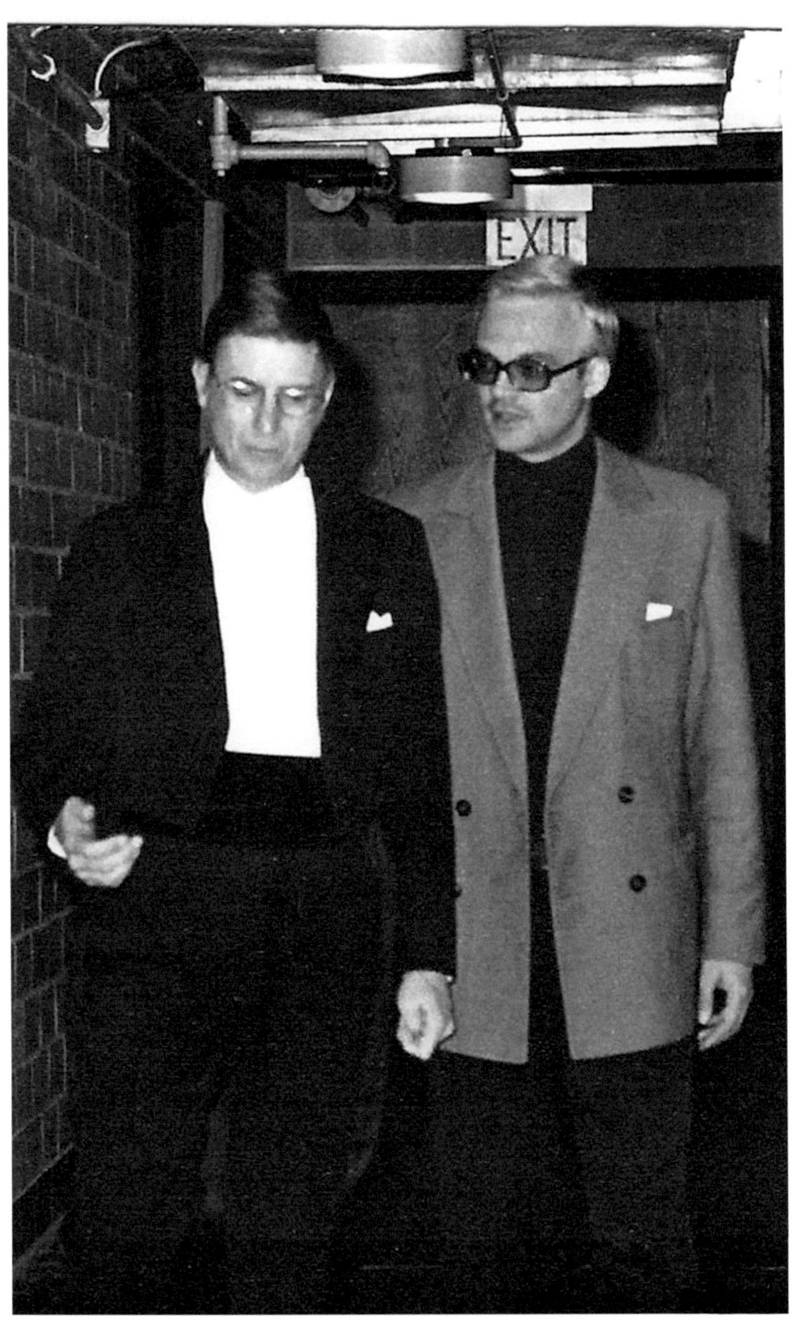

Herbert Blomstedt mit Dieter Uhrig, 1983 (Foto: Archiv Uhrig)

Vorwort

Die „Erinnerungen“ sollen meine Begegnungen mit Dirigenten während meines Berufslebens als Dramaturg in Bautzen und Dresden und später als Orchesterdirektor der Staatskapelle in Dresden und des Rundfunk-Sinfonieorchesters in Berlin (RSB) reflektieren. Vornehmlich Künstler aller Couleur (Dirigenten, Komponisten, Solisten) habe ich damals getroffen. Alles vollzog sich in der damaligen DDR, dem „Arbeiter-und-Bauernstaat“, wie sie sich selbst apostrophierte, in dem ich von 1957 bis 1989 lebte und tätig war, und von 1989 bis 1998 nach dem Fall der Mauer im endlich wieder freien Berlin.

Um meine Aufgaben zu erfüllen – den Erhalt und die Weiterentwicklung eines Klangkörpers von Weltgeltung, wie die Dresdner Kapelle international bewertet wurde – habe ich mich in mancher Situation auch anpassen müssen. Es ist mir aber wohl aus einem gewissen Schutz, den die deviseneintreibende Tätigkeit des Imperiums von Schalck-Golodkowski gewährte, gelungen, mich nicht zu verbiegen. Ich habe gegenüber manchem ideologiebesessenen Funktionär die humanitäre Position des Orchesters und seine daraus resultierende Wirkungskraft verteidigt und auch meinen christlichen Glauben niemals verleugnet, so oft das mir vielleicht eine bessere Lage verschafft hätte.

Kulturpolitisch musste ich mich zunächst mit den Regeln der von Walter Ulbricht in Szene gesetzten NÖP (Neue Ökonomische Politik) arrangieren; später galt es die Politik Erich Honeckers, die im „Westgeld“-Trauma endete, irgendwie mit den kulturellen Erfordernissen zusammenzubringen. Gemeinsam mit den mir vertrauten und ebenfalls für die Sache des Orchestererhalts rückenstärkend Zugetanen habe ich versucht, das Mögliche möglich zu machen und die Eigenstellung der Dresdner Kapelle aufrechtzuerhalten.

Das Geleistete und Erreichte spricht für sich. Und es verdient festgehalten zu werden, was unter diesen politischen Verhältnissen möglich war und geleistet wurde. Einzubeziehen ist dabei auch die Tatsache, dass von einer Seite ständig ein Ost-West- bzw. West-Ost-Konflikt aufgerufen wurde, um eigene Probleme klein zu reden oder gar zu vertuschen.

In Berlin habe ich mich aktiv in die Reihe derer eingereiht, die sich darum bemüht haben, das RSB als das älteste deutsche Rundfunk-Sinfonieorchester zu erhalten und vor drohender Abwicklung oder Verkleinerung zu bewahren. Gelungen sind alle damaligen Bemühungen schließlich mit der Gründung der Rundfunk Orchester und Chöre gGmbH Berlin unter maßgeblicher Beteiligung von ZDF, Deutschlandfunk und WDR.

Führende Dresdner Musikwissenschaftler wie Matthias Herrmann und Hans John, viele Künstler, die Mitarbeiterinnen des Historischen Archivs der Sächsischen Staatstheater Dresden, liebe Freunde wie Peter Gülke und Michael Schwalb, vor allem meine Frau (und sie auch als kritische Leserin des vorliegenden Textes) haben mich immer wieder ermuntert, diese Begegnungen von Ost und West für die Nachwelt aufzuschreiben und damit als ein Stück Kulturgeschichte in einem totalitären Staat der Nachwelt zu deuten und zu bewahren. Vor allem aber möchte ich daran erinnern, dass die Kunst trotz auferlegter Beschränkungen immer wieder Brücken bauen kann und wird. Und: Menschen finden zu Menschen, die sich in ihrem Anliegen und ihrem Bestreben die Hand reichen und Vertrauen zueinander haben. Musikhören war für viele die Nische, in der sie sich frei vom täglich möglichen Eingriff des Staates machen konnten.

Es geht mir dabei nicht um eine Form der Rechtfertigung meiner Person und meiner damaligen Tätigkeit, sondern um die Begegnung mit Menschen, deren Anliegen die Musik und ihre Verbreitung war, die in einer Welt nach einem furchtbaren und verlustreichen Krieg wieder Zusammenhalt und Harmonie mitschaffen wollten. Wichtigster Anspruch war dabei, Möglichkeiten zu finden, den Anschluss an die Klasse der internationalen Orchester nicht zu verlieren und mittels der Verpflichtung namhafter Dirigenten und Solisten aus West und Ost „hinter der Mauer“ das Fenster „nach draußen offenzuhalten“. Der Nachwuchs an Spitzenmusikern war für die Staatskapelle insofern weitgehend gesichert, weil zum Beispiel die Orchestersolisten als Dozenten an der Hochschule für Musik „Carl Maria von Weber“ Dresden dafür sorgten, dass ihre Position bei Bedarf mit einem Schüler besetzt werden konnte. Und für das RSB galt es, national und international wieder Anschluss zu finden und mit neuer Leistungskraft auf sich aufmerksam zu machen. Auch dazu waren die Hilfe, die Unterstützung und die Mitwirkung der Dirigenten aus Ost und West in unseren Konzerten ein wichtiger Baustein für die Zukunft.

Dass aus diesen Begegnungen viele Freundschaften über den Job hinaus entstanden sind, macht mein Anliegen auch zeitgeschichtlich wertvoll und regt an, es zu bewahren.

Dieter Uhrig
Bad Godesberg, im Juli 2022

Zwischen Probe und Konzert – eine Einleitung

Die meisten Begegnungen fanden im Dirigentenzimmer statt. Wie kommt ein Unbekannter, der kein Dirigent, Sänger, Instrumentalist, Komponist, Intendant oder Agenturvertreter ist, in ein Dirigentenzimmer? Dürfen diesen „secret room" nur „Eingeweihte" betreten? Und wie oft zaudert man, an diese Tür zu klopfen, wenn man dahin gerufen wird? Scheinen doch dort allgewaltige Herrscher streng nach selbst aufgestellten Regeln Hof zu halten: Dirigenten oder auch Solisten. Unnahbar, zwar höflich, aber sehr vordergründig bestimmend und eben mächtig, manchmal wohl auch einsam. Gibt diese Schilderung wirklich ein Abbild des Ablaufs im Musikbetrieb? Sind alle diese in der Öffentlichkeit zu Recht und zu Unrecht Vergötterten nicht auch normale Menschen, allerdings meist mit einer besonderen Ausstrahlung und dem Fluidum des Künstlers? Sind solche Menschen unnahbar oder reagieren sie normal, also mit Nervosität und mit gewisser Bedrängnis vor dem Kommenden, vor dem Zusammentreffen mit dem Orchester, dem Chor, den Solisten, schließlich mit dem Publikum? Erwartet wird ja von allen, dass sie alles richtig machen!
Ich konnte in fast 40 Jahren bei vielen Begegnungen im Dirigentenzimmer manche Erfahrungen sammeln und habe mir vorgenommen, sie darzustellen und als Dokument besonderer Zeitbezogenheit und Einmaligkeit mit heutigem Abstand zu charakterisieren. Die meisten dieser Begegnungen erlebte ich in der Bezirksstadt Dresden und in der Hauptstadt der DDR sowie im wiedervereinten Berlin ab 1990. Als Orchesterdirektor war ich verantwortlich für jedes Detail eines Konzertes, für die Vorbereitung, Durchführung und Nachbereitung. Dass ich dabei nicht nur mit den Musikern meiner beiden Orchester, sondern eben auch mit vielen, sehr unterschiedlichen Künstlern zusammengetroffen bin, lag in der Natur meiner Aufgabe: nicht nur Dirigenten verpflichten, sondern sie auch betreuen. Ich hatte es dabei mit Menschen zu tun, deren ganz Persönliches in der Öffentlichkeit kaum eine Rolle spielte. Es sei denn, es gab darüber Tratsch und Klatsch oder gar einen Skandal.
Diese Begegnungen haben mich in jeder Hinsicht bereichert, auch wenn sie einmal nicht so verlaufen sind, wie ich mir das gewünscht hatte. Aber immer habe ich gespürt, dass hinter dieser „Machtfassade" eines Maestros oder auch den Allüren eines Solisten eine Persönlichkeit mit oft allzu menschlichen Problemen steckte, manchmal hilflos, manchmal von kaum vorstellbarer Offenheit über das eigene Sein und Wirken, dessen Alltag einen Mythos umgibt, der namentlich von den Medien und den Besserwissern ständig aufgefrischt wurde. Fotos und Briefe aus jenen Jahren der Begegnungen haben mich bei der Wiederbetrachtung dazu gebracht, diese in Beziehung

zu den einzelnen Künstlern und zu meinen Eindrücken, die auch nach den vielen vergangenen Jahren geblieben sind, zu setzen.
Dass ein Teil dieser Persönlichkeiten nicht mehr unter uns weilt, halte ich erst recht für ein Argument, im vorliegenden Band an sie und unsere Begegnungen nicht nur im Dirigentenzimmer zu erinnern. Neben einer wirklichen persönlichen Betreuung, die ich immer für ganz wichtig und vor allem für selbstverständlich gehalten habe, war für mich das Vertrauen ausschlaggebend, das mir entgegengebracht wurde und das für manches Engagement zu den damals möglichen Bedingungen den Ausschlag der Zusage gegeben hat. Das betraf alle Künstler, vor allem aber die aus dem sogenannten kapitalistischen, westlichen Ausland, aber auch solche aus der Sowjetunion. Sehr belastend war, dass in der DDR jedes Telefonat (vor allem mit dem westlichen Ausland) abgehört und aufgezeichnet sowie die Post kontrolliert wurde. Trotzdem konnten wir – wahrscheinlich wegen unseres Exportwertes – wohl mit Duldung des Schalck-Golodkowski-Netzwerkes – zahlreiche Beziehungen zu Künstlern aus vielen Ländern aufnehmen und pflegen.
Ich habe mich nie vor Verboten gefürchtet, persönlich auch ohne die zuständige staatliche Künstleragentur der DDR für die Mitwirkung von Künstlern hinter dem „Eisernen Vorhang" zu werben und musste wegen Übertretung oder Nichtbeachtung manche Verwarnung auf mich nehmen, weil ich für eine gute Sache auf dem Wege war: die Beziehung zu Spitzenkünstlern aus allen Ländern, die mit uns musizieren wollten und die wir unserem Publikum nicht vorenthalten konnten, an denen wir unser Leistungsvermögen messen mussten, um im internationalen Vergleich trotz der „Einmauerung" weiter mithalten und bestehen zu können. Das war in Berlin leichter als in Dresden. Und es war eine der wenigen Oasen, die den Künstlern und ihren Zuhörern gleichermaßen nachhaltige, kräftigende Erlebnisse bringen konnten. Dazu hat auch manche Begegnung im Dirigentenzimmer beigetragen. Dort wurde oft Folgendes angesprochen: Die Dresdner Staatskapelle und ihr Publikum verbinde etwas Besonderes und bringe eine nicht gleich wieder zu findende einmalige Atmosphäre der Zusammengehörigkeit hervor.
Dass die Dresdner „Kapelle", wie sie liebevoll bis zum heutigen Tag genannt wird, über Jahre, ja Jahrzehnte keine DDR-Bürger als Chefs hatte (Suitner, Sanderling, Turnovský, Blomstedt, Vonk) und regelmäßig „Westdirigenten" und „Westsolisten" sowie Spitzenkünstler aus den „sozialistischen Bruderländern" für ihre Konzerte verpflichtete, wurde offensichtlich gegen den Verdruss der Kulturfunktionäre „dank" des für die DDR lebenswichtigen Devisengeschäfts geduldet.
Ich bin davon überzeugt, dass nicht nur die Künstleragentur der DDR, die für alle Engagements und Gastspiele als Teil des Ministeriums für Kultur allein zuständig war und diesen politisch untermauerten Alleinvertretungsanspruch rücksichtslos durchsetzte, und der VEB Deutsche Schall-

platten, der in Dresden in der Ruine der evangelischen Lukaskirche glücklicherweise ein Extra-Studio für „Export-Aufnahmen" errichten ließ, sich letztendlich dem mächtigen Imperium von Schalck-Golodkowski unterzuordnen hatte. So konnte mitten in der DDR eine devisenbringende „West-Oase" in Verbindung mit musikalischen Koproduktionen entstehen, in die auch die Gesangsstars der DDR, etwa die Dresdner Peter Schreier und Theo Adam sowie der Trompeter Ludwig Güttler und die Berliner Pianistin Annerose Schmidt, eingebunden waren – zum Nutzen der internationalen Musikwelt.

Unsere Absicht, westliche Künstler neben den Aufnahmen auch als Mitwirkende unserer Konzerte in Dresden zu gewinnen, um sie aus dem verständlicherweise nach außen abgeschirmten Studio in den öffentlichen Raum für die Abonnenten und Besucher zu bringen, war künstlerisch kein Problem. Es hätte aber ein finanzielles werden können, wenn diese Künstler uns nicht entgegengekommen wären. Sie erhielten nämlich eine Gage in DDR-Mark (manche mit einem geringen DM-Anteil) und finanzierten damit ihren Aufenthalt in Dresden (wofür sie als westliche Ausländer nach der herrschenden Gesetzgebung eigentlich in Devisen hätten zahlen müssen); auch konnten sie gegen Nachweis ihrer Vertragsbindung z. B. Porzellan oder Noten kaufen und ausführen.

Ganz wichtig war allen diesen Künstlern einerseits die Kunst, in der sie auf Augenhöhe mit der Dresdner Kapelle musizierten, andererseits und meist ebenso wichtig war der menschliche Kontakt, die Betreuung und die entstehende Vertrautheit zu einzelnen Personen. Darin war das Dirigentenzimmer gleichsam Oase und nicht „secret room".

In Berlin gehörte ich von 1988 bis 1998 zum Rundfunk-Sinfonieorchester (RSB), das seine Konzerte (neben den hauptsächlichen Produktionen für einzelne Sender im Funkhaus Nalepastraße mit seinem akustisch immer wieder gelobten Sendesaal) in allen möglichen Spielstätten der DDR-Hauptstadt neben solch starker Konkurrenz wie der Staatskapelle Berlin und dem Berliner Sinfonieorchester (BSO) mit seinen aus der DDR stammenden Chefdirigenten (Abendroth, Kleinert, Rögner) absolvieren musste. Trotz der Zugehörigkeit zum Staatsrundfunk empfand ich meine Tätigkeit dort wie die in einer Oase. Der Rundfunk der DDR unterstand nicht dem in vielen Fragen eher engstirnigen Kulturministerium, sondern besaß Selbständigkeit. Ich konnte dadurch in allen künstlerischen und praktischen Fragen schalten und walten, wie ich es unter den jeweils gegebenen Umständen für möglich und richtig hielt. Und: Ich hatte dazu noch einen Spitzenchor, den Rundfunkchor Berlin, nach Helmut Koch vom ehemaligen Thomaner Dietrich Knothe geleitet, wodurch die Programmgestaltung mir viele vorher in Dresden nicht denkbare Aufführungen von Chorwerken mit Orchester ermög-

lichte. Zahlreiche Dirigenten, Solisten und Komponisten kamen gern zu diesen in der Qualität hochstehenden Berliner Klangkörpern, denen im Volksmund zu Unrecht „Staatsnähe" angelastet wurde.
Das Berliner RSB war zwar kein solches „Musizierorchester" wie etwa die Dresdner Staatskapelle, aber durch die sehr vielseitige Aufnahmetätigkeit, die kleinste Schwankungen hörbar machen konnte und sehr viel musikalische Flexibilität erforderte, agierte es sehr präzise und diszipliniert. International hatten die Rundfunk-Ensembles durch ihre Gastspieltätigkeit ebenfalls einen guten Ruf und waren gern gesehene Gäste.
Nach der politischen Wende und dem Mauerfall hat dann Rafael Frühbeck de Burgos dem Rundfunk-Sinfonieorchester Berlin wesentliche Musizierimpulse gegeben und vor allem mit seinen langjährigen internationalen Verbindungen „das Tor nach außen" geöffnet, ergänzt nach ihm vor allem durch Marek Janowski, der das Orchester durch seine Arbeit in die absolute Spitzenklasse geführt hat. Beide international hoch geschätzten Dirigenten haben für ihre persönlich geprägte Arbeitsweise mit dem RSB das vom Mikrophon aufgenommene authentische und unerbittliche Ergebnis und die daraus folgenden Anregungen für die Weiterentwicklung und künstlerische Steigerung des Klangkörpers genutzt, aber auch die Tugenden der Aufnahmetätigkeit – Vermittlung der künstlerischen Arbeit nach draußen, also aus dem Studio heraus, und ständige Kontrolle der Leistungen auch des Einzelnen. Auch hier haben mich die Eindrücke meiner Partner im Dirigentenzimmer bereichert und oft auch beeindruckt, zumal wir so sprechen konnten, wie wir wollten, ohne wie in den Jahren vorher ein eingebautes Überwachungsaufnahmegerät zu fürchten und ohne uns zurückzuhalten zu müssen. Dass ich mich dabei an einzelne Dirigenten, vor allem den regelmäßig zu unseren Gästen zählenden Künstlern in besonderen Situationen und mit besonderen Ereignissen mehr als an andere erinnere, hängt auch mit der Zahl der Maestri zusammen, denen ich im Dirigentenzimmer begegnet bin. Es mögen in den 40 Jahren meiner Tätigkeit weit an die 100 gewesen sein. Hervorheben möchte ich in jedem einzelnen Fall die sachbezogene und harmonische Zusammenarbeit mit meinen jeweiligen Chefdirigenten, den Generalmusikdirektoren, von denen keiner mir gegenüber je den „General" herausgekehrt hat. Dabei war jeder von ihnen eine spezifische, anspruchsvolle Persönlichkeit.
Es waren Dirigenten aller möglichen Nationen, die die beiden Orchester, die Dresdner und die Berliner, in der Zeit meiner Amtstätigkeit geleitet haben. Ich will versuchen, ein möglichst umfangreiches Bild der Vielseitigkeit der Namen zu vermitteln und auch darauf verweisen, dass die Musiker der beiden Orchester sich ständig auf neue Herausforderungen durch den jeweiligen Maestro einzustellen hatten. Eine Zusammenfassung in einzelne Blocks

erleichtert dabei die herrschende Vielfalt: Ich beginne mit den Chefdirigenten – in Dresden: Otmar Suitner, Kurt Sanderling, Martin Turnovský, Herbert Blomstedt und Hans Vonk sowie – in Berlin: Heinz Rögner und Rafael Frühbeck de Burgos. Darauf folgen die Hauskapellmeister – in Dresden: Rudolf Neuhaus, Siegfried Kurz, Peter Gülke, Wolfgang Bothe, Hans E. Zimmer und Volker Rohde – in Berlin: Dietrich Knothe und Robin Gritton, beide zugleich Chefdirigenten des Rundfunkchores.
Mit diesen Künstlern hatte ich fast täglich Umgang und die Möglichkeit und Notwendigkeit für Gespräche, zum Gedankenaustausch in besonderer Weise und während zahlreicher Gastspielreisen, wo wir freier miteinander umgehen konnten.
Die Gruppe der Gastdirigenten, die ich am Pult der Staatskapelle Dresden und des Rundfunk-Sinfonieorchesters Berlin erlebte, ist riesig (vgl. die nach Nationalitäten geordnete Aufzählung am Beginn des Kapitels „Gastdirigenten aus Europa, den USA und aus Japan“).
Den Beginn meiner Erinnerungen müssen vom Umfang der Zusammenarbeit selbstverständlich die Chefdirigenten machen, von denen gegenüber Otmar Suitner, Kurt Sanderling und Herbert Blomstedt in Dresden Martin Turnovský und Hans Vonk etwas zurückstehen müssen, da mit ihnen nur eine sehr kurze Zeit der Zusammenarbeit möglich war: bei Turnovský bedingt durch seinen Rücktritt vom Amt des Chefdirigenten, als 1968 die Armeen der Sowjetunion und des Warschauer Vertrages (ohne DDR) in die Tschechoslowakei einmarschierten und den „Prager Frühling“ beendeten; bei Hans Vonk 1987 durch meinen Wechsel von Dresden nach Berlin. Zu nennen wäre in diesem Zusammenhang noch Hiroshi Wakasugi aus Japan als Ständiger Gastdirigent der Staatsoper Dresden und damit der Staatskapelle zwischen 1982 und 1992.
In Berlin waren es Heinz Rögner und Rafael Frühbeck de Burgos, die wie die genannten Dresdner Chefdirigenten die Basis der Gemeinsamkeit für eine gute und vertrauensvolle Zusammenarbeit suchten und beförderten, sodass beide Orchester daraus ihren Nutzen ziehen konnten. Ernste Auseinandersetzungen mussten wir nicht führen, aber Probleme waren offen auszusprechen und zu klären.
Für die Berliner Situation nach dem Fall der Mauer und der Problematik, wie viele Orchester sich die wiedervereinigte Weltstadt in Zukunft leisten will und kann, waren noch mehr gegenseitiger verlässlicher Zusammenhalt und taktisch abgestimmtes Verhandlungsgeschick notwendig als vorher in Dresden, wo es um den Erhalt und die Weiterführung einer international anerkannten Tradition ging. Dass letztlich alles zum Guten ausgegangen ist und beide Orchester heute künstlerisch wie institutionell absolut sicher dastehen, geht in mancher Beziehung auch direkt auf die Begegnungen im Dirigentenzimmer zurück.

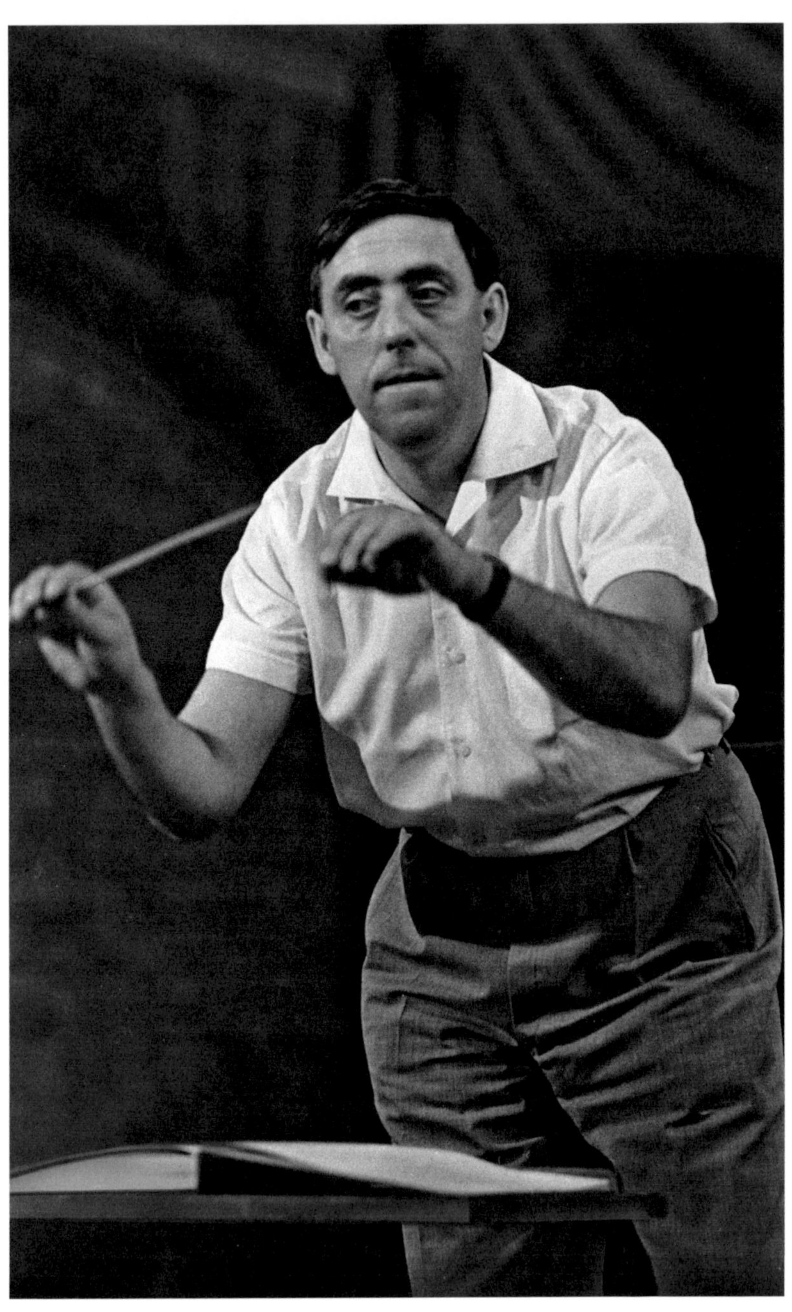

Otmar Suitner, 1963 (Foto: Hans Dieter Grohé)

Die Chefdirigenten der Staatskapelle Dresden 1960–1987

Otmar Suitner 1960–1964

1922 in Innsbruck geboren. Vater: Tiroler, Mutter: Italienerin. Studium am Mozarteum in Salzburg. Ausbildung als Pianist und Dirigent. Schüler von Clemens Krauss. Dirigent am Landestheater Innsbruck, später in Dortmund, Remscheid und danach in Ludwigshafen bei der heutigen Staatsphilharmonie Rheinland-Pfalz. 1960–1964 Chefdirigent in Dresden und danach in Berlin. Suitner dirigierte bei den Bayreuther Festspielen und ab 1971 das NHK Symphony Orchestra in Tokyo. Gastspiele führten ihn immer wieder in viele internationale Musikzentren. Später übernahm er eine Professur an der Musikhochschule in Wien. 1990 musste Suitner das Dirigieren krankheitsbedingt aufgeben. Er starb 2010 in Berlin. In Ost-Berlin galt er neben Sanderling und Kurt Masur als „Star-Dirigent", dem die sozialistische Obrigkeit viele Zugeständnisse machte und künstlerische Freiheiten gewährte, die anderen versagt blieben.

Der Tiroler „Bauernbub", der sich in Ludwigshafen für größere Aufgaben empfohlen hatte, war eine Entdeckung meines Amtsvorgängers Arthur Tröber in Dresden und gegenüber dem Partei- und Staatsapparat der DDR ein kluger Schachzug. Es war ein „neutraler" Österreicher, der nach Dresden kam und auch zum GMD berufen wurde. Man konnte so nach außen Weltoffenheit vortäuschen.
Suitner trat 1960 sein Dresdner Amt an. Er hatte vorher bei einigen Gastdirigaten in Oper und Konzert eine gute Figur abgegeben und stellte nun seine ganze Persönlichkeit in den Dienst eines international hoch geschätzten Spitzenorchesters, aber auch der Dresdner Staatsoper. Dass er nur vier Spielzeiten in Dresden blieb, um im Herbst 1964 nach Berlin zu gehen, war zweifelsohne ein Einschnitt für die damals künstlerisch gut dastehende Dresdner Oper.
Wir kamen schnell in Kontakt, bedingt durch die Krankheit meines Kollegen Jürgen Beythien, der als Konzertdramaturg der erste Ansprechpartner des musikalischen Chefs und seine Person des Vertrauens gewesen war und der damals leider für längere Zeit ausfallen musste. Suitner in seiner typischen Art zur Theaterleitung: „Dann gebt's mir den jungen Mann, den mach ich mir schon zurecht!" Daraus wurde eine sehr enge Zusammenarbeit, die bis zu Suitners Weggang

1964 nach Berlin andauerte und mich bei seiner Anwesenheit täglich von neun bis kurz vor zehn Uhr in das GMD-Zimmer im damaligen Großen Haus, dem alten und neuen Schauspielhaus, rief. Wir führten dort alle notwendigen und persönlichen Gespräche, mit Festlegungen, die Suitner manches Mal noch auf meinem Rückweg in mein Arbeitszimmer in der Intendanz, Haus Ostra-Allee 27, änderte oder erweiterte. Suitner liebte Überraschungen. Zu einer *Tosca*-Vorstellung war als Dirigent Joachim Freyer angekündigt. Es erschien aber zur Verblüffung der Kapelle der Chef. Die Vorstellung war sofort auf höchstem Niveau. Ich glaube, dass Suitner sich eine Naivität bewahrt hatte, die ihn schützte und auch vor Fehlern bewahrte. Dass er gegen alle vorherigen Beteuerungen 1964 nach Berlin gegangen ist, hängt sicher damit zusammen, dass er dort die besseren Arbeitsmöglichkeiten am Opernhaus Nr. 1 der DDR, der Deutschen Staatsoper Berlin, vorfand und außerdem den nervigen Kleinkrieg mit den Ideologieverfechtern in Dresdens Partei- und Kulturzentralen hinter sich lassen konnte.

Bewahrt hat Suitner mich vor der Entlassungsforderung des amtierenden Dresdner Stadtrates für Kultur, Gerhard Burkhardt, dem ein von mir verfasster Text im Programmheft vom 6. Dezember 1961 zu Werken Hans Werner Henzes *Des Kaisers Nachtigall* und *Fünf Neapolitanische Lieder* nicht gefiel, weil er diese „atonale Musik eines Westkomponisten" seinem engstirnigen ideologischen Bewusstsein nicht zuordnen konnte, noch dazu von einem „Westdeutschen". Wahrscheinlich hatte der Stadtrat weder den Text verstanden noch gewusst, wer Henze war. Die Werke hatte er keinesfalls gehört. Suitner hat dem Kulturbanausen damals deutlich gemacht: „Die Programme bestimme ich, nicht der Uhrig! Und mich werden Sie nicht entlassen!" Henze war später ein in der DDR willkommener Gast und mit seiner Oper *Der junge Lord* in Dresden sehr erfolgreich.

Suitner war ein starker Zigarettenraucher. Eines Tages erklärte er mir mit spitzbübischem Ausdruck: „Meine Frau hat mir geraten, weniger zu rauchen. Ich habe die Zigaretten deshalb halbiert und rauche nun eben statt einer ganzen zwei halbe!" Die Freude über diesen Gag war ihm deutlich anzusehen.

Als Dirigent war Suitners Schwerpunkt die Oper, wobei er die großen Werke von Wagner und Strauss in sein Repertoire aufnahm. In seinen Konzerten musizierte er einen schlanken, stark akzentuierten Mozart, der auch „polternde Nebenstimmen" vernehmen ließ. Seine Brahms-Aufführungen entbehrten den Schwulst und die Sinnlichkeit mancher bis dahin geschätzten Interpretationen, so dass sie in ihrer unbekümmerten frischen Musizierhaltung von manchen als „neugeboren" angenommen wurden.

Der von seinen Musikern gern mit „Jesuitner" bezeichnete gläubige Katholik verstand es, sein Anliegen in einem Staat umzusetzen, der in seiner Grundhaltung alles andere als Humanität vertrat, aber in seiner Außenwirkung als kulturell fördernd und unterstützend wahrgenommen werden wollte. Suitner hat diese „Großmannssucht" mit seinen Mitteln ausgenützt und vielen Menschen damit stärkende, kraftgebende Erlebnisse ermöglicht. Man kann fast von „Durchhalteparolen" sprechen. Dem Tiroler „Bauernbub" waren die Funktionäre nicht gewachsen, er bremste sie mit seinem Charme aus und gab sich den Anschein, als nehme er sie ernst. Denn um seine Ziele zu erreichen, brauchte er Finanzen, vor allem auch Devisen.

Ich bin überzeugt, dass er – der „neutrale" Österreicher – bewusst eine Karriere in der DDR und zwar in Berlin plante, nachdem er die Schwächen im Netz des wirtschaftlich (sprich: devisen-) abhängigen Staates erkannt hatte. Er versicherte sich der Zuneigung einiger wichtiger Persönlichkeiten (Hanns Eisler, Paul Dessau, Ernst Hermann Meyer), aber auch der von Hans Pischner, Intendant der Deutschen Staatsoper Berlin, und anderer Kulturfunktionäre, um frei schalten und walten zu können. Er vermittelte den Eindruck, dass er gebraucht wird, dass er neutral und für die Kulturoberen der DDR ein Partner ist. Dass Suitner sich einen Sonderstatus verschafft hatte, der ihm vieles sonst Unmögliche erlaubte, wurde nicht bemerkt oder mit Stillhalten hingenommen. Jedenfalls hatte er sich diese Sonderstellung ohne die herrschenden Einschränkungen erkämpft und verdient. Und noch dazu hielt er sich auch die „West-Seite" offen. Er setzte Werke von Borris Blacher, Hans Werner Henze, Robert Nessler auf das Programm, nahm sich aber auch Werken der Dresdner Fidelio F. Finke, Siegfried Kurz und Johannes Paul Thilman an. Auf jeden Fall nützte er damit dem Ansehen der Dresdner Staatskapelle, die mit ihrer Wahl, einen Ausländer zum Chef zu küren und diese „Anmaßung" mit allen damals möglichen Mitteln durchzusetzen, nicht gerade die Begeisterung der sozialistischen Kulturfunktionäre gewonnen hatte.

Erstes Konzert mit der Staatskapelle in Dresden am 5.12. 1958:

- Wagner-Régeny: *Orchestermusik mit Klavier*
- Ravel: *La Valse*
- Mozart: *Klavierkonzert Es-Dur KV 271*
- *„Jeunehomme"*/Solist: Dieter Zechlin
- Strawinsky: *Der Feuervogel, Ballettsuite* 1945

Die Konzerte mit der Staatskapelle in Dresden, einschließlich öffentlicher Generalproben, Sonderkonzerte, Aufführungsabende, Galeriekonzerte (ohne Schulkonzerte):
4.12.1959; 24.6.1960; 29.6.1960; 16.9.1960; 19.10.1960; 11.12.1960; 13./14.2.1961; 25./26.3.1961; 19.4.1961; 28.4.1961; 30.4.1961; 26.5.1961; 14.9.1962; 9.11.1962; 7.12.1962; 14.1.1963; 18.1.1963; 13./14.2.1963; 6./7.4.1963; 10.5.1963; 5.6.1963; 6.9.1963; 15.11.1963; 31.12.1963; 1.1.1964; 13./14.2.1964; 21./22.3.1964; 11.6.1964; 15.12.1970; 17./18.12.1970; 10./11.6.1971; 16.6.1971; 1./2.6.1972; 7./8.3.1973; 10.1.1974; 22./23.3.1975; 22./23.4.1982

Aufgeführte Komponisten:
Johann Sebastian Bach, Bartók, Beethoven, Bizet, Blacher, Brahms, Bruckner, Dallapiccola, Debussy, Dvořák, Hanns Eisler (UA), de Falla, Fidelio F. Finke, Haydn, Henze, Hindemith, Siegfried Köhler (UA), Siegfried Kurz (UA), Mahler, Martin, Martinů, Mendelssohn Bartholdy, Ernst Hermann Meyer, Mozart, Robert Nessler (UA), Ravel, Schostakowitsch, Schubert, Strauss, Johann Strauß, Josef Strauß, Strawinsky, Johannes Paul Thilman, Tschaikowski, Vivaldi, Verdi und Weber

Konzertreisen mit der Staatskapelle Dresden:

1961 Tschechoslowakei:	2.6. Karlovy Vary – 3./4.6. „Prager Frühling“
1963 Sowjetunion:	22./23.1. Moskau
	25./26.1. Leningrad
	29./30.1. Riga
	1.2. Vilnius
	2.2. Kaunas
	4./5.2. Minsk

Operneinstudierungen an der Staatsoper Dresden:

1960/61	Puccini: *Tosca*
	Strauss: *Der Rosenkavalier*
	Weber: *Der Freischütz*
1961/62	Mozart: *Die Hochzeit des Figaro*
	Strauss: *Elektra* (konzertant)
	Wagner: *Die Meistersinger von Nürnberg*
1962/63	Strauss: *Arabella* – Wagner: *Tannhäuser*
1963/64	Mozart: *Così fan tutte* (in italienischer Sprache)
	Strauss: *Capriccio*
	Wagner: *Der fliegende Holländer*

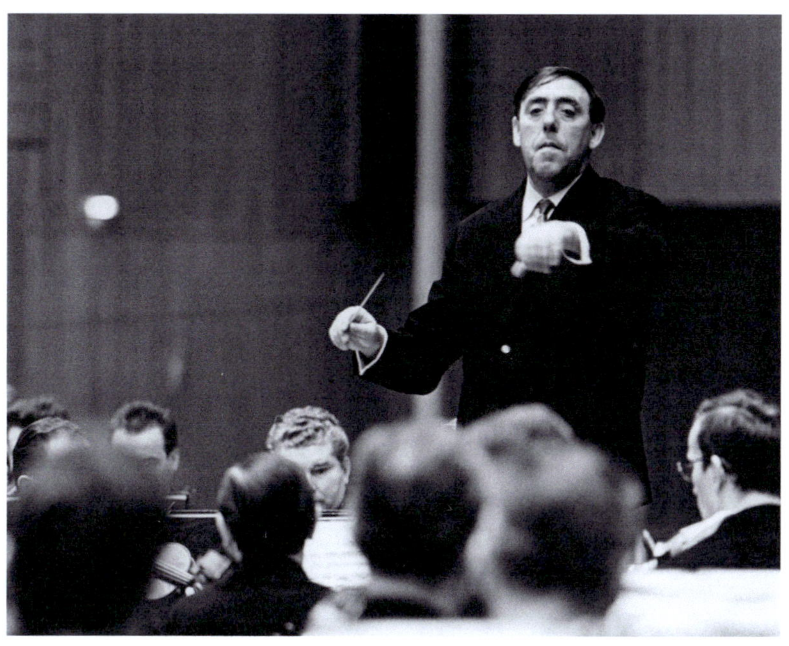

Otmar Suitner beim Konzert im Kulturpalast Dresden, o. J.
(Foto: Erwin Döring)

Schallplatten-Aufnahmen mit der Staatskapelle in Dresden:
Bizet: *Sinfonie C-Dur* – Debussy: *Nachmittag eines Fauns* – Hindemith: *Sinfonische Metamorphosen* – Humperdinck: *Hänsel und Gretel* (GA) – Joseph Lanner: *Walzer* – Mahler: *Sinfonie Nr. 1* – Mozart: *Die Zauberflöte* (GA), *Die Entführung aus dem Serail* (GA), *Figaros Hochzeit* (GA); *Sinfonien C-Dur KV 200, A-Dur KV 201, D-Dur 202, D-Dur KV 297 (Pariser), G-Dur KV 318, B-Dur KV 319, D-Dur KV 385 (Haffner), C-Dur KV 425 (Linzer), Es-Dur KV 543, g-Moll KV 550, C-Dur KV 551 (Jupiter); Konzertante Sinfonie KV 297b, Eine kleine Nachtmusik KV 525, Ein musikalischer Spaß KV 522, Serenata notturna KV 239, Serenade KV 101, Notturno KV 286; Klavierkonzerte KV 450, KV 467; Doppelkonzert für Flöte und Harfe C-Dur KV 299;* Arien mit Sylvia Geszty, Hermann Prey, Theo Adam, Peter Schreier – Smetana: *Die verkaufte Braut* (GA) – Joseph Strauß (*Polkas*) – Strauss: *Metamorphosen; Salome* (GA); Opernszenen mit Theo Adam – Strawinsky: *Le Sacre du Printemps* – Telemann: *Der Schulmeister* (mit Theo Adam und dem Dresdner Kreuzchor) – Weber: *Sinfonie Nr. 1 C-Dur* – Tschaikowski: *Serenade C-Dur op. 48* – Robert Volkmann: *Serenade Nr. 2 F-Dur op. 63*

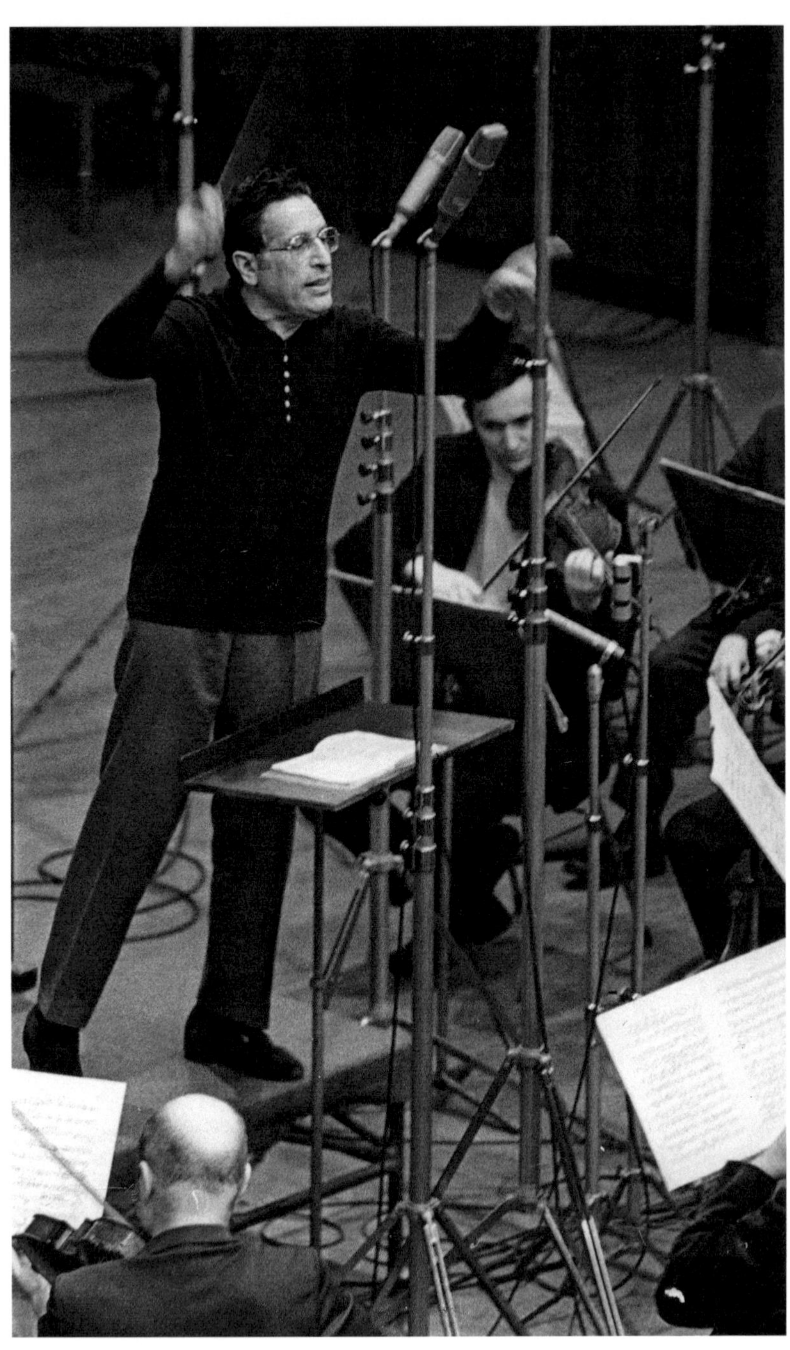

Kurt Sanderling bei Aufnahmen in der Lukaskirche Dresden, o. J.
(Foto: Hansjoachim Mirschel)

Kurt Sanderling 1964–1967

1912 geboren. Aus einer jüdischen Kaufmannsfamilie stammend, lebte er zunächst in Königsberg, danach in Berlin. Dort arbeitete er an der Städtischen Oper als Korrepetitor. 1933 wurde Sanderling im Zuge „der Säuberung jüdischer Elemente im deutschen Volk" entlassen und betätigte sich zunächst im Jüdischen Kulturbund in Berlin. 1936 emigrierte er in die Sowjetunion, wo ihn Verwandte aufnahmen. Er machte die für einen Exilanten schwierigen Zeiten durch (als Dirigent in Moskau und Charkow), bis er 1941 auf Grund seiner Begabung neben Jewgeni Mrawinski als Dirigent der Leningrader Philharmoniker eine adäquate Beschäftigung fand. 1960 kehrte Sanderling nach Deutschland zurück und leitete bis 1977 das (Ost-)Berliner Sinfonieorchester, das er zu einem Spitzenorchester entwickelte. Seit 1972 dirigierte er als international gefragter und geschätzter Gast das Philharmonia Orchestra in London und seit 1979 das Nippon Symphony Orchestra in Tokyo. Im Jahr 2002 gab er sein Abschiedskonzert als Dirigent. 2011 starb Sanderling in Berlin.

Er war von 1964 bis 1967 mein Chef in Dresden bei der Staatskapelle. Ein Schwerpunkt seiner künstlerischen Tätigkeit blieb auch sein Berliner Sinfonieorchester (BSO), dem er von 1960 bis 1977 mit seiner unermüdlichen Arbeitskraft neuen künstlerischen Auftrieb und ein eigenes Profil im Gefüge der DDR-Hauptstadtorchester geben konnte. Die Zusammenarbeit mit den Dresdnern war ihm aber stets gleichwertig, und als Chef war er für mich täglich zwischen 18 und 19 Uhr telefonisch in Berlin erreichbar, wenn er nicht in Dresden weilte. Sanderling war ein sehr konsequenter, in seinen Entscheidungen klarer und menschlich aufgeschlossener Chef, dem das Wohl seiner ihm anvertrauten Musiker am Herzen lag. Geprägt hatten ihn wohl die Erlebnisse während seiner Jahre der Emigration in der Sowjetunion und sein Bekenntnis zu seiner jüdischen Herkunft, die ihn zeitlebens belasteten, aber eben auch prägten.

Als Dirigent zeichnete sich Sanderlings Tätigkeit durch eine akribische und auch autoritäre Probenarbeit aus. Er verlangte unnachgiebig die Aufführung eines Werkes – soweit vorhanden – aus dem von ihm eingerichteten Material. Seine Neigung zu monumentalen Ausbrüchen schwächte sich im Verlauf der Jahre ab – herausgefordert auch durch den auf Klang basierenden Musizierstil der Dresdner Staatskapelle – und fand zu einer verinnerlichten Auffassung der Werke (Beispiel: die Wiedergabe der Brahms-Sinfonien). Dabei ist festzuhalten, dass Sanderlings „klassisches" Repertoire im Ausmaß niemals eine gewisse Grenze überschritt. Er blieb bei der Auswahl, die er sich erarbeitet und für sich personifiziert hatte.

Dass Sanderling als Interpret der Werke Schostakowitschs Bahnbrechendes leisten konnte und wollte, ist auch auf das ähnliche politische Schicksal beider Künstler zurückzuführen. Sanderling hatte verstanden, was in den Noten Schostakowitschs wirklich steht und brachte es zum Klingen. Peter Gülke nennt in seinem Buch *Dirigenten* (Hildesheim 2017, S. 213) als eine wesentliche Charaktereigenschaft Sanderlings seine „freundlich-unerbittliche Zielstrebigkeit, die nicht mit sich handeln ließ und laute Töne, autoritäres Auftrumpfen nicht nötig hatte". Heikle Situationen, wie ich sie oft als Mitanwesender erlebte, konnte er mit seiner Art der Gesprächsführung souverän lösen.

Für meine Tätigkeit, die beiderseits auf der Basis des absoluten Vertrauens und trotz meiner Jugend auf Augenhöhe gegründet war, gab es in Dresden und Berlin keinen Chef, der es ihm an Verantwortungsbewusstsein und an Zuneigung für alle ihm Anvertrauten – ob Musiker oder Mitarbeiter – gleichgetan hat. Sanderling war wohl durch seine eigene Entwicklung so gereift, dass er jeder Situation gewachsen war. Wie es allerdings in ihm selbst aussah, konnten wir niemals entdecken. Im Verbergen des ganz Persönlichen war er ein Meister. In seiner Bescheidenheit kam er Gleichgesinnten wie Rudolf Kempe oder Wolfgang Sawallisch nahe. Erst gegen Ende seines Lebens hat Sanderling dazu wichtige Gedanken geäußert, so z. B., wie ihn seine jüdische Herkunft immer begleitet und belastet hat.

Als ein Kontrabassist der Dresdner Kapelle mit dem Einberufungsbefehl zur Nationalen Volksarmee in der Hand zu ihm kam, bat Sanderling ihn nach der Probe zu sich und fuhr mit ihm zum zuständigen Wehrkreiskommando. Dort erklärte er den Zuständigen: „Sie brauchen Ihre Mannschaft, ich meine! Also geben Sie mir den jungen Mann frei!" Man war von dieser Attacke so verblüfft, dass Sanderling sein Ziel erreichte.

Sanderling wohnte während seiner Dresdner Aufenthalte in einem damals als „Klub der Intelligenz" genutzten Teil der Elbschlösser und deren Nebengebäuden. Im Winter einer seiner Anwesenheitswochen war viel Schnee gefallen, und sein Fahrer konnte mit dem Dienstwagen nicht weiterkommen. Was geschah? Sanderling, nicht etwa der Fahrer, stieg aus und schob das Auto, damit es weiterkam.

Für mich und meine Einführungstexte zu seinen Konzerten nahm sich Sanderling stets die Zeit des gemeinsamen Lesens, um eine Übereinstimmung von Aufführung und Erläuterung zu erreichen. Ich habe damals viel gelernt und mich niemals von einem „Besserwissenden" belehrt gefühlt.

Dass es damals eine Hürde war, an Gastspielen im Ausland, vor allem im sog. kapitalistischen Ausland, teilzunehmen, ist Fakt. Sanderling hat diese Möglichkeit für mich – vermutlich mit einer Bürgschaft, wie damals notwendig – erreicht, als die Kapelle 1966 nach Italien und Öster-

reich eingeladen war. Ich gehe davon aus, dass er schon damals – auch gegenüber Hans-Dieter Mäde, dem Intendanten der Dresdner Staatstheater – im Auge hatte, mich weiterzuentwickeln (im Hinblick auf die Position eines Orchesterdirektors). Dazu brauchte ich Erfahrungen in Dresden und außerhalb sowie ein starkes Verantwortungsgefühl.
Auf dieser Gastspiel-Tournee erkrankte Sanderling in Italien an einer ziemlich schweren Erkältung. Er schonte sich tagsüber, um abends dirigieren zu können. Vor einem der letzten Italien-Konzerte war er so schwach, dass er sich kaum auf den Beinen halten konnte und glaubte, nicht ans Pult zu kommen. Unser Orchesterwart Hermann Teichmann, sehr erfahren und umsichtig, redete in meinem Beisein im Dirigentenzimmer seinem Chef wie einem kleinen Kind gut zu und sagte schließlich: „Und jetzt ziehen wir uns um, steigen in den Frack und Sie gehen ans Pult. Ich kann gern mitgehen und so tun, als hätte ich die Partitur aufzulegen vergessen. Herr Uhrig stellt sich vor die Tür und lässt niemand zu uns herein, bis Sie umgezogen sind." Das Konzert war gerettet.
Die Gestaltung seiner Konzertprogramme musste die Erwartung und die Forderung der sozialistischen Kulturpolitik nach Förderung von DDR-Komponisten berücksichtigen. Wie ging Sanderling damit um? Es war eine Gratwanderung. Er brachte Altmeister Rudolf Wagner-Régeny zur Aufführung und vergab an den jungen christlich orientierten Komponisten Siegfried Thiele aus Leipzig einen Auftrag. Gewagt war seine Aufführung des Zyklus *Aus jüdischer Volkspoesie* von Schostakowitsch, ebenso sein Einsatz für das zutiefst humanistische Anliegen des *War Requiems* von Britten, das damals von den DDR-Ideologen als „pazifistisch" einsortiert worden war. Gegenüber den ideologisch verklemmten DDR-Kulturoberen zeigte er bei allem klug geäußerten Verständnis für ihre Anliegen, dass allein er seine Programmauswahl ohne jede Vorgabe bestimmen würde. Letztlich verstand es Sanderling mit dem Gewicht seiner Persönlichkeit, die Funktionäre für seine Werkauswahl zu gewinnen und von der ideologischen Richtigkeit zu überzeugen. Sie konnten ihn „nicht in den Griff bekommen"; außerdem hatte er für sie den „Heiligenschein" des in der Sowjetunion groß Gewordenen.
Dass wir auch über seine Dresdner Tätigkeit hinaus verbunden blieben, beweist als schönes Zeugnis trotz seines hohen Alters die Zusage zu einem Konzert mit meinem späteren Berliner Orchester, dem Rundfunk-Sinfonieorchester Berlin, anlässlich dessen 75-jährigem Bestehen im Jahr 1997, wo er Haydn, Brahms und Schostakowitsch aufs Programm gesetzt hat.
Ich kann ohne Einschränkung sagen, dass Sanderling mir für meine künftige Arbeit als Orchesterdirektor das notwendige Rüstzeug, das Vertrauen auf meine eigene Kraft, mit auf den steinigen Weg gegeben hat, den ich 1969 betreten habe und der vor mir lag. Ich habe mich in mancher Situation an ihn erinnert, als er nicht mehr im Amt war und

mir damit geholfen, dass ich mich gefragt habe: Wie hätte Sanderling reagiert? Den Chef und den Menschen Kurt Sanderling kann ich auch im Nachhinein nicht hoch genug schätzen.

Kurt Sanderling über seine Herkunft:
„Ich habe in meiner Jugend die Tatsache, dass ich jüdischer Abstammung war, [...] als immer lästig empfunden. Ich habe mich immer als Außenseiter gesehen und habe es weitgehend auch, vor allem, wo ich etwas älter wurde, versucht zu verdrängen. Ich wollte mich um jeden Preis als Deutschen sehen, und es war mir lästig und irgendwie auch unverständlich, dass ich zum Beispiel von meinen Mitschülern als Jude gehänselt wurde, abseitsgestellt wurde. Und nachträglich muss ich gestehen, dass ich versuchte, das zu überkompensieren durch eine Betonung des Intellektuellen. Da konnte ich am ehesten noch eine – nun sagen wir ruhig – eine gewisse Überlegenheit zeigen." (Günter Gaus im Gespräch mit Kurt Sanderling: *Zur Person*, RBB-Fernsehen am 11. Juni 2003)

Erstes Konzert mit der Staatskapelle in Dresden am 10.3.1961
Beethoven: *Violinkonzert, Sinfonie Nr. 3 (Eroica)*/Solist: Yehudi Menuhin

Die Konzerte mit der Staatskapelle in Dresden, einschließlich öffentlicher Generalproben, Sonderkonzerte, Aufführungsabende:
15.6.1962 – 10.1.1964 – 4.9.1964 – 25.9.1964 – 13.11.1964 – 13./14.2.1965 – 5.3.1965 – 10./11.4.1965 – 28.4.1965 – 21.5.1965 – 3.9.1965 – 15.10.1965 – 11.11.1965 – 21.1.1966 – 13./14.2.1966 – 2./3.1966 – 13.5.1965 – 18.5.1965 – 10.6.1966 – 1./2.9.1966 – 16.9.1966 – 25.9.1966 – 29.10.1966 – 10.1.1967 – 20.1.1967 – 7./8.4.1967 – 21.4.1967 – 24./25.5.1968 – 11.10.1973 – 27.5.1974 – 26./27.5.1977 – 23.11.1977 – 10.9.1986 – 4./5.2.1988

Die Gastkonzerte mit der Staatskapelle im Ausland:

1964 West-Berlin:	27.9.
1964 BRD:	7.10. Hannover – 8.10. Essen – 10.10. Frankfurt a. M. – 11.10. Düsseldorf – 12.10. Karlsruhe
1965 Österreich:	2.8. (Salzburger Festspiele)
1966 Italien/Österreich:	1.11. L'Aquila – 3.11. Rom – 5.11. Parma – 6.11. Modena – 7.11. Brescia – 8.11. Genua – 9.11. Turin – 10.11. Bergamo – 14.11. Salzburg – 15.11. Linz – 16./17./18.11. Wien
1972 Österreich:	2.8. Salzburg (Festspiele)
1973 Japan:	16./19.10. Tokyo – 20.10. Kawasaki – 24.10. Matsuyama – 25.10. Okayama – 29.10. Osaka – 30.10. Nagoya – 31.10. Tokyo – 1.11. Chiba
1980 Frankreich:	19./20.6. Paris

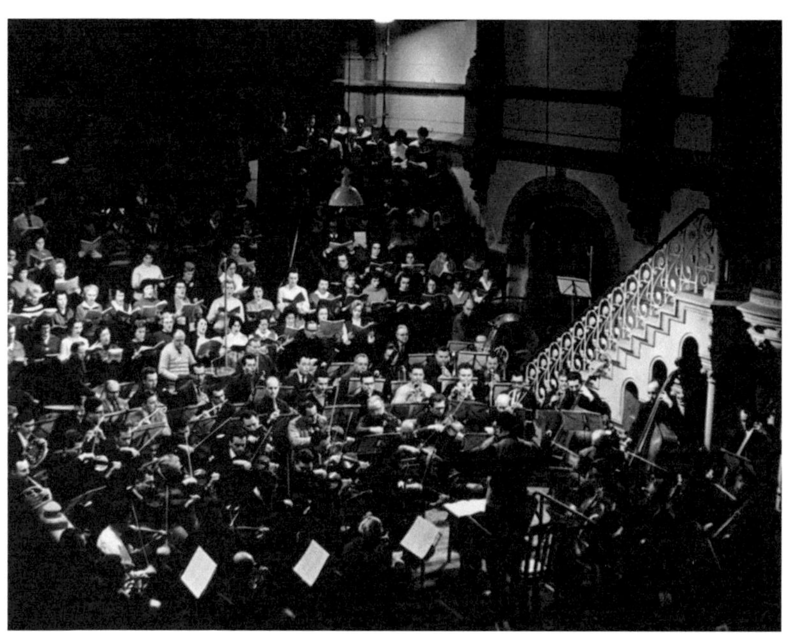

Kurt Sanderling als Dirigent zum Gedenkkonzert am 13. Februar 1965 mit Benjamin Brittens *War Requiem* (Foto: Gertrud Gröllmann)

Aufgeführte Komponisten mit der Staatskapelle Dresden:
Johann Christian Bach – Johann Sebastian Bach – Bartók – Beethoven – Brahms – Britten – Bruckner – Chopin – Dessau – Dvořák – Fidelio F. Finke – Franck – Händel – Joseph Haydn – Hindemith – Mahler – Martinů – Mendelssohn Bartholdy – Ernst Hermann Meyer – Mozart – Prokofjew – Ravel – Schostakowitsch – Schubert – Schumann – Sibelius – Strauss – Strawinsky – Siegfried Thiele (UA) – Johannes Paul Thilman – Tschaikowski – Vivaldi – Wagner – Wagner-Régeny – Weber

Operneinstudierung an der Staatsoper Dresden:
3.7.1966 Puccini: *Turandot*

Schallplatten-Aufnahmen mit der Staatskapelle in Dresden:
Borodin: *2. Sinfonie, Eine Steppenskizze in Mittelasien* – Brahms: *1.–4. Sinfonie; Haydn-Variationen; Tragische Ouvertüre* – Franck: *Sinfonie* – Haydn: *Sinfonien Nr. 45 fis-Moll, 104 D-Dur* – Tschaikowski: *Romeo und Julia* – Weber: *Klarinettenkonzert Nr. 1 f-Moll, Nr. 2 Es-Dur*

Konzert beim Rundfunk-Sinfonieorchester in Berlin:
23.10.1998

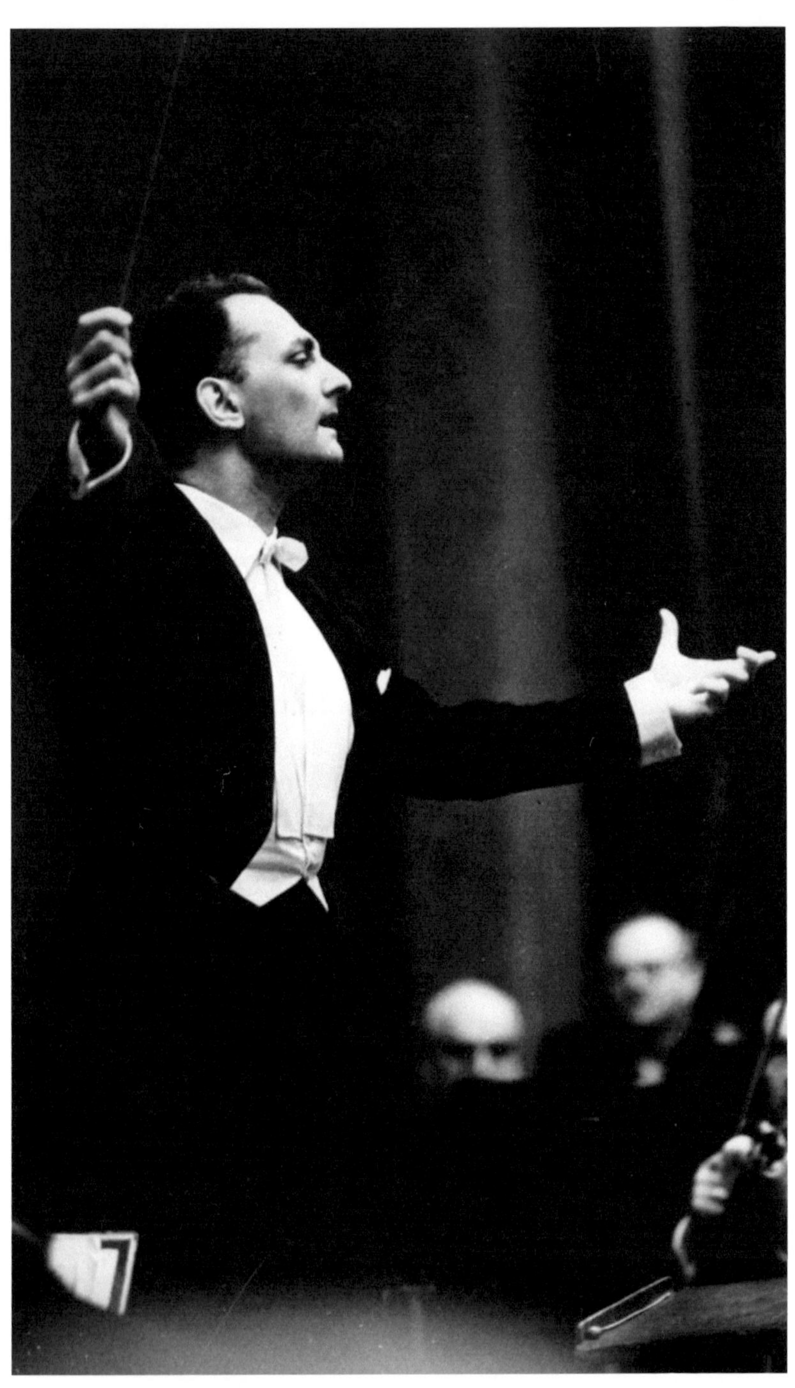

Martin Turnovský, 1965 (Foto: Hans Dieter Grohé)

Martin Turnovský 1966–1968

Der gebürtige Prager Rechtsanwaltssohn (Jahrgang 1928) stammte aus einer jüdischen Familie. Sein Studium absolvierte er an der Prager Musikakademie bei Karel Ančerl und bei Robert Brock, die ihm beide zu Vorbildern für das eigene Wirken wurden. Später gelang es Turnovský, das Dirigierstudium bei George Szell in Cleveland fortzusetzen. Als Gewinner des Wettbewerbes in Besançon eröffneten sich ihm alle möglichen Perspektiven: Er ging als Dirigent nach Brno und Plzeň, gastierte bei den renommierten Prager Orchestern und absolvierte mit ihnen Tourneen im Ausland. 1966–1968 wirkte Turnovský in Dresden; nach der Zerschlagung des „Prager Frühlings" kündigte er den bestehenden Vertrag! Es gelang ihm die Übersiedlung nach Wien und die Zuerkennung der österreichischen Staatsbürgerschaft. Danach wirkte Turnovský an den Opern in Oslo (1975–1980) und in Bonn (1979–1983). 1992–1996 leitete er das Prager Sinfonieorchester (FOK). Turnovský war ein gern gesehener Gast an verschiedenen europäischen Opernhäusern und dirigierte Sinfoniekonzerte in europäischen Musikzentren und in Japan (Ständiger Gastdirigent in Tabasaki). Am 19. Mai 2021 starb Turnovský in Wien.

Martin Turnovský war von 1966 bis 1968 Chefdirigent der Staatsoper Dresden und insofern mein Chef. Auch er hat 1968 wie Karel Ančerl und Václav Neumann die Konsequenzen aus dem Einmarsch der sowjetischen Truppen in seine Heimat gezogen und ist nach Wien emigriert. Er war von der Staatskapelle Dresden nach Kurt Sanderlings „Rückzug" nach Berlin ausgewählt worden, sozusagen als Gegenstück zu den Dirigenten mit DDR-Pass, denen seitens des ideologisch belasteten DDR-Kulturministeriums der absolute Vorzug gegeben wurde. Seine freundliche und ruhige Arbeit, vor allem seine musikalische Affinität am Pult hatte ihm nach Gastdirigaten in Oper und Konzert die Sympathie der Musiker verschafft, und sie spürten auch seine kritische Haltung gegenüber den herrschenden Obrigkeiten. Turnovský, der später an der Bonner Oper tätig war, hatte mit der Aufführung von Henzes *Der junge Lord* in Anwesenheit des Komponisten gepunktet und mit interessanten Konzertprogrammen und seinen Operndirigaten die Dresdner Tradition weitergeführt und Neues hinzugefügt. Sein erstes Konzert hatte er 1965 in Dresden, sein letztes Konzert im Juni 1968. Eine Konzertreise führte uns 1967 mit ihm nach Moskau und Tbilissi.

Am 23. Juni 1966 konnte ich während des „Prager Frühlings" dank Vermittlung befreundeter tschechischer Künstler Martin Turnovský als Dirigent des Sinfonischen Orchesters der Hauptstadt Prag FOK im Smetana-Saal mit Werken von Mozart, Schumann und Boris Tischtschenko (* 1939, Leningrad; Erster Preisträger des Kompositionswettbewerbes des „Prager Früh-

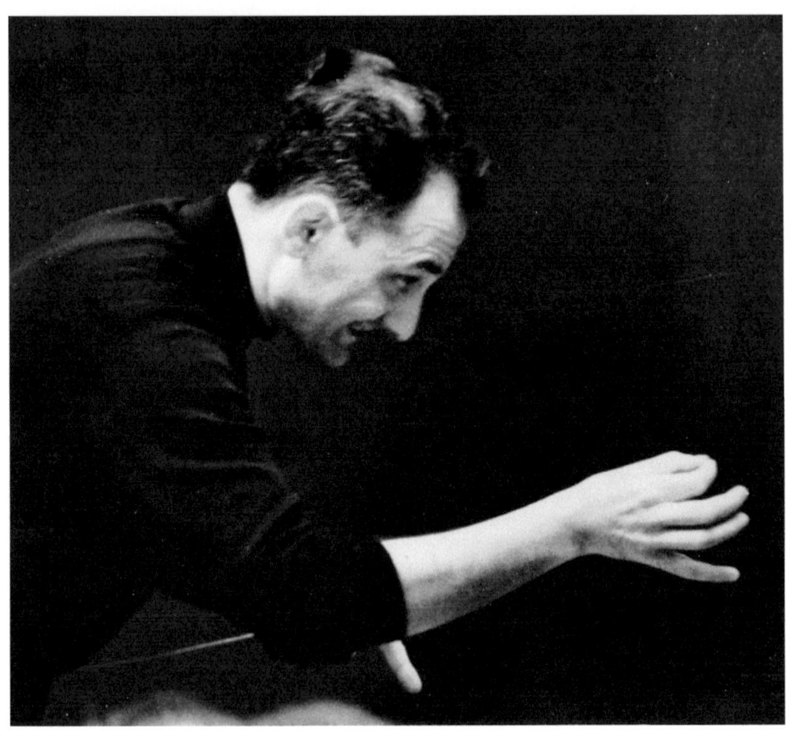

Martin Turnovský, 1965 (Foto: Volker Anders)

ling") erleben. Nach der politischen Wende wurde er von der Staatskapelle Dresden wieder zu einem Aufführungsabend und zu einer Aufführung der *Zauberflöte* in die Semperoper eingeladen. Dass wir uns bei dieser Gelegenheit wiedersahen, war für beide Seiten eine große Freude, da wir uns persönlich sehr nahegestanden hatten.

Erstes und letztes Konzert mit der Staatskapelle Dresden:

2.4.1965 Werke von Joseph Haydn – Hindemith – Dvořák
4.4.1990 Werke von Martinů – Carl Stamitz – Ravel

Die Konzerte mit der Staatskapelle in Dresden:

2.4.1965 – 12.9.1965 – 14.9.1966 – 30.4./1.5.1967 – 18./19.5.1967 – 7./8.9.1967 – 13.9.1967 – 21./22.9.1967 – 10.11.1967 – 16./17.11.1967 – 5.1.1968 – 18./19.1.1968 – 6./7.04.1968 – 14./15.6.1968 – 4.4.1990

Die Gastkonzerte mit der Staatskapelle Dresden im Ausland:

21.-29.11.1967 Sowjetunion: Moskau und Tbilissi

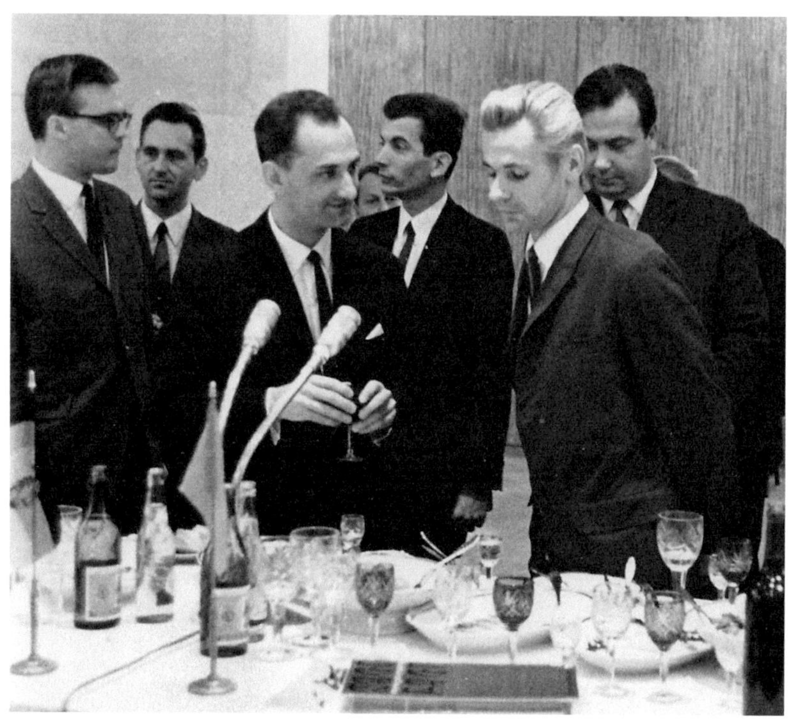

Martin Turnovský (Mitte) beim Empfang im Kreml während der Gastspielreise in die Sowjetunion 1967 (Foto:Wolfgang Wahrig)

Aufgeführte Komponisten mit der Staatskapelle Dresden:
Beethoven – Brahms – Dvořák – Ottmar Gerster – Joseph Haydn – Henze – Hindemith – Ilja Hurnik – Reinhold M. Glier – Siegfried Kurz – Mahler – Martinů – Mendelssohn Bartholdy – Mozart – Mussorgski – Prokofjew – Ravel – Saint-Saëns – Schostakowitsch – Schubert – Schumann – Richard Strauss – Rossini – Roussel – Carl Stamitz – Siegfried Thiele (UA)

Operneinstudierungen an der Staatsoper Dresden:
14.1.1967 Henze: *Der junge Lord* (DDR-EA)
4./7.11.1967 Mussorgski: *Boris Godunow*
sowie als Übernahmen:
Mozart: *Die Zauberflöte/Die Hochzeit des Figaro*

Erstes und letztes Operndirigat an der Staatsoper Dresden:
24.2.1966 Mozart: *Die Hochzeit des Figaro*
2.4.1990 Mozart: *Die Zauberflöte*

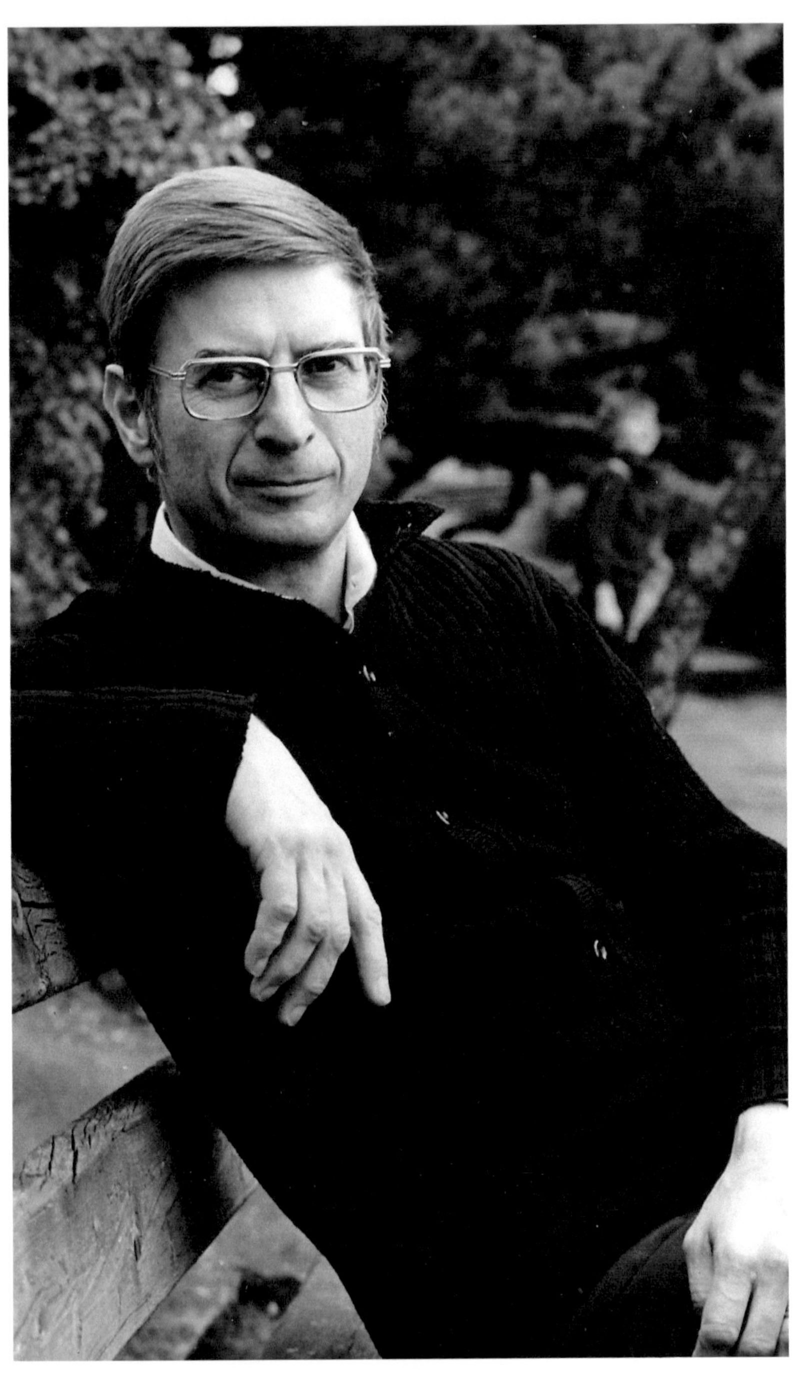

Herbert Blomstedt, 1978 (Foto: Erwin Döring)

Herbert Blomstedt 1975–1985

1927 in Springfield (Massachusetts, USA) als Sohn schwedischer Einwanderer geboren. Kindheit seit 1929 in Schweden. Studium in Stockholm (Orgel, Chorleitung, Musikpädagogik, Dirigieren), in Uppsala sowie in Salzburg und Tanglewood. Seine wichtigsten Lehrer: Tor Mann, Igor Markevitch und Leonard Bernstein. Ergänzung der Studien in Boston, New York, Darmstadt und Basel. 1954 Debüt als Dirigent in Stockholm. Chefpositionen: 1954–1962 Norrköping, 1962–1967 Philharmonisches Orchester Oslo, 1967–1977 Dänisches Radio-Sinfonieorchester Kopenhagen, 1975–1985 Staatskapelle Dresden, 1977–1982 Schwedisches Rundfunk-Sinfonieorchester Stockholm, 1985–1995 San Francisco Symphony Orchestra, 1996–1998 NDR-Sinfonieorchester Hamburg, 1998–2005 Gewandhausorchester Leipzig. Danach Gastdirigent der bedeutendsten Sinfonieorchester in Europa, Japan und den USA. Ehrendirigent des NHK-Sinfonieorchesters Tokyo, des San Francisco Symphony Orchestra, der Bamberger Symphoniker, des Gewandhausorchesters Leipzig, der Sächsischen Staatskapelle Dresden. 1961–1971 Professur für Dirigieren an der Königlichen Musikhochschule in Stockholm. Seit 1978 mehrfach Dr. h. c. Vielfach Auszeichnungen des öffentlichen und des Musik-Lebens erhalten.

Unsere erste Begegnung Mitte April 1969 auf dem Dresdner Hauptbahnhof, als ich Herbert Blomstedt, als „Einspringer“ für unsere Konzerte am 17. und 18. April begrüßte, war ohne unser damaliges Wissen von schicksalhafter Bedeutung. Ich hatte mit ihm unseren zukünftigen, dringend gesuchten Chefdirigenten nach dem Weggang von Martin Turnovský gefunden. Wir beide wussten davon allerdings bei dieser Begrüßung in einer ziemlich tristen Umgebung, der Dresdner Bahnhofsatmosphäre, noch nichts. Denn eine Realisierung ergab sich erst nach Umgehung und Ausschaltung aller Hürden und Verhinderungsversuchen von Vertretern der sog. sozialistischen Kulturpolitik mit Beginn der Spielzeit 1975/76. Bis dahin hatte Blomstedt aber bereits mehrere Jahre trotz des von der Staatskapelle erkämpften Gaststatus in vielerlei Hinsicht als Quasi-Chef gewirkt: in Konzerten, bei Gastspielen und bei Probespielen, wo sein Rat gefragt war und geschätzt wurde. Gestützt auf seine „Mission“ – trotz aller Schwierigkeiten, die das Leben im SED-Staat zu meistern hatte – hielt Blomstedt 15 Jahre von 1970 bis 1985 seine schützende Hand über „seine Kapelle“ und die ihm damit Anvertrauten.
Aus heutiger Sicht, also Jahrzehnte nach dem Mauerfall in Berlin, wirkt dieses Zusammenkommen auf mich wie ein Wunder. Wie würde sich der neutrale Schwede in einem totalitären Staat zurechtfinden und vor

allem sein hohes und anspruchsvolles künstlerisches, aber auch menschliches Credo umsetzen können? Wie könnte er das Orchester, das sich auch in diesem Fall ungeachtet aller Beschwernisse und Einmischungsversuche seinen Chef wie schon immer selbst gewählt hatte, hinter dem „Eisernen Vorhang" künstlerisch voranbringen? Würde er trotz aller ihm sonst eigentlich völlig unbekannten Hürden durchhalten?
Wir können dies voller Berechtigung bejahen. Blomstedt besaß dank seiner tiefen Religiosität die Kräfte, die ihn diese wichtige musikalische und kulturelle Position bei einem Top-Orchester in einer Art „Mission", wie er einmal selbst gesagt hat, 15 Jahre ausfüllen ließen. Die Liebe zur Musik, seine eigene, die seiner Dresdner Musiker und die seines Dresdner Publikums stärkten ihn und ließen ihn menschlich wie künstlerisch reifen. „Es waren wichtige Jahre, die Dresdner Zeit!", hat er später gesagt. Blomstedt wirkte anfangs trotz seiner Liebe zur Dresdner Kapelle, die er schon als junger Mensch von damaligen Tonträgern wegen ihres besonderen Klanges über alles gestellt hatte, fast schüchtern, sehr zurückgenommen, aber freundlich und offen. Die Kapellmitglieder halfen ihm, als sie erkannt hatten, welches Potential in diesem Künstler steckte. Es entstand wie wohl später auch beim Gewandhausorchester eine dauerhafte Liebe. Dass Blomstedt damals viel Ungemach auf sich genommen hat, um seine „Mission" zu erfüllen, beweisen auch seine Zugeständnisse bei den Gagen für sein Amt und seine Konzerte, die in Ostmark mit einem lächerlichen Anteil in Westmark ausgezahlt wurden. Auch hier wirkte er in seiner Bescheidenheit als Vorbild. Dass Blomstedt quasi fünf Jahre Wartezeit erfüllen musste, bis ihm die Chefstelle zugesprochen wurde, beweist seine moralische Überlegenheit gegenüber einem totalitären System. Die Musik und sein Glauben bestätigten ihm solche Kraftanstrengung.
Die künstlerische Zusammenarbeit mit der Kapelle entwickelte sich so stetig steigend, dass das internationale Interesse zunahm und viele devisenbringende Gastspiele zu den dienstlichen Verpflichtungen in Dresden absolviert wurden. Diese Deviseneinnahmen ermöglichten dem Orchester manches Privileg, das anderen nicht zu Teil wurde. „Westgeld" ließ die Funktionäre viele Augen zudrücken, aber wurde auch mit vielen Opfern der Musiker erspielt. Reisestrapazen bildeten keine Ausnahme. Trotzdem galt: Wir kommen ja 'raus und können uns dem internationalen Vergleich stellen! Und: Viele international hervorgetretene Dirigenten und Solisten fanden so den Weg nach Dresden ins Schallplattenstudio und in die Kapell-Konzerte.
Im Dirigentenzimmer – mehr noch in Blomstedts Dresdner Wohnung (auf dem Weißen Hirsch bei der verehrungswürdigen Dresdner Alt-Schauspielerin Antonia Dietrich) – haben wir die Pläne für die künstlerische Arbeit der Kapelle gemacht, oft bei einem der vegetarischen Essen,

die für Blomstedt ein Muss waren. Es sollten damals Programme gefunden werden, die neben dem künstlerischen Anspruch des Dirigenten und seiner Musiker auch die Vorgaben der Kulturpolitik in der DDR nicht ganz beiseiteschieben würden. Blomstedt zeigte sich dabei verständnisvoll und brachte immer wieder geeignete Werke von Komponisten der DDR in seine Programme. Komponisten wie Siegfried Matthus und Udo Zimmermann, die er auch in seine Reiseprogramme aufnahm, haben ihm einen Teil ihrer internationalen Anerkennung zu verdanken.
Immer wieder ging es im Dirigentenzimmer um die Erhaltung und Verbesserung der künstlerischen Potenz des Orchesters. Ältere Musiker mussten ersetzt werden, wobei trotz aller guten Hochschularbeit durch Orchestermitglieder die dünne Decke möglicher Kandidaten erschwerend war. So fanden Mitglieder anderer Spitzenorchester der DDR den Weg in die Kapelle, wobei es dafür oft harte Auseinandersetzungen bis in staatliche Stellen gab. Die Integrität Blomstedts und sein Verständnis für die Probleme der Musiker haben immer wieder die notwendigen Wege geebnet. „Vater des Orchesters" ist er damals genannt worden und war darin ein wirklicher Erbe Kurt Sanderlings.
Für Herbert Blomstedt bedeutete die ihm übertragene Aufgabe in der Verantwortung als Chef eines weltberühmten Orchesters in einem politisch sehr umstrittenen Staat vermutlich eine große menschliche Belastung, die er zehn Jahre lang verantwortungsvoll und mit all seinen Kräften ausfüllte. Er war gegenüber den Politfunktionären als Bürger eines neutralen Landes und als tief gläubiger Christ in einer sehr schweren Position – ganz im Gegensatz zu einem seiner Vorgänger: Kurt Sanderling hatte seine „Feuertaufe" während der Emigrationsjahre im Staat des „Großen Bruders" bestanden und konnte mit dieser Erfahrung den DDR-Oberen sehr bewusst entgegentreten.
Aber Blomstedt konnte sich behaupten und profilieren. Sogar einen Besuch beim „Kultur-Papst" der SED Kurt Hager im Zentralkomitee der SED hat er absolviert, um Erleichterungen und Zugeständnisse für die Dresdner Kapelle zu erreichen, die gegenüber ihren Schwesterorchestern in Berlin und Leipzig von ihren Stadtoberen nur zögerlich vertreten wurde. Wie oft hat er mit seinen Waffen für die Reisebewilligung ihm wichtiger Orchestermusiker gekämpft, die zuhause bleiben mussten, weil sie Verwandte im Westen hatten oder weil andere fadenscheinige Argumente für eine solche Sperre und Ausgliederung genannt wurden. Dass Blomstedt aus Devisengründen Musiker freistellen und sie durch „Aushilfen" aus anderen Orchestern bei Kapell-Gastspielen ersetzen sollte, war die Kehrseite der Medaille.
Was er dabei empfunden hat, blieb in seinem Inneren. Blomstedt hat sich nie beklagt, sondern seine Kräfte mit den ihm anvertrauten Musi-

PAUL DESSAU 1615 ZEUTHEN/~~MARK~~

Lieber Herr Uhrig!
Blomstedt —:
grosse Chance für
die Kapelle:

Grüsse!
In Eile
Ihr Dessau

Erhalten 1. März 1974, Dresden [illegible]

Brief von Paul Dessau an Dieter Uhrig: „*Lieber Herr Uhrig! Blomstedt große Chance für die Kapelle. Grüße! In Eile Ihr Paul Dessau.*“, 1. März 1974.

kern, dem Dresdner Publikum, mit der Musik und mit seinem Glauben aufgefrischt und bewahrt. Dadurch war er der Stärkere.

Als wir am 4. Juni 1974 von Dornbirn nach Graz reisten, hatte unser Zug einen angesagten längeren Aufenthalt in einer kleineren Stadt. Die Musiker schwärmten aus und vertraten sich die Beine. Auch unser Dirigent ging auf den Bahnhofsvorplatz, um sich Obst für die Weiterreise zu kaufen. Offensichtlich verkalkulierte er sich dabei mit der zur Verfügung stehenden Zeit und fehlte bei Abfahrt des Zuges. Blomstedt wurde vom Bahnhofsvorsteher über Lautsprecher mit Dialekt ausgerufen: „Herr Blomenstädt, bitte kommen Sie zum Zug!" Es dauerte eine für uns alle unendlich scheinende Zeit, bis unser Dirigent, kleinlaut und schuldbewusst, weil er die Abfahrt verzögert hatte, auf seinen Stammplatz im Abteil zurückgekehrt war. Wir alle waren über den Wiedergefundenen froh!

Während des Gastspiels der Kapelle in seiner Heimat im November 1975 hatte Blomstedt einen Teil der Musiker in sein Haus in Stockholm eingeladen. Alle waren auf ein Abendessen eingerichtet, hatten aber nicht mit dem Gastgeber gerechnet, der absoluter Vegetarianer war und statt einem Menü allen ein Riesenbuffet mit verschiedenen, sehr feinen Schokoladenspezialtäten aus heimischer Produktion anbot. Den Magen verdorben hatte sich wohl trotzdem niemand.

In den Jahren 1976/77 gastierte die Dresdner Kapelle unter Blomstedts Leitung in Ost-Berlin. Alle wohnten im Exquisithotel am Alexanderplatz, der Dirigent im 34. Stock, der vornehmsten Etage. Als er wie wir alle zur Abfahrt der Busse zum abendlichen Konzert eilten, gab es einen totalen Fahrstuhlausfall. Blomstedt nahm es auf sich, die 34 Etagen per Treppe herunterzulaufen, um zur Abfahrt pünktlich zu sein. Wie seine Knie darunter gelitten haben, hat er niemandem gesagt. Kurz vor dem Konzert stellte sich dann zu allem Übel noch heraus, dass Blomstedts Frackkoffer in Dresden stehen geblieben war. Was tun? Dirigent ohne Frack ging nicht. Also musste ein Ersatz her. Unser findiger Orchesterinspektor nahm einen Musiker vom körperlichen Ausmaß unseres Chefs beiseite und übergab Blomstedt dessen Frack. Das Konzert selbst wurde ein großer Erfolg. Unter den Musikern gab es danach die Charakterisierung „Konzert im Leihfrack".

Als wir am 24. Juni 1980 in Granada gastierten, musste das Konzert unterbrochen werden. Herbert Blomstedt war so übel, dass eine Fortführung aussichtslos schien. Er hatte offensichtlich bei einem für ihn extra ausgerichteten Gemüse-Buffet zu viele Oliven gegessen. Aber Blomstedt wäre nicht Blomstedt gewesen: Nach einer kurzen „Renovierung" setzte er das Konzert fort und brachte es zum umjubelten Ende. Die Anstrengung muss übermenschliche Kräfte in ihm geweckt haben – und: Er wollte seine Musiker nicht im Stich lassen!

Prinzipientreu blieb Blomstedt in der Einhaltung des arbeitsfreien Samstags: Proben wurden kategorisch ausgeschlossen, Konzerte am Abend waren möglich. Für die Planung war diese Forderung nicht immer leicht umzusetzen, und sie kostete Blomstedt manches Engagement, z. B. die Möglichkeit seines ersten Konzertes mit den Berliner Philharmonikern.
Später trafen wir uns bei Gastkonzerten im Dirigentenzimmer der Beethovenhalle in Bonn und in der Kölner Philharmonie. Obwohl viele Jahre zwischen den Begegnungen vergangen waren, blieb die herzliche Verbundenheit dominierend, die uns in Dresden so eng zusammengebracht hatte. Und künstlerisch war Blomstedt für mich inzwischen eine Ausnahme-Persönlichkeit.

Über die Rolle des Dirigenten befragt, antwortete Herbert Blomstedt:
„Der Taktstock als Machtsymbol ist nicht mehr aktuell. Der Dirigent ist kein Halbgott. Das war er vielleicht vor hundert Jahren. Oder er wurde als Halbgott angesehen. Er war unfehlbar und wurde immer angestaunt. Kollegen, die diesen Typus noch verkörpern, werden immer seltener und immer lächerlicher. Ich sehe ab und zu Fotos von Kollegen, wie sie den Taktstock fast wie eine Waffe, wie einen Dolch, halten. Der Taktstock als Symbol von Macht und Kraft: Das ist mir äußerst zuwider! Die meisten Kollegen verwenden den Taktstock aus praktischen Gründen und nicht als Machtsymbol. Der heutige Dirigent muss, um wirklich erstklassige Ergebnisse zu erzielen, mit seinen Musikern kooperieren und das Beste aus ihnen herauslocken. Das tut man bestimmt nicht mit Drohungen oder mit ‚Taktschlägereien'. Der Dirigent ist vor allem ein Diener der Musiker. Der Dirigent sollte keine eitle Erscheinung sein. Das hasse ich. Das hat nichts mit Musik zu tun oder sehr wenig. Man ist Diener der Musik und Diener seiner Musiker. Wir lieben doch alle die Musik. Nur wenn wir ein gemeinsames Liebesverhältnis zur Musik haben, kommt wirklich etwas Schönes heraus."
(Eckhard Roelcke: *Der Taktstock*, Zürich 2000, S. 26)

Von der Realität dieser Überzeugung konnte ich mich in der Zusammenarbeit mit Herbert Blomstedt in Dresden täglich aufs Neue überzeugen, im Konzertsaal und im Dirigentenzimmer. Ohne ein solches Credo hätte Blomstedt den Weg nach Dresden wohl nicht gefunden und eine Verantwortung übernommen, die er vor allem mit der Kraft seiner Überzeugung gemeistert hat.

Erstes Konzert mit der Staatskapelle in Dresden am 17./18.4.1969
Werke von Hindemith – Brahms – Nielsen/
Ricardo Odnoposoff, Violine

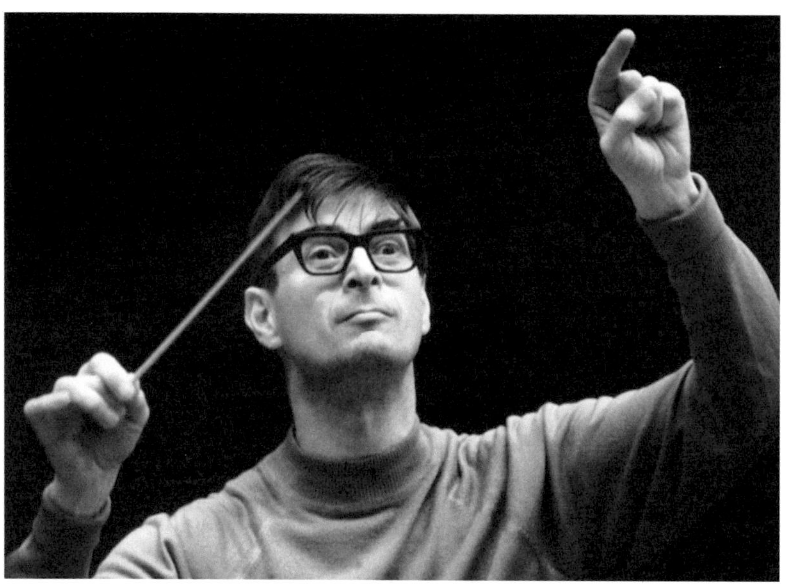

Herbert Blomstedt, 1969 (Foto: Erwin Döring)

Die Konzerte mit der Staatskapelle in Dresden:
9.10.1970 – 3./4.4.1971 – 6./7.1.1972 – 18./19.5.1972 – 20.5.1972 – 16.11.1972 – 23.11.1972 – 7./8.12.1972 – 13./14.2.1973 – 14./15.4.1973 – 30./31.5.1973 – 21./22.9.1973 – 20./21.12.1973 – 6./7.4.1974 – 10.4.1974 – 13./14.6.1974 – 12./13.9.1974 – 18.9.1974 – 5.12.1974 – 13./14.12.1974 – 21.2.1975 – 30./31.5.1975 – 5./6.6.1975 – 15./16.10.1975 – 7.11.1975 – 13./14.2.1976 – 25./26.3.1976 – 20./21.5.1976 – 3./4.6.1976 – 9./10.9.1976 – 15.9.1976 – 30.9./1.10.1976 – 13./14.2.1977 – 24./25.2.1977 – 24.3.1977 – 27.3.1977 – 26.4.1977 – 28.4.1977 – 2./3.6.1977 – 8./9.9.1977 – 22./23.9.1977 – 27./28.10.1977 – 1.2.1978 – 25./26.3.1978 – 30./31.3.1978 – 25./26.5.1978 – 8./9.6.1978 – 31.8./1.9.1978 – 11.9.1978 – 14./15.9.1978 – 16./17.11.1978 – 18.2.1979 – 7./8.4.1979 – 19./20.5.1979 – 12./13.6.1979 – 6./7.9.1979 – 30.9.1979 – 17./18.10.1979 – 13./14.12.1979 – 29./30.3.1980 – 24.5.1980 – 29./30.5.1980 – 12./13.6.1980 – 4./5.9.1980 – 13./14.11.1980 – 18./19.12.1980 – 29./30.1.1981 – 11./12.2.1981 – 23./24.4.1981 – 13.5.1981 – 23./24.5.1981 – 4./5.6.1981 – 3./4.9.1981 – 15./16.10.1981 – 17./18.2.1982 – 3./4.5.1982 – 22.5.1982 – 27./28.5.1982 – 12./13.2.1983 – 21./22.4.1983 – 2./3.6.1983 – 8.6.1983 – 8./9.9.1983 – 27./28.10.1983 – 12./13.1.1984 – 14./15.4.1984 – 25./26.4.1984 – 19.5.1984 – 24./25.5.1984 – 6./7.9.1984 – 7.11.1984 – 15./16.11.1984 – 10./11.1.1985 – 21./22.2.1985 – 30./31.3.1985 – 6./7.6.1985 – 17./18.10.1985 – 23./24.10.1985 – 18./19.6.1987

PARKHOTEL FRANKFURT

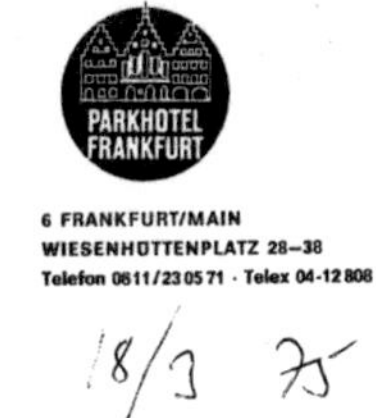

6 FRANKFURT/MAIN
WIESENHÜTTENPLATZ 28–38
Telefon 0611/230571 · Telex 04-12808

18/3 75

Mein lieber Herr Uhrig!

Vielen Dank für Ihren letzten Brief. Die Treue und Liebe, die Sie mir zeigen, hat mich sehr bewegt. Und glauben Sie mir: Ich brauche Sie als unersetzlichen Voraussetzung eines Gelingens in Dresden. Das Sie mir das entscheidende Wort zustehen, macht mich ruhig und sicher, aber ich werde, besonders am Anfang, sehr vieles an Sie selbst delegieren, denn Sie wissen ja in fast allem besser Bescheid als ich. Das ich in dieser Situation einen Mitarbeiter habe, dem ich uneingeschränkt vertrauen kann, künstlerisch und menschlich, ist ein nicht genug hoch zu schätzender Glücksfall. Und doch nicht „Glücksfall", denn Sie haben dies ja alles selbst erst erdacht, geplant und unterstützt! Möge vor allem unsere liebe Kapelle davon schöne Früchte genießen können. Wir können nur unser Bestes tun, der Segen kommt von Oben.

Brief von Herbert Blomstedt an Dieter Uhrig, 18. März 1975

Wie Sie vorschlagen, habe ich den 7. November 1975 für einen Aufführungsabend reserviert. Das geplante Programm (Haydn + Boccherini / Burkhard + Strawinsky) ist sehr schön. Ich hoffe bald definitiv zu hören über die November-Tournee-Daten und über diesen Aufführungsabend.

Dr. Seeger hat mir vorgeschlagen am 8. April, nachmittags, nach Dresden zu kommen für die Bekanntgabe des Engagements. Ich werde ihm in Bälde mein Akzept dazu schreiben. Er will auch am Tage vorher (den 7.) nach Leipzig kommen um letzte Details zu besprechen. Könnten Sie dann mitkommen? Am Dienstag den 8. ca 14.30 könnte dann Herr Schindler mich in Leipzig abholen und ca 20.00 wieder zurückbringen.

Hier in Frankfurt geht alles gut. Die Streicher im Rundfunk-Sinfonieorchester sind erste Qualität, Bläser schlechter – wenigstens in dieser Besetzung. Lediglich das erste Horn (Herr Neundecker) ist wirklich gut. Die Stadt selbst ist – von einigen gut restaurierten Altbauten abgesehen – nicht sehr schön. Die vielen Gastarbeiter aus Italien, Jugoslavien, Türkei, Marokko u. setzen ihr Gepräge auf dem Leben der ganzen Innenstadt. In dieser Stadt gehe ich nicht gerne aus!

Für die Oster-Tage – alles Gute – auch an Ihre liebe Frau! In der Vorfreude baldigen Wiedersehens, herzlichst Ihr
Herbert Blomstedt

Die Gastkonzerte mit der Staatskapelle Dresden im In- und Ausland:

1973	Japan	18.10. Tokyo – 22.10. Shizuoka – 23.10. Hiroshima – 26.10. Osaka
1974	Österreich	3.6. Dornbirn – 5.6. Graz – 6./7.6. Salzburg – 8.6. Linz – 9./10.6. Wien (Festwochen)
1974	Sowjetunion	4.10. Leningrad
1974	Ungarn	20./21.10. Budapest (Festwochen)
1975	Schweden	15.11. Stockholm – 16.11. Norrköping – 17.11. Göteborg – 18.11. Malmö
1975	West-Berlin	20.11.
1976	Österreich	1.8. Salzburg (Festspiele)
1976	Belgien	17.8. Gent (Flandern-Festival) – 18.8. Brüssel
1976	DDR	6.10. Berlin (Festtage)
1976	Jugoslawien/ Italien:	10.10. Belgrad (Bemus Festival) – 13./14.10. Venedig – 16.10. Parma – 18./19.10. Reggio Emilia – 20./22.10. Florenz – 23.10. Perugia
1977	DDR	27.2. Berlin (Musik Biennale/Beethoven-Ehrung)
1977	BRD/Schweiz	30.4. Bonn – 1.5. Witten – 2.5. Essen – 3.5. Wuppertal – 4.5. Duisburg – 5./6.5. Wiesbaden – 7.6. Frankfurt a. M. – 8.5. Stuttgart – 9.5. Ludwigshafen – 10.5. Nürnberg – 11.5. Regensburg – 12.5. München – 14.5. Lausanne (Festival)
1977	BRD/ Frankreich/ Niederlande	5.11. Leverkusen – 6.11. Köln – 8.11. Lille (Festival) – 10./11.11. Rotterdam – 12.11. Amsterdam
1978	BRD	20.1. Hamburg (300 Jahre Oper)
1978	Japan	4./5.4. Tokyo – 7.4. Nagoya – 8.4. Kyoto – 10./11.4. Osaka (International Festival) – 12.4. Shimado – 13.4. Tokyo – 15.4. Morioka – 17.4. Abita – 18./19.4. Tokyo – 20.4. Chiba
1978	Großbritannien	5.9. Edinburgh (Festival)
1978	Österreich	20.9. Linz (Bruckner-Fest) – 7./8.6. Salzburg – 12.6. Wien (Festwochen)
1979	Schweiz	18.6. Lausanne (Festival)
1979	Italien/ Schweiz	21.8. Stresa (Musikfestival) – 22.8. Locarno (Ascona Festival) – 24./25.8. Luzern (Internationale Musikfestwochen)

1979	USA	23.10. New Brunswick – 24.10 New York (UNO) – 25.10. Philadelphia – 26.10. Washington – 27.10. State College – 29.10. East Lansing – 31.10. Champain – 2./3.11. Ames – 6.11. Madison – 9.11. Columbus – 10.11. Toledo – 11.11. Ann Arbor – 12.11. Danville – 15.11. Wilmington – 17.11. West Point – 18.11. New York – 20.11. Hartford
1980	Tschecho-slowakei	15./16.5. Prag („Prager Frühling“)
1980	Frankreich/ Spanien	16./17.6. Paris – 21.6. Strasbourg – 24./25./26.6. Granada
1981	Frankreich	24./26./27.1. Paris
1981	Japan	2.7. Osaka – 3.7. Nagoya – 4.7. Anjyo – 7.7. Tokyo – 8.7. Urawa – 9.7. Tokyo
1981	Großbritannien	1.10. Bristol – 2.10. Sheffield – 3.10. Haifax – 4.10. Leeds – 6.10. London – 7.10. Newcastle – 8.10. Nottingham – 9.10. Swansea – 10.10. Warwich
1981	DDR	30.11. Leipzig (Gewandhaus-Festtage)
1982	Österreich/ Schweiz/ Liechtenstein:	25./26.2. Wien – 27.2. Linz – 1./2.3. Graz – 3.3. Villach – 4./5.3. Salzburg – 7.3. Dornbirn – 8.3. Zürich – 9.3. Lausanne – 10.3. Genf – 11.3. St. Gallen – 12.3. Vaduz – 14.3. Basel
1982	Tschecho-slowakei	14./15.5. Prag („Prager Frühling“)
1982	Italien	10.6. Venedig
1982	BRD	3.10. Hamburg – 4.10. Lübeck – 5.10. Kiel – 6.10. Hannover – 7.10. Bielefeld – 9.10. Leverkusen – 10.10. Witten – 11.10. Bonn – 12.10. Aachen – 13.10. Wuppertal – 14.10. Frankfurt a.M. – 16.10. Wiesbaden – 18.10. Ludwigshafen – 19.10. Ulm – 20.10. Stuttgart – 21.10. Karlsruhe – 22.10. Nürnberg – 23.10. Augsburg – 24.10 München
1982	West-Berlin	12.12.
1983	USA/ Kanada	21.2. Chicago Evanston – 22.2. Medison – 23.2. Iowa City – 24.2. Des Moines – 25.2. Lincoln – 26.2. Lawrence – 28.2. Kansas City – 1.3. Columbia – 2.3. Rolla – 3.3. Urbana – 5.3. Muskyon – 6.3. Ann Arbor – 7.3. East Lansing – 9./10./11.3. Toronto – 12.3. Elmire – 13.3. Washington – 15.3. New Brunswick – 16.3. New York – 17.3. Hartford – 18.3. Boston – 19.3. Greenvale – 20.3. New York
1983	Schweiz/ Italien	26./27.8. Luzern (Musikfestwochen) – 28.8. Montreux (Festival) – 29./30.8. Torino (Settembre Musica)
1983	Finnland	1./2.9. Helsinki (Festival)
1983	Polen	6.9. Wrocław (Wratislavia Cantans)

1983	Belgien	26.9. Brüssel (Flandern-Festival) – 27.9. Gent (Flandern-Festival) – 29.9. Strasbourg
1985	Japan	29.10. Musaskino – 30.10. Tokyo – 31.10. Hamamatsu – 1.11. Amagasaki – 2.11. Urawa – 3.11. Atsugi – 5.11. Koriyama – 6.11. Yamagata – 8.11. Takasaki – 9.11. Ichikawa – 10.11. Yokohama – 11.11. Toyama – 13.11. Kogoshima – 15.11. Nagoya – 17.11. Osaka – 18.11. Tokyo – 19.11. Matsudo

Aufgeführte Komponisten in den Konzerten (einschließlich Gastspiele) der Staatskapelle Dresden:
Carl Philipp Emanuel Bach – Johann Sebastian Bach – Bartók – Hans-Christian Bartel – Beethoven – Georg Benda – Berg – Berlioz – Berwald – Boccherini – Brahms – Bruch – Bruckner – Willy Burkhard – Paul Dessau (UA) – Paul-Heinz Dittrich – Dvořák – Eisler – Johann Friedrich Fasch – Francaix – Franck – Alberto Ginastera – Glasunow – Friedrich Goldmann (UA) – Johann Michael Haydn – Joseph Haydn – Händel – Jörg Herchet (UA) – Hindemith – Franz Anton Hoffmeister – Honegger – Janáček – Viktor Kalabis (UA) – Jürgen Knauer (UA) – Günter Kochan – Leopold Kozeluch – Siegfried Kurz (UA) – Ingvar Lidholm – András Ligeti – Mahler – Frank Martin – Martinů – Siegfried Matthus (UA) – Mendelssohn Bartholdy – Ernst Hermann Meyer (UA) – Francesco Morlacchi – Mozart – Mussorgski – Johann Gottlieb Naumann – Nielsen – Prokofjew – Ravel – Reger – Johann Gottlieb Reißiger – Gerhard Rosenfeld (UA) – Schönberg – Schostakowitsch – Schubert – Schumann – Sibelius – Johann Matthias Sperger – Richard Strauss – Strawinsky – Siegfried Thiele (UA) – Johannes Paul Thilman (UA) – Gerhard Tittel – Tschaikowski – Robert Volkmann – Wagner – Weber – Webern – Manfred Weiss (UA) – Wieniawski – Jan Dismas Zelenka – Udo Zimmermann (UA)

Opern-Neueinstudierungen an der Staatsoper Dresden:
26.9.1976 Mozart: *Die Entführung aus dem Serail*
18.5.1978 Debussy: *Pelleas und Melisande*
9.11.1980 Tschaikowski: *Eugen Onegin*

Repertoire-Opern-Aufführungen an der Staatsoper Dresden:
1972 Beethoven: *Fidelio*
1975 Mozart: *Die Zauberflöte*

Konzertante Opern-Aufführungen mit der Staatskapelle in Dresden:
10./13.6.1976 Weber: *Euryanthe*

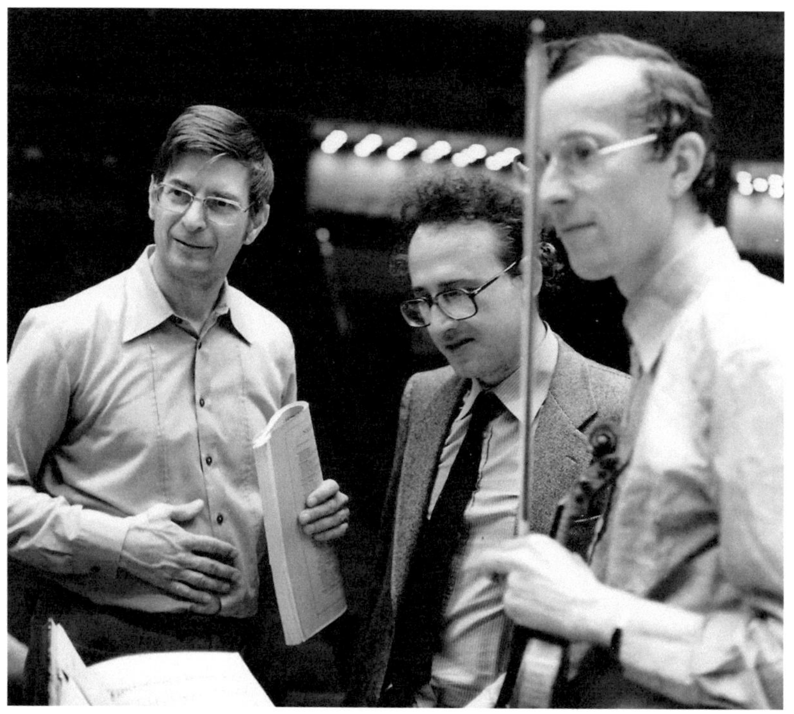

Herbert Blomstedt, Maurizio Pollini und Konzertmeister Peter Mirring, o. J.
(Foto: Erwin Döring)

Konzertante Opern-Aufführung mit der Staatskapelle in Paris:
26.10.1981 Wagner: *Walküre* (Ausschnitte)

Schallplatten-Aufnahmen mit der Staatskapelle in Dresden:
Beethoven: *Leonore* (GA), *Sinfonien Nr. 1–9* sowie *9. Sinfonie* (Eröffnung Semperoper) – Berlioz: *Symphonie fantastique* – Bruckner: *Sinfonien Nr. 4, 7* – Dvořák: *Sinfonie Nr. 8* – Grieg: *Peer Gynt* – Siegfried Matthus: *Klavierkonzert* – Mozart: *Adagio und Fuge KV 546; Divertimenti KV 136–138; Flötenkonzerte KV 313/314 und Andante KV 315; Hornkonzerte KV 371, 412, 417, 447, 495; Konzertarien KV 21-19c, 36-33i, 70, 74b, 77, 88, 210, 217, 256, 272, 294, 295, 316, 368, 369, 374, 416, 418, 419, 420, 431-425b, 538, 580, 582; Oboenkonzert KV 314; Rondo KV 371; Sinfonien KV 504 (Prager), 543, 550, 551 (Jupiter)* – Schubert: *Sinfonien Nr. 1–9* – Johann Gottlieb Naumann: *Te Deum* – Reger: *Mozart-Variationen* – Schumann: *Konzertstück für 4 Hörner* – Strauss: *Also sprach Zarathustra, Don Juan, Ein Heldenleben* – Weber: *Concertino, Klarinettenkonzerte Nr. 1 und 2, Konzertstück* – Manfred Weiss: *3. Sinfonie*

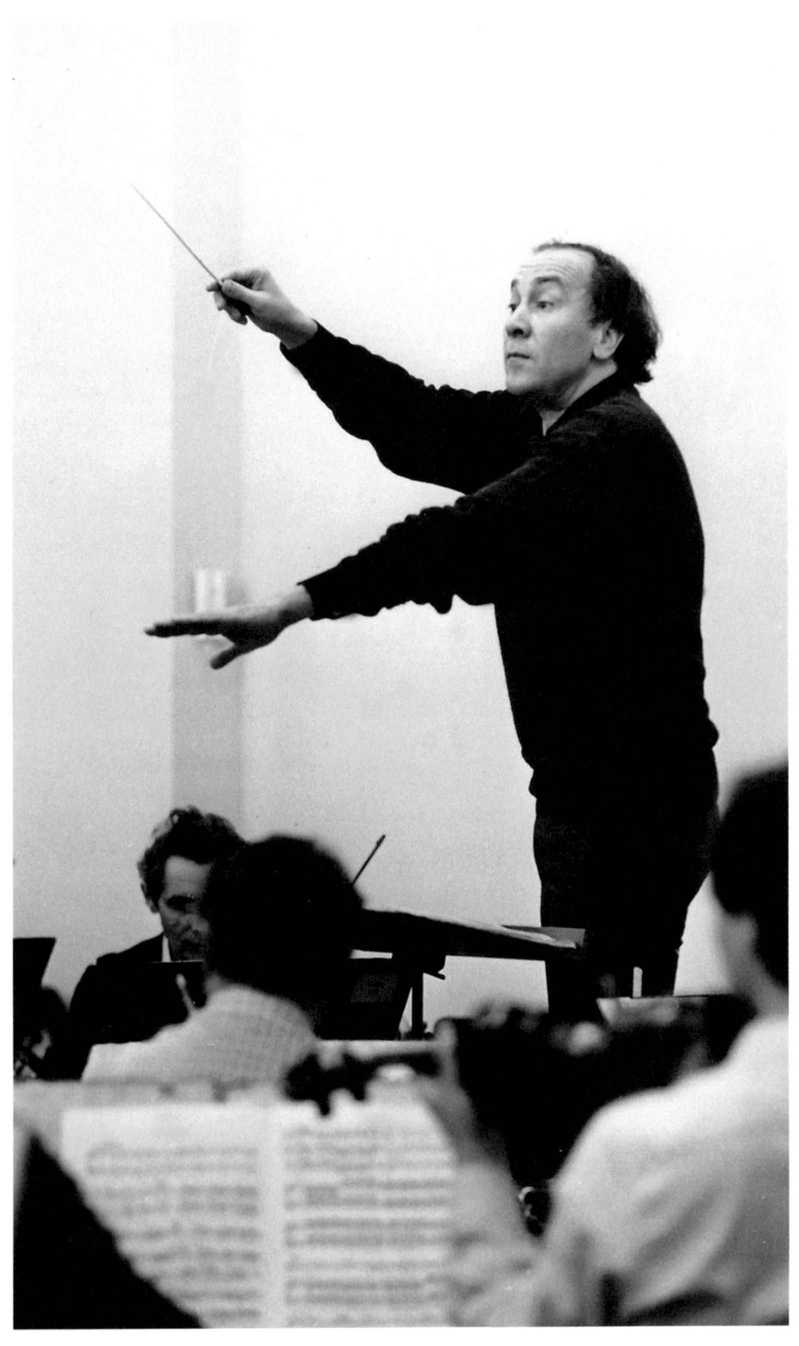

Hans Vonk, 1984 (Foto: Erwin Döring)

Hans Vonk 1985–1990

Hans Vonk stammte aus Amsterdam (Jahrgang 1942). Er studierte zunächst Jura und dann Musik (Konservatorium Amsterdam: Klavier und Orchesterleitung). 1964 setzte er die Studien bei Hermann Scherchen und Franco Ferrara in deren Kursen in Siena, Salzburg und Hilversum fort. Seit 1966 arbeitete Vonk vor allem in Positionen bei niederländischen Orchestern und an der Amsterdamer Oper (1973–1979 Leiter des Philharmonischen Orchesters Radio Hilversum und 1980–1985 Leiter des Residenzorchesters Den Haag). 1985–1989 wirkte er in Dresden als Chefdirigent der Staatsoper und der Staatskapelle. Zur Eröffnung der Semperoper dirigierte er am 14.2.1985 den „Rosenkavalier" von Strauss. 1991–1997 leitete Vonk das Sinfonieorchester des WDR in Köln und 1996–2002 das St. Louis Symphony Orchestra (USA). Aufgrund der unheilbaren ALS-Erkrankung musste Vonk seine Dirigententätigkeit beenden. Vorher hatte er große Erfolge bei US-amerikanischen Spitzenorchestern gefeiert und war zuletzt Chefdirigent des Nederlands Radio Symphonie Orchest. Am 29.8.2004 starb er in Amsterdam. Im Nachruf des WDR heißt es: Hans Vonk „wird in Erinnerung bleiben als ein nobler, hochgebildeter Mann, der mit seiner feinsinnig-humorvollen Arbeit Musikerlebnisse geschaffen hat."

Hans Vonk wurde 1985 in der Nachfolge von Herbert Blomstedt in Dresden Chefdirigent der Staatsoper und der Staatskapelle; mein Chef war er bis 1987. Er wirkte dann bis 1990 in Dresden und wechselte 1991 zum Sinfonieorchester des WDR in Köln als Chefdirigent. Bevor Vonk erkrankte und 2002 die Dirigententätigkeit aufgeben musste, war er sehr erfolgreich in den USA als Chef des St. Louis Symphony Orchestra tätig. Unsere Zusammenarbeit bezog sich vor allem auf die Wiedereröffnung der Semperoper am 13. Februar 1985. Die Eröffnungsvorstellung mit Webers *Freischütz* durfte er als zwar „neutraler", aber „westlicher" Ausländer nicht dirigieren, sondern musste sich mit der zweiten Premiere begnügen, die allerdings der für die Dresdner Operngeschichte so wichtige *Rosenkavalier* von Richard Strauss war.
Vonk war eher ruhig und unauffällig in seiner Arbeitsweise. Da er während seiner Dresdner Amtstätigkeit sehr häufig nach Amsterdam flog, um „aufzutanken", wie er mir sagte, musste ich viele Entscheidungen selbst treffen und geriet in Bezug auf Orchesterinteressen mehrfach mit der damaligen Intendanz in Interessenkonflikt. Vonk nahm meist meine kapellorientierte Position ein, aber er war oft nicht persönlich anwesend. Dass er mit den Dresdner Musikern nicht nur musizierte, sondern auch Fußball gespielt hat, soll der Vollständigkeit und Besonderheit wegen nicht vergessen werden.

In der Chefdirigentenfolge Herbert Blomstedt und Giuseppe Sinopoli nahm er eine wichtige Zwischenstellung ein, die auch durch die Gastspiele und Schallplattenaufnahmen mit der Kapelle im internationalen Maßstab bestätigt wurde.

Erstes Konzert mit der Staatskapelle in Dresden am 31.1./1.2.1980:
Werke von Antonio Lotti – Gerhard Rosenfeld – Bruckner/Solist: Johannes Walter, Flöte

Letztes Konzert mit der Staatskapelle in Dresden (nach meinem Weggang):
26.5.1990 Werke von Schostakowitsch – Tschaikowski/Solist: Heinrich Schiff

Die Konzerte mit der Staatskapelle in Dresden:
31.1./1.2.1980 – 12./13.11.1981 – 16./17.9.1982 – 3./4.2.1983 – 11./12.5.1983 – 4./5.4.1985 – 5./6.9.1985 – 25./26.9.1985 – 15./16.1.1986 – 22.1.1986 – 13./14.2.1986 – 29./30.5.1986 – 4./5.9.1986 – 29./30.10.1986 – 17.11.1986 – 20.11.1986 – 10.12.1986 – 11./12.4.1987

Gastkonzerte mit der Staatskapelle Dresden:
14.8.–3.9.1985 Österreich – Italien – Frankreich – Schweiz
7.9.1985 Schauspielhaus Berlin
28.4.1986 West-Berlin
9.6.1986 Essen
18.10.1986 Polen/Wrocław
6.11.1986 Schauspielhaus Berlin
28.2.–10.03.1987 Großbritannien

Aufgeführte Komponisten mit der Staatskapelle Dresden:
J. S. Bach – Beethoven – Berlioz – Brahms – Bruckner – Friedrich Cerha – Cherubini – Chopin – Rudolf Escher – Fauré – Anton Bernhard Fürstenau – Karl-Rudi Griesbach (UA) – Hasse – Franz Anton Hoffmeister – Ibert – Ligeti – Antonio Lotti – Mahler – Marschner – Méhul – Mendelssohn Bartholdy – Morlacchi – Mozart – Ravel – Reger – Carl Gottlieb Reißiger – Antonio Rolla – Gerhard Rosenfeld (UA) – Schostakowitsch – Schubert – Schumann – Strawinsky – Richard Strauss – Kurt Striegler – Tschaikowski – Wagner – Weber – Webern

Operneinstudierungen an der Staatsoper Dresden:
23.5.1983/27.2.1985 Mozart: *Così fan tutte*
14.2.1985 Strauss: *Der Rosenkavalier*
16.3.1986 Mozart: *Don Giovanni*
20.5.1986 Verdi: *Otello*
23.12.1986 Rossini: *Der Barbier von Sevilla*

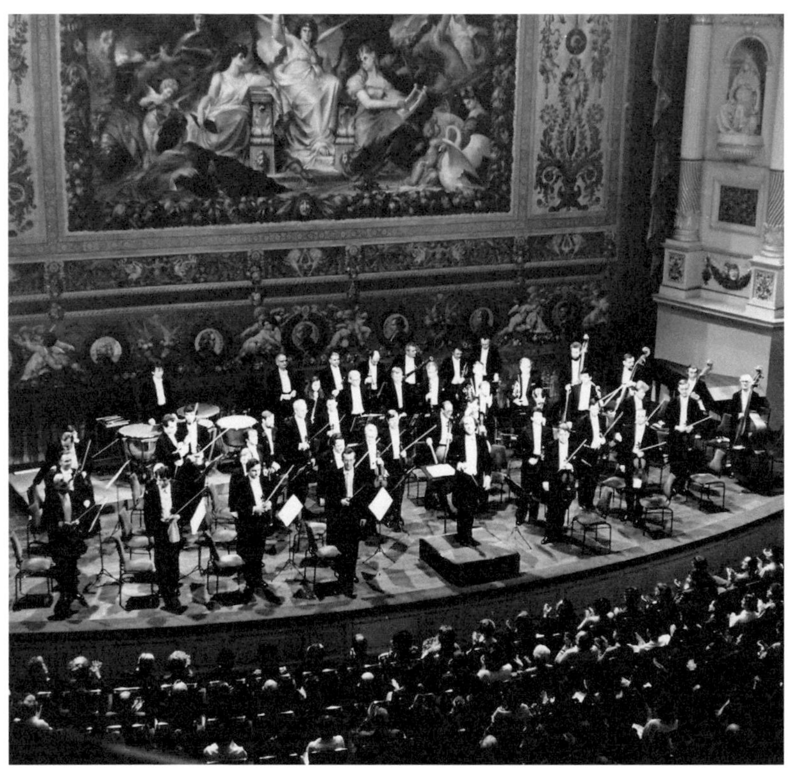

Konzert in der Semperoper Dresden mit Dirigent Hans Vonk, 1985
(Foto: Erwin Döring)

Weitere Operneinstudierungen bzw. -übernahmen an der Staatsoper Dresden:
Beethoven: *Fidelio* – Tschaikowski: *Eugen Onegin* – Verdi: *La Traviata, Falstaff* – Wagner: *Tristan und Isolde, Parsifal*

Erstes und letztes Operndirigat in Dresden:

15.11.1981	Wagner: *Tristan und Isolde*
29.4.1993	Rossini: *Der Barbier von Sevilla* (nach meinem Weggang)

Schallplattenaufnahmen mit der Staatskapelle in Dresden (bis 1987):
Beethoven: *Violinkonzert*/Solist: Ulf Hoelscher – *Klavierkonzerte Nr. 1, 2, 4*/Solist: Christian Zacharias – Tschaikowski: *Der Nussknacker – Eugen Onegin: Walzer, Polonaise und Mazurka – Violinkonzert*/Solist: Christian Funke – Populäre Opernouvertüren

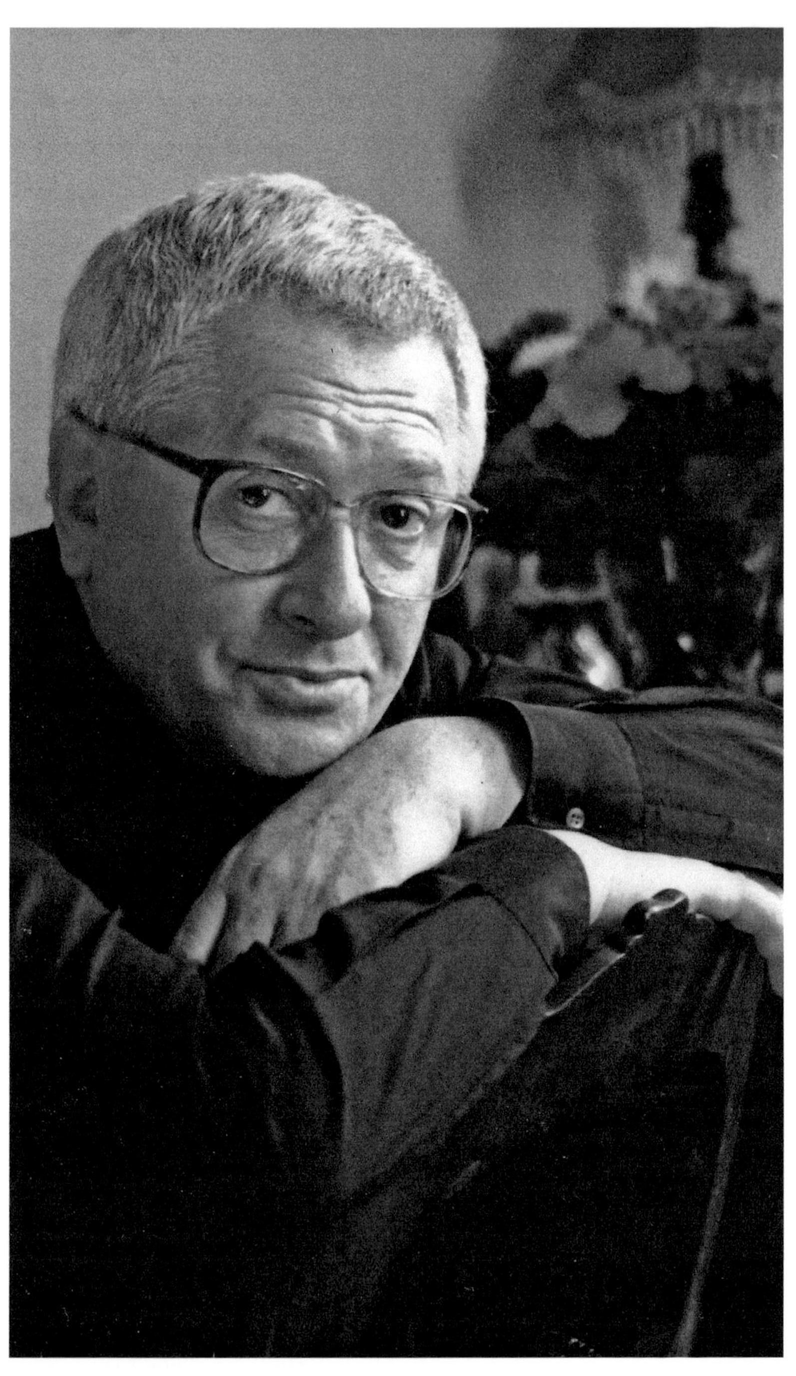

Heinz Rögner, o. J. (Foto: Susanne Rögner)

Die Chefdirigenten des Rundfunk-Sinfonieorchesters Berlin 1988–1998

Heinz Rögner 1988–1994

1929 in Leipzig geboren, erhielt schon als Kind Klavierunterricht, studierte nach dem Schulbesuch an der Leipziger Musikhochschule „Felix Mendelssohn Bartholdy" Klavier, Bratsche und Dirigieren bei Hugo Steurer, Otto Gutschlicht und Egon Bölsche. 1951–1954 wirkte Rögner als Kapellmeister und Korrepetitor am Nationaltheater Weimar und unterrichte 1954–1958 Dirigieren und Partiturspiel an der Musikhochschule in Leipzig. 1958–1962 Dirigent des Großen Rundfunkorchesters Leipzig, 1963–1973 GMD der Staatsoper Berlin und 1973–1993 Chefdirigent des Rundfunk-Sinfonieorchesters Berlin. An der Hochschule für Musik „Hanns Eisler" in Berlin übernahm er 1981 eine Professur für Dirigieren. 1984 wurde er zum Principal conductor des Yomiuri Symphony Orchestra in Tokyo ernannt. Nach der politischen Wende verließ Rögner den Rundfunk in Berlin und legte den Schwerpunkt seiner Tätigkeit auf Gastspiele. Er starb 2001 in Leipzig.

Als ich für die offene Position des Produzenten beim Rundfunk-Sinfonieorchester Berlin (RSB) in Vorschlag gebracht worden war, wollte mich Heinz Rögner vor Vertragsabschluss unbedingt sprechen. Es ging ihm dabei um die Klärung eines Versprechens für ein Konzert in Dresden, das ich auf Grund der Haltung der Staatskapelle dazu bislang nicht hatte einlösen können. Ich habe Rögner offen den Sachverhalt erklärt. Er sagte mir damals: „Wenn ich davon erfahren hätte, wäre ich auch nicht wieder nach Dresden gekommen!" Diese Haltung war charakteristisch für ihn: Immer gerade, direkt und so auch manches Mal verletzend. Er äußerte dann: „Ich Rindvieh war wohl wieder zu ehrlich!" Das meinte er aber erst, als wir nach einer Zeit wirklicher Zusammenarbeit absolutes Vertrauen zueinander und zum persönlichen „Du" gefunden hatten.
Unsere Bekanntschaft begann in Dresden, als Rögner zu Aufnahmen in das Schallplattenstudio Lukaskirche gekommen war. Er produzierte dort seit Anfang der siebziger Jahre mit der Staatskapelle, später einen Zyklus von Operetten mit der Dresdner Philharmonie. Die Kapelle war durch seine klare und doch musikalisch bestimmte Arbeitsweise neugierig geworden und lud ihn zu einem Konzert und zu einer Aufführung des *Rosenkavalier* ein. Diese Aufführung hatte es in sich: Zwei

Akte gingen hervorragend, im 3. Akt muss Rögner dann die Übersicht verloren haben oder außer Kontrolle geraten sein, denn er vollführte Dirigierkunststücke, denen keiner mehr folgen konnte (und wollte?), auf Kosten der Bühne und des Orchesters. Oder war es überschwängliche Freude am Musizieren? Aber es bedeutete das „Aus" für ihn seitens der Kapelle.

Rögner war von der Staatsoper Berlin, wo er als GMD fast ausschließlich Opern- und Ballett-Aufführungen dirigiert hatte, im Jahr 1973 als Chefdirigent zum RSB gekommen. Das war für ihn, der eigentlich eine Pianistenkarriere für sich erhofft hatte, absolutes Neuland: Der Schwerpunkt seiner Tätigkeit bestand nun fast ausschließlich in Konzerten und Produktionen. Er musste sich mit Programmen für seine Konzerte und die geforderten Produktionen befassen. Dass ich ihm dann später dafür ein Partner sein konnte, habe ich mit Freude auf mich genommen. Rögner ließ mir dafür alle Freiheit – auch bezüglich der Gastdirigenten und der Solisten – und nahm Vorschläge, die sich auch von seiner bisherigen Sichtweise auf Komponisten unterschieden, aufgeschlossen an und setzte sie mit seinem Können um. Bewundert habe ich ihn als exzellenten Begleiter seiner Solisten. Da widerspiegelte sich die Erfahrung aus dem Opernalltag und verhalf ihm darin zu einer Ausnahmestellung. Er konnte sich immer verständlich machen. Bestimmte Klangfarben hervorzuheben und hörbar zu machen, bereitete ihm unbedingt Vergnügen.

Auch Rögners Zusammenarbeit mit dem vorzüglichen, von Dietrich Knothe und später von Robin Gritton geleiteten Rundfunkchor Berlin brachte für mich völlig neue Perspektiven in der Programmgestaltung. Ich hatte einen Chor zur Verfügung, für den es keinerlei Hürden gab – im Gegensatz zu Dresden, wo sich durch den Opernalltag des dortigen Chores die Konzertplanung schwierig gestaltete. Wieviel Kapital Rögner aus seiner Opernerfahrung nun im Konzertbereich schlagen konnte, ist mir einmal sehr deutlich geworden, als er dem Chordirektor an Hand der *Lieder ohne Worte* die Quellen von Mendelssohns musikalischer Gestaltung des *Paulus*-Oratoriums beibrachte. Das war auch für mich eine Lehrstunde, die ich nicht vergessen habe. Am Klavier war er ebenfalls immer noch ein Meister.

Als wir uns menschlich nähergekommen waren, ließ er mich an seinem Interesse für Uhren und Schuhe teilhaben. Ausgangspunkt dafür war eine neue Uhr, die er an mir entdeckt hatte. Dass Rögner gute, also gedruckte „klassische" Literatur mochte, hat er mir damals verraten und mir auch Tipps gegeben, was ich unbedingt lesen sollte. Das war unter den kulturpolitisch herrschenden Verhältnissen in der DDR nicht so leicht. Der Büchermarkt war linientreu nach den SED-Richtlinien ausgerichtet und Ausgaben und Lizenzen fast nur unter dem Ladentisch

bei guten Bekannten zu haben. Rögner, der damals regelmäßig in Japan gastierte, konnte sich besser mit „guter" Literatur versorgen als ich.
Da uns im Rundfunk der DDR, der nicht dem sehr orthodoxen Kulturministerium unterstand, viel Freiheit und Selbständigkeit in der Programmgestaltung zugestanden wurden, konnten wir gemeinsam ein sehr eigenes Profil für unsere Konzerte, die im Schauspielhaus am Gendarmenmarkt stattfanden, entwickeln, so dass die Nachfrage nach Abonnements das Platzangebot weit überschritt.
Im Dirigentenzimmer, aber auch in seinem Auto haben wir oft Gespräche führen können, die für keinen Dritten bestimmt waren. Rögner nahm kein Blatt vor den Mund, auch nicht vor der Obrigkeit des Rundfunkkomitees, seinem Arbeitgeber, aber auch nicht vor seinen Musikern (wenn er es für notwendig erachtete). Später haben wir ihn in einem Konzert in Münster besucht. Sein plötzlicher Tod hat uns alle sehr getroffen.

Konzert mit der Staatskapelle in Dresden 1.4.1976:
Werke von Haydn – Prokofjew – Reger/Solistin: Karine Georgian

Erstes Konzert mit dem RSB in Berlin:
22.1.1988 Werke von Hindemith – Martin – Reger/Rundfunkchor Berlin

Konzerte mit dem RSB in Berlin:
27.5.1988 – 11.9.1988 – 11.11.1988 – 30./31.12.1988 – 3.3.1989 – 16.4.1989 – 28.5.1989 – 18.6.1989 – 10.9.1989 – 25.11.1989 – 30./31.12.1989 – 6.4.1990 – 22.5.1990 – 8.6.1990 – 2.9.1990 – 30.9.1990 – 7.12.1990 – 25./26.1.1991 – 15.3.1991 – 21.6.1991 – 10.11.1991 – 24.1.1992 – 7.3.1992 – 13.11.1992 – 26.2.1993 – 28.3.1993 – 19.6.1994 – 24.3.1995 – 19.4.1996 – 16.5.1997 – 5.4.1998

Gastkonzerte mit dem RSB im In- und Ausland:

28.6.1989	Berlin (Ost), Schauspielhaus
28.11.1989	Berlin (Ost), Schauspielhaus
12.4.1990	Berlin (West), Sendesaal RIAS
2.9.1990	Berlin (Ost), Schauspielhaus
8.9.1990	Schloss Rheinsberg, Mark Brandenburg
12.7.1991	Passau
1991 Japan	21.11.–22.12.: Matsudo – Nagoya – Tokyo – Isayaka – Saseb – Chofu – Utsunomyia – Chiba – Hiroshima – Kyoto – Okayama – Tokushima – Matsuyama – Takamatsu – Okinawa – Miyazaki – Izumo – Mito – Tahsaki – Osaka – Fuchu – Mishima
9.3.1992	Köln

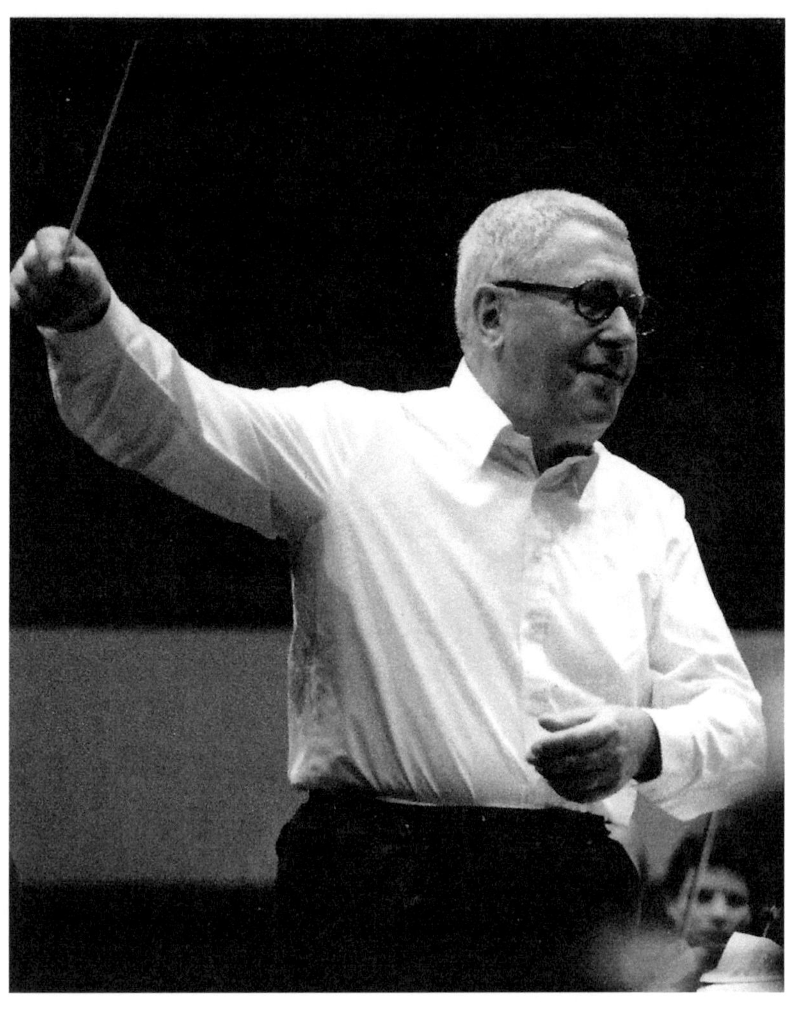

Heinz Rögner, o. J. (Foto: Susanne Rögner)

Aufgeführte Komponisten:
Hans-Christian Bartel – Beethoven – Berg – Brahms – Bruckner – Casella – Chopin – Debussy – Dvořák – Gabriel Fauré – Haydn – Hartmann – Henze – Hindemith – Honegger – Mahler – Martin – Siegfried Matthus – Mendelssohn Bartholdy – Ernst Hermann Meyer – Mozart – Poulenc – Prokofjew – Ravel – Reger – Respighi – Saint-Saëns – Sibelius – Skrjabin – Schostakowitsch – Schönberg – Schubert – Strauss – Takemitsu – Wagner – Wagner-Régeny – Lloyd Webber – Yun

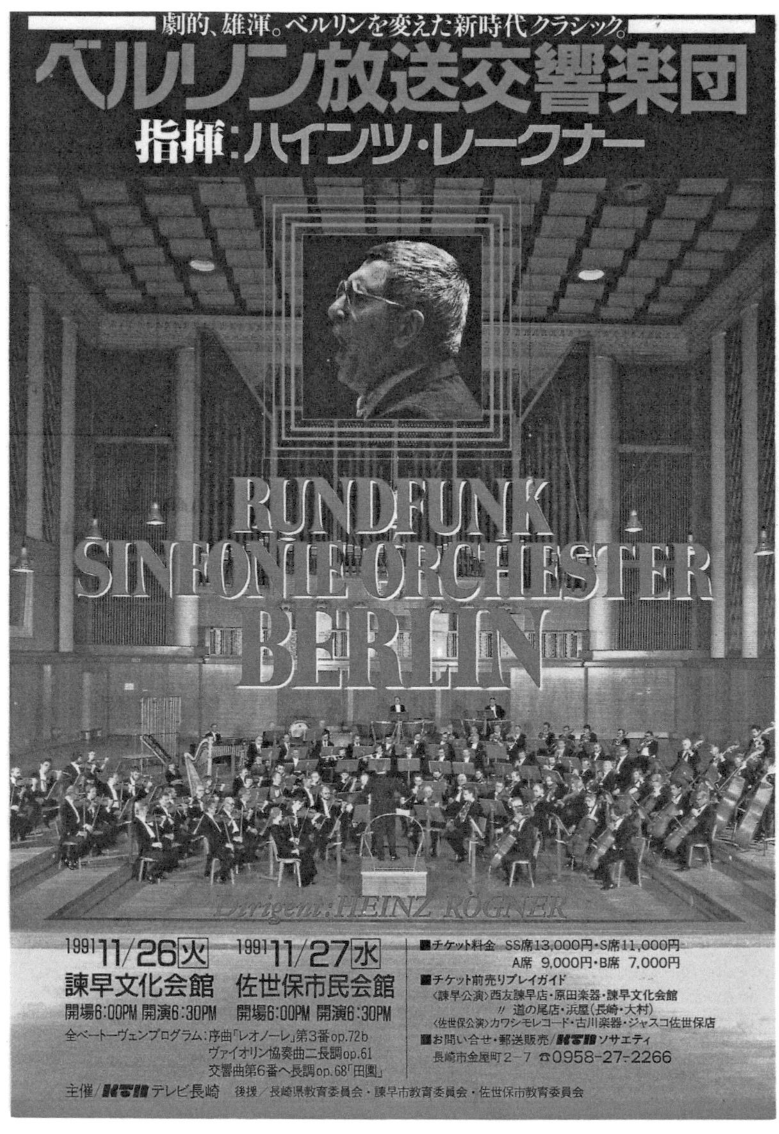

Ankündigung des Gastspiels des Rundfunk-Sinfonieorchesters Berlin in Japan 1991

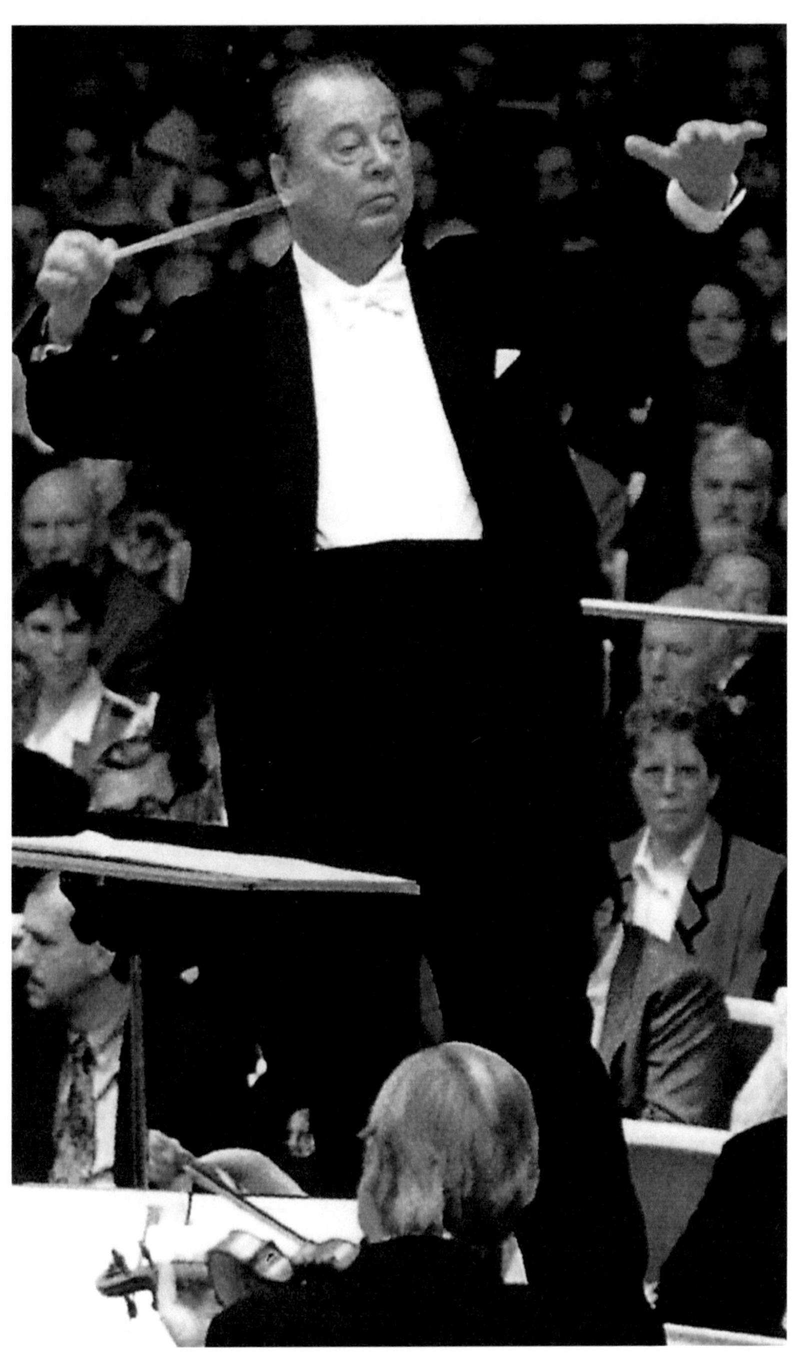

Rafael Frühbeck de Burgos mit dem RSB, 1998 (Foto: Elke A. Jung-Wolff)

Rafael Frühbeck de Burgos 1994–1999

Der Spanier Frühbeck wurde 1933 in Burgos geboren und hatte deutsche Eltern. Er schlug die Musikerlaufbahn ein und studierte am Konservatorium in Bilbao und in Madrid Violine, Klavier und Komposition. Er ging in die Praxis und dirigierte zunächst vorwiegend Militärkapellen und Operetten. 1955–1958 vervollkommnete er seine Studien bei Kurt Eichhorn und Harald Genzmer an der Musikhochschule in München. Als Dirigent begann er seine erfolgreiche Karriere beim Sinfonieorchester in Bilbao. 1962–1978 war er Chefdirigent des Orquesta National de Espana in Madrid, wirkte 1966–1971 auch als GMD der Stadt Düsseldorf und leitete 1975/76 das Orchestre Symphonique de Montréal. Bis zur Übernahme der Chefstelle bei den Wiener Symphonikern 1996 dirigierte er als Gast viele Orchester in Europa und Amerika, wirkte als ständiger Gastdirigent in Washington und beim Yomiuri Symphony Orchestra in Tokyo. 1992–1997 war er Chefdirigent der Deutschen Oper Berlin und 1994–2000 des Rundfunk-Sinfonieorchesters Berlin. 2001–2007 wirkte er als Principal Conductor des Orchestra Sinfonica Nationale della RAI in Torino und 2004–2011 als Chefdirigent der Dresdner Philharmonie (dort bereits 2003 Erster Gastdirigent). 2012 begann seine Tätigkeit als Chefdirigent des Danish National Symphony Orchestra in Kopenhagen. Mehrfacher Ehrendoktor. 2014 starb Frühbeck in seiner Heimat.

Frühbeck war vier Jahre (1994/95–1998/99) mein Chef beim Rundfunk-Sinfonieorchester Berlin (RSB). Wir hatten viele schöne gemeinsame Erlebnisse und Erfolge, mussten aber immer um die Existenz des Klangkörpers mit seiner wechselvollen Geschichte als ältestes Sinfonieorchester des Rundfunks in Deutschland bangen. Es gab öfter den allerdings fehlgeschlagenen, aber nervenaufreibenden Versuch der Auflösung des RSB, das irgendwie nicht in das Konzept des wohl westlich orientierten Berliner Senats zu passen schien. Frühbeck war ein Steher, der sich selbst sehr viel zumutete. Man erkennt diese Haltung schon daran, dass er oft gleichzeitig in zwei wichtigen, umfangreiche Arbeit erfordernden Positionen wirkte. Seine Programme waren klar, praktisch ausgerichtet – man spürte die Erfahrung seiner bisherigen Ämter – und Neuem gegenüber war er durchaus aufgeschlossen. Dass er sich sehr stark für spanische Komponisten und deren Werke einsetzte, hat das damalige Berliner Musikleben bereichert. Als Chef liebte er Ordnung und Pünktlichkeit und galt im Orchester bald als „Preuße“ unter den Dirigenten. Dabei besaß er durchaus Charisma, das von „finsterer Miene“ bis Verklärtheit reichte.

Schon sein Programm, mit dem er nach Vermittlung der Berliner Konzertagentur Adler die Bekanntschaft mit dem RSB machen wollte, ließ mich seinen praktischen Sinn für die Leistungsmöglichkeiten eines Sinfonieorchesters erkennen. Während seines Gastspiels mit den Bamberger Symphonikern in der Berliner Philharmonie am 13. Dezember 1990 diktierte er mir das Folgende: „Machen wir ein Konzert am 7. April 1991 mit dem Programm Debussy *Prélude à l'après-midi d'un faune* und *La mer*, nach der Pause Beethoven *Nr. 7*". Das war wie eine Anweisung. Ich konnte darauf nur erwidern, dass er damit das Orchester am besten kennenlernen könne. Nach dem Konzert in der Philharmonie schimpfte er lautstark gegen einen Trompeter der Bamberger und zeigte sich gegenüber dem ihm gratulierenden Mariss Jansons, der das Konzert auch besucht hatte, als Grandseigneur. Jansons hatte auf Frühbecks Bemerkung über den unerwarteten Besuch seines Kollegen geäußert, dass man immer etwas aus einem Konzert mitnehmen würde. Ich hatte Frühbeck so kennengelernt, wie er war.

Frühbeck galt als strenger Verfechter seiner Musizierhaltung, wobei er stets umsetzte, was er aus den Partituren herausgelesen hatte. Der Komponist war ihm schon heilig. Unwillig, auch ungeduldig konnte er werden, wenn jemand zunächst Schwierigkeiten mit der Umsetzung des Geforderten zeigte. Er war vorbereitet, und das erwartete er von allen Mitwirkenden gleichermaßen. Er hasste verschwendete Zeit. Er fühlte sich trotz aller internationalen Karriere und Anerkennung als Kapellmeister; handwerkliches Können war ihm in reichem Maß gegeben; er dirigierte fast immer seine Partituren auswendig und hat nie Starrummel um seine Person geduldet. Da konnte Frühbeck regelrecht ausrasten, wenn man ihn „in den Himmel" heben wollte.

Schwierigkeiten hatte das RSB mit Frühbeck, wenn er offensichtlich ein Konzert nicht ernst genug nahm und „darüber hinweg dirigierte". Ich habe solche Momente auch bei Franz Konwitschny beobachtet. Beide konnten aber sofort zur Qualität zurückkommen, wenn sie das für notwendig erachteten. Ich habe einmal Frühbeck darauf angesprochen, als wir in Japan in einer kleineren Stadt gastierten. Das Orchester war damals mit seiner Leistung und natürlich auch mit der eigenen nicht zufrieden. Ich wollte höflich sein und habe ihn nach Ermüdung gefragt. Seine Antwort war: „Sie werden hören, dass es morgen anders klingt!" Für mich war klar, dass er die indirekte Kritik verstanden hatte und sein Ehrgeiz den Ausgleich schaffen wollte.

Frühbeck habe ich auch als menschenzugewandt kennengelernt. Er war für Sorgen seiner Mitstreiter und der Musiker durchaus ein Partner. Wichtig war ihm Vertrauen, das musste absolut sein. Ausgesprochen hat er immer, was er dachte, auch wenn es – wohl auch für ihn selbst – sehr unangenehm war. Was er für Ausflüchte hielt, machte er sehr deutlich und verlangte Klarheit. Dass ihm darin nicht jeder folgen konnte und wohl auch nicht wollte, hängt mit seiner Ausstrahlung zusammen, die schon sehr stark war – für sein Orchester wie für sein Publikum. Vor allem: Von Frühbeck ging Sicherheit aus. Ich habe ihn aber im vertrauten Künstlerzimmer auch als einen innerlichen, sehr empfindsamen Menschen und Künstler schätzen gelernt. Er war nicht wirklich ein „General", aber er galt bei vielen als solcher.

Wie sehr Frühbeck sich anderen nähern konnte, habe ich erlebt, als er mich bat, ein gemeinsames Abendessen mit seinem Vorgänger Heinz Rögner zu arrangieren. Die beiden älteren Herren waren sich sichtlich sympathisch und haben sich die ganze Zeit glänzend unterhalten. Als es an das Bezahlen des recht umfangreichen Verzehrs ging, wollte jeder den anderen einladen. Wie diese Frage ausgegangen ist, weiß ich nicht mehr. Getafelt wurde im „Lutter" am Berliner Gendarmenmarkt.

Wichtige Angelegenheiten wurden immer bei Einladungen besprochen. Während unseres Gastspiels 1997 in Japan hatte mich Frühbeck zum Frühstück eingeladen: „Kommen Sie um 6 Uhr nach unten in die Hotelhalle! Da gibt es am Buffet noch keine Musiker." Er war stets ein großzügiger Gastgeber, der auch gern gut lebte, eben ein Grandseigneur. Trotzdem muss er beim Frühstück von Orchestermitgliedern beobachtet worden sein, denn er hieß nun „Frühstück de Burgos".

Frühbeck war ein echter Maestro, der nicht davor scheute, sich als „Kapellmeister" zu bezeichnen. Er war ein ansehnlicher Mann, groß, von stattlicher Figur, im richtigen Moment temperamentvoll und charmant – eben mit der Ausstrahlung, die man in diesem Genre erwartet. Dass ihm die Musikausübung heilig war, war ihm unbedingt anzumerken. Sein Tod bedeutete schon einen Verlust in der Gilde seines Ranges.

Eine Besonderheit von tiefem Eindruck war, ihn als Operndirigent zu erleben. Er war damals auch Chefdirigent der Deutschen Oper Berlin. Er hat uns oft ermöglicht, seine Dienstkarten zu nützen, sodass wir ihn in Opern-Inszenierungen – meist von Götz Friedrich – von Puccini und Verdi, Giordano, Mussorgski und Strauss im Orchestergraben bewundern konnten. Frühbeck hatte meist am Vormittag eine Konzertprobe mit dem RSB und am Abend eine Opernvorstellung. Von Ermattung oder Anstrengung war da keine Spur. Eher das Gegenteil: Frühbeck blühte im Opernverlauf immer mehr auf und erreichte hohes Niveau. Ganz besonders beeindruckt hat uns seine *Carmen*-Aufführung am 10. September 1996 mit Agnes Baltsa in der Titelrolle.

Frühbecks Auslands-Gastspiele mit dem RSB in Japan und den USA wurden zu einem großen Erfolg und brachten dem Orchester die bis dahin nur beschränkt mögliche internationale Anerkennung, ja sie halfen mit neuer Qualität letztendlich auch in Berlin zu der verdienten Rangfolge.

Erstes Konzert mit dem RSB in Berlin 7.4.1991:
Werke von Debussy – Beethoven

Konzerte mit dem RSB in Berlin:
5.7.1991 – 5.6.1992 – 31.12.1992 – 30.4./2.5.1993 – 4./5.9.1993 – 6./7.11.1993 – 27./28.11.1993 – 5./6.2.1994 – 22./23.4.1994 – 7./8.5.1994 – 25./26.6.1994 – 3./4.9.1994 – 6./7.10.1994 – 23./24.10.1994 – 24./25.2.1995 – 4./5.3.1995 – 8./9.4.1995 – 25./26.5.1995 – 10./11.6.1995 – 8./9.9.1995 – 14./15.12.1995 – 30./31.12.1995 – 27./28.1.1996 – 22./23.2.1996 – 8./9.3.1996 – 29./30.3.1996 – 28./30.6.1996 – 7./8.1996 – 30.11./1.12.1996 – 14./15.12.1996 – 18./19.1.1997 – 15./16.2.1997 – 4./5.4.1997 – 25.4.1997 – 23./24.5.1997 – 20./21.6.1997 – 13./14.9.1997 – 3./5.10.1997 – 11./12.10.1997 – 16.11.1997 – 20./21.12.1997 – 31.1./1.2.1998 – 25./26.4.1998 – 16.5.1998 – 20./21.6.1998 – 5./6.9.1998 – 29.10.1998 – 1.11.1998 – 7./8.11.1998 – 19./20.12.1998 – 30./31.12.1998

Gastkonzerte mit dem RSB im In- und Ausland:

6.6.1992		Kloster Chorin, Mark Brandenburg (Choriner Musiksommer)
28.8.1993		Kloster Chorin, Mark Brandenburg (Choriner Musiksommer)
14.–29.5.1994	Japan	14.5. Wakayama – 15.5. Osaka – 16.5. Matsyama – 18.5. Tokyo – 19.5. Musashino – 20.5. Nagoya – 21.5. Tendo – 22.5. Tokyo – 24.5. Oita – 27.5. Tokyo – 28.5. Koshoku – 29.5. Iida
9.10.1994		Köln (Reihe Deutschlandfunk Extra)
27.8.1995		Kloster Chorin, Mark Brandenburg (Choriner Musiksommer)
2.–12.12.1996	Deutschland	2.12. Kassel – 3.12. Braunschweig – 4.12. Osnabrück – 5.12. Gütersloh – 6.12. Bielefeld – 7.12. Düsseldorf – 9.12. Mannheim – 10.12. Karlsruhe – 11.12. Frankfurt am Main
16./17.4.1997		Augsburg – Nürnberg
29.4.1997		Kortrijk (Flandern-Festival)
30.4.1997		Köln (Reihe Deutschlandfunk Extra)
4.–10.5.1997	Spanien	5.5. Sevilla – 6.5. Valencia – 7.5. Barcelona – 8.5. Zaragoza – 9.5. Oviedo
16.8.1997		Flensburg (Schleswig-Holstein Musik-Festival)
23./24.8.1997		Kloster Eberbach (Rheingau-Musik-Festival)
29.8.1997		Berlin (Eröffnung Internationale Funkausstellung)

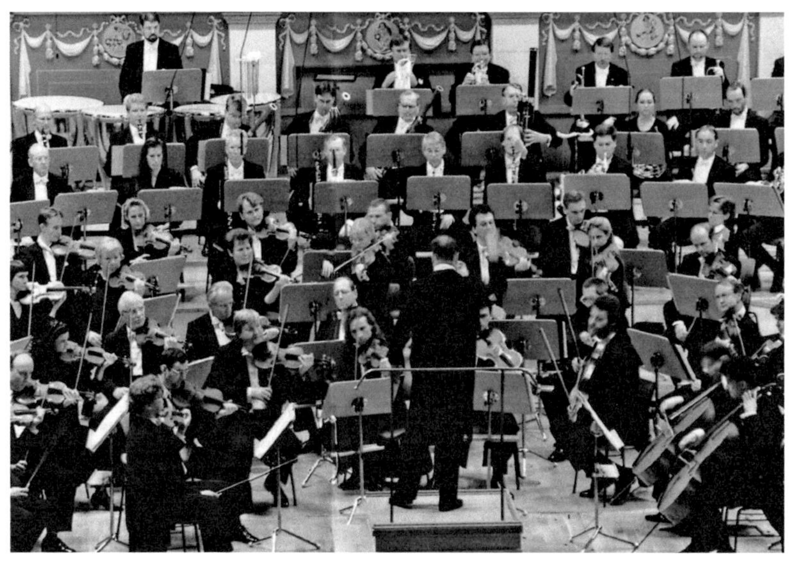

Rafael Frühbeck de Burgos mit dem RSB, 1998 (Foto: Elke A. Jung-Wolff)

3.10.1997		Berlin (Benefizkonzert Dom von Brandenburg)
19.10.– 7.11. 1997	Japan	Tokyo – Sapporo – Fuhnoka – Osaka – Matsudo – Nagoya – Fuji – Saga – Yokohama – Sendai
30.8.1998		Kloster Chorin, Mark Brandenburg (Choriner Musiksommer)
31.8.1998		Köln (Reihe Deutschlandfunk Extra)
12.9.1998		Berlin (Schloss Bellevue)
13.9.1998		Ulrichshusen, Mecklenburg-Vorpommern (Renaissanceschloss)
13.–17.10.1998	China	Beijing (Peking) – Shanghai

Aufgeführte Komponisten mit dem RSB (Gastspiele eingeschlossen): Albéniz – Garcá Abril – Johann Sebastian Bach (Schönberg) – Bartók – Barber – Beethoven – Berlioz – Berg – Rainer Bischof (UA) – Brahms – Dvořák – Debussy – de Falla – Alberto Ginastera – Joseph Haydn – Korngold – Mahler – Tomas Marco (UA) – Mendelssohn Bartholdy – Mussorgski – Orff – Luis de Pablo (UA) – Lorenzo Palomo (UA) – José Peris (UA) – Claude Prietro (UA) – Prokofjew – Rachmaninow – Ravel – Respighi – Rodrigo – Rossini – Rimski-Korsakow – Schubert – Schumann – Spohr – Strauss – Strawinsky – Tschaikowski – Joaquin Turina – Verdi – Wagner – Weber

Die Hauskapellmeister

Ohne die in Umfang und in der Verantwortung schwer zu beschreibende Tätigkeit der sogenannten Hauskapellmeister wäre der Betrieb an einem Opernhaus nicht durchführbar, will sagen: Es ginge dann der Vorhang nicht jeden Abend auf! Ihnen sollte in jedem Falle Gerechtigkeit widerfahren!

… an der Staatsoper Dresden 1959–1987

Rudolf Neuhaus, Siegfried Kurz, Peter Gülke, Wolfgang Bothe, Hans E. Zimmer und Volker Rohde waren meine Dresdner Partner in Situationen, die der Theaterbetrieb täglich mit sich bringt und die gemeistert werden müssen. Sie alle hatten unterschiedliche Temperamente mit unterschiedlicher Möglichkeit der Wirkung auf den Gesamtapparat, den sie Abend für Abend zu führen hatten: Solisten, Chor, Ballett und Orchester. Jeder bewältigte die Aufgaben auf seine Weise: gelöst, ruhig und besonnen, auch laut und aufgeregt. Es ging immer um die Sache, das Beste für die jeweilige Aufführung.

Rudolf Neuhaus (1914–2010)

Der gebürtige Kölner, Schüler von Hermann Abendroth in seiner Heimatstadt, war vom Staatstheater Schwerin 1953 nach Dresden verpflichtet worden. Er hatte in den vielen cheflosen Jahren die Verantwortung und die Stabilität für die musikalische Leitung der Staatsoper übernommen und stets ohne Wenn und Aber ausgefüllt. Dass er dabei auch vieler Kritik ausgesetzt war, ertrug er mit seiner rheinischen Frohnatur leichter als mancher seiner Mitstreiter. Neuhaus war gegenüber den vielleicht oft zu schwerblütigen Sachsen fast ein Fremdkörper. Er verzweifelte nie, nahm (nach außen) nicht alles tiefernst und fand dank seiner großen Erfahrung immer eine Lösung, meist in Güte.

Als ein Dirigent, der die Neuinszenierung von Puccinis *Madama Butterfly* gerade einstudiert hatte, wegen Krankheit am Aufführungsvormittag die Leitung der Vorstellung absagen musste, war die Übernahme dieses Dirigates für Neuhaus eine Selbstverständlichkeit. Sein Credo: „Die Abendvorstellung muss stattfinden!" Als ihm gesagt wurde, dass er doch die Oper seit vielen Jahren nicht dirigiert habe, meinte Neuhaus: „Legen Sie mir die Partitur ins Dirigentenzimmer, ich schaue heute Abend rein!" Die Vorstellung hatte dann ein so hohes Niveau, dass alle Neuhaus dankten. Seine Kenntnis des Repertoires und seine Erfahrung, aber auch seine Verlässlichkeit und seine Einsatzbereitschaft haben ihn für Jahrzehnte in der Dresdner Oper unersetzbar gemacht. Geschätzt habe ich an ihm seine Umsicht, seine gute Laune und sein Vermögen, seine Erfahrungen an Jüngere weiterzugeben und nicht für sich zu behalten. Dass zwei seiner Kinder in die Staatskapelle als Musiker eingetreten waren, machte ihm im Alter bestimmt viel Freude, lag ihm doch der Nachwuchs stets am Herzen. Dass er seine Kenntnisse über den Dirigentenberuf an der Dresdner Hochschule „Carl Maria von Weber" an seine Studenten weitergeben konnte, dankten ihm seine Schüler und haben als nächste Generation in seinem Sinn gewirkt. Als Abschiedsvorstellung dirigierte Neuhaus am 20. Oktober 1985 Wagners *Lohengrin* in der Semperoper.

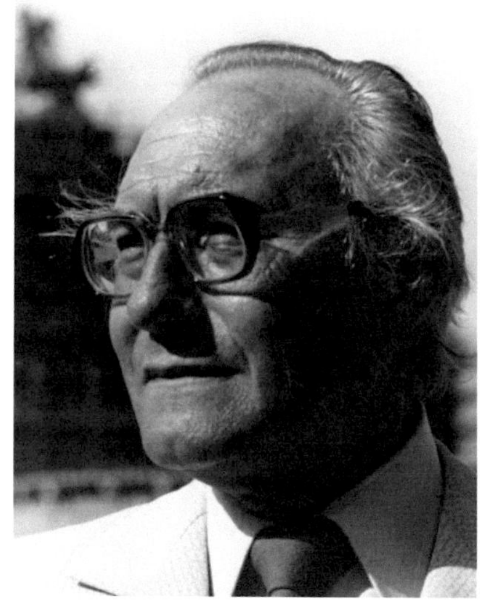

Rudolf Neuhaus, 1985 (Foto: Erwin Döring)

Siegfried Kurz (1930–2018)

Der gebürtige Dresdner, „Ur-Sachse", war eines der größten Talente, denen ich unter den deutschen Dirigenten begegnet bin. In die Lehre war er in seiner Heimatstadt bei Ernst Hintze und Fidelio F. Finke gegangen und hatte eine solide Ausbildung als Dirigent und Komponist erhalten. Charakterlich nicht ganz einfach, war er musikalisch von außerordentlicher Begabung und brachte es vom Leiter der Schauspielmusik zum GMD mit großer Anerkennung in Dresden und in Berlin. Im Wege stand ihm wohl, dass er von der politischen Obrigkeit in eine Position gedrängt werden sollte, die ihm gar nicht lag. Kurz war urmusikalisch, aber wenig geschickt im Umgang mit den Musikern, wenn es um die Durchsetzung seiner Anordnungen ging. Freier fühlte er sich, als er von Dresden weggegangen war und feststellen konnte, dass er auch anderswo mit seiner Leistung Anerkennung finden konnte. Sein Repertoire im Opernbereich war umfänglich, seine Konzerttätigkeit nicht so erfolgreich wie die des Opern- und Ballettdirigenten. Ich musste ihm vor einem Konzert im Dresdner Kulturpalast sagen: „Wenn Sie sich beim Auftrittsapplaus verbeugen, aber eine solche Leichenbittermine zeigen, als sei Ihnen das Ganze lästig, haben Sie ver-

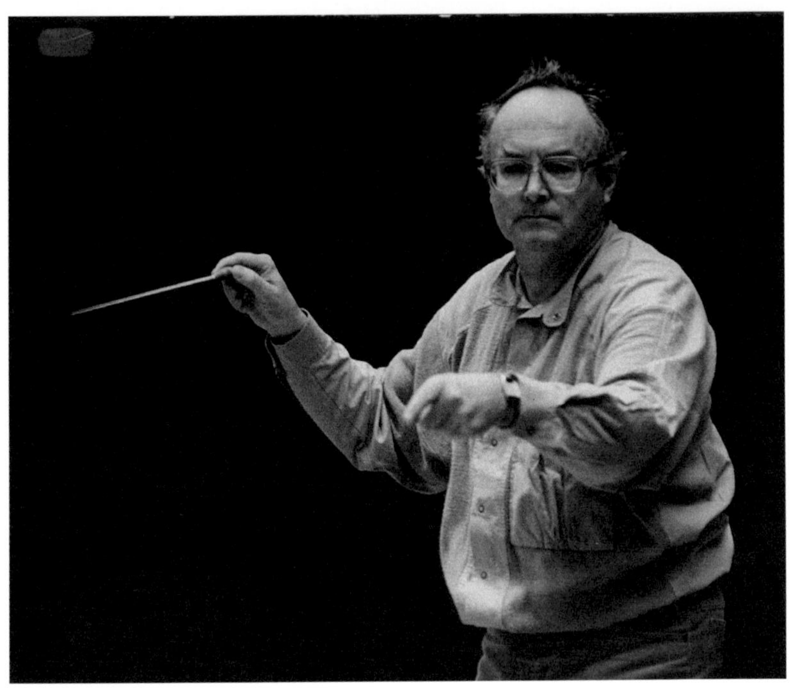

Siegfried Kurz, o. J. (Foto: Matthias Creutziger)

spielt! Sie müssen freundlich mit dem Orchester und dem Publikum umgehen.“ Viel geholfen habe ich Siegfried Kurz damit wohl nicht. Er konnte nicht aus seiner Haut heraus. Sein breitgefächertes Opernrepertoire von Mozart bis Schönberg führte ihn spät auch im Ausland zu besonders hohen Erfolgen und zu Anerkennung. Seine Tragik ist, dass er eine solche Höhe in seiner Heimatstadt nicht erreicht hat, weil man etwas aus ihm machen wollte, was er gar nicht sein konnte. Seine reichen Erfahrungen gab er wie schon Rudolf Neuhaus an der Dresdner Hochschule für Musik an seine Studenten weiter, von denen er alles verlangte, was er für notwendig hielt, was ihm selbst für seine Karriere geholfen hatte. Als letzte Vorstellung dirigierte er am 13. Mai 2005 Mozarts *Zauberflöte* in der Semperoper.

Peter Gülke (* 1934)

Der gebürtige Weimarer ist wohl das universellste Talent, das mir während meiner Tätigkeit in der Musikbranche begegnet ist. Ob Wissenschaftler oder Dirigent: Gülke ist immer für das Außerordentliche

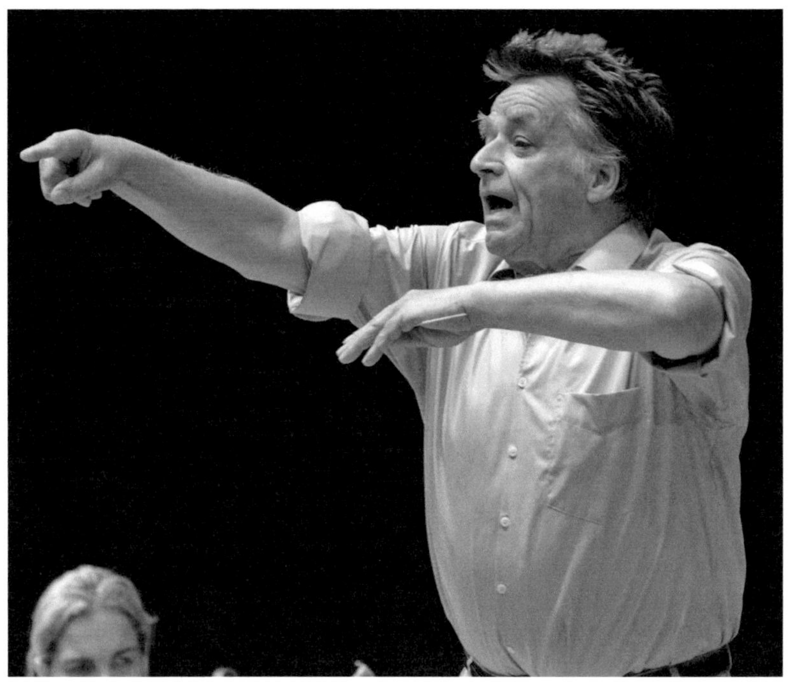

Peter Gülke (Foto: Frank Höhler)

gut. Dass wir uns nach vielen Jahren räumlicher Entfernung schließlich in Freundschaft wiedergefunden haben, gehört zu den tiefsten Erlebnissen und schönsten Ergebnissen einer Tätigkeit, die immer zum Ganzen gehört hat, aber niemals vordergründig sein wollte. Im Gegensatz zu manchem Kollegen hat er Probleme mit Musikern, die sich im Arbeitsprozess nun einmal ergeben können, nie mir zur Lösung überlassen. In einer schwierigen Situation bei der Einstudierung einer Oper in Dresden entlastete er mich und formulierte einfach und klar: „Herr Uhrig, das ist meine Sache, das habe ich zu lösen. Sie bleiben bitte dabei außen vor!" War er in Dresden darauf angewiesen, was für einen subordinierten Kapellmeister vom Repertoire für ihn übrigblieb, so konnte er sich später neben der Oper auch im Konzert profilieren. Seine Schumann-Sinfonien und seine Bachsche *Matthäuspassion* in Bonn mit dem Beethovenorchester am 20./21. März 2008 und eine Beethovensche *Neunte* in Gera zum Jahreswechsel 2018/19, die wir miterleben konnten, haben ihn auch hier auf besondere Höhen geführt. Musikwissenschaftler und Dirigent begegnen sich wohl in der Persönlichkeit von Peter Gülke in selten anzutreffender Übereinstimmung.

Wolfgang Bothe, **Hans E. Zimmer** und **Volker Rohde** waren die Abenddirigenten, die immer zur Verfügung standen und oft in die Lage kamen, kurzfristig Aufführungen zu übernehmen, die ohne ihren Einsatz ausgefallen wären. Ihre Funktion in einem Theaterbetrieb wird meist nur wenig geschätzt oder – als Selbstverständlichkeit eingeordnet – gar nicht wahrgenommen. Für mich waren sie immer eine feste Größe und unentbehrlich, um einen guten Kontakt zu halten. Ich hatte mir bewusstgemacht, dass ihre Stellung wichtig ist, da sie das Niveau einer abendlichen Orchesterleistung gut einschätzen konnten. Und es war bestimmt nicht leicht, in einer Aufführung das Niveau zu erreichen, dass der eigentliche Leiter der Aufführung durch seine Probenarbeit und die bis dahin geleiteten Vorstellungen für sich verbuchen konnte. Und wie oft sind aus diesen Abenddirigenten später Dirigenten von Ruf geworden. Die Schule des sich „Hochdienens“ haben viele durchlaufen, die dafür letztlich dankbar waren. Sie konnten damit Praxis und Kenntnis erwerben, die in der Theorie für sie unerreichbar geblieben wären.
Anerkennung durch die Kapelle bekamen sie alle durch die Mitwirkung in deren Aufführungsabenden, deren Programm und Durchführung ausschließlich in der Regie des Orchesters und seines gewählten Kammermusik-Beirates lagen. Die aufgeführten Werke standen oft abseits vom Weg einer „normalen Programmgestaltung“ und erforderten viel Fingerspitzengefühl bei der Durchführung der Konzerte. Der Erfolg war von der Leistung abhängig, nicht vom Werk, das etwa in der Publikumsgunst von vornherein gesichert war. Die Auszeichnung des Orchesters für die einzelnen Künstler, diese Abende zu leiten und dabei mitzuwirken, war auch eine Art Dankesbezeugung, für die geleistete Proben- und Aufführungsarbeit gab es für die freiwilligen und zusätzlichen Dienste ein „Frackgeld“ von 20 Mark!
Auch wenn sie „nur“ von Chordirigenten geleitet wurden, besaßen die Konzerte der staatlichen und kirchlichen Chöre mit der Dresdner Kapelle einen hohen künstlerischen Wert. Dazu kam, dass der Staat gegenüber jedweder Zusammenarbeit zwischen nichtkirchlichen und kirchlich gebundenen, auch künstlerischen Einrichtungen offen Misstrauen entgegenbrachte. Trotzdem haben wir gemeinsam mit kluger Programmauswahl und diplomatischem Vorgehen erreicht, dass lange Traditionen des Dresdner Konzertlebens ihren Bestand bewahren konnten. Dazu gehörten auch die Konzerte des Kreuzchores unter der Leitung von Rudolf Mauersberger und seinem Nachfolger Martin Flämig sowie Konzerte mit den Dresdner Kapellknaben unter Konrad Wagner. Die Kinderchöre verstärkten zudem bei großen Werkaufführungen den Opernchor bei Kapellkonzerten.

… beim Rundfunk in Berlin 1988–1998

Dietrich Knothe und Robin Gritton waren keine Hauskapellmeister im Sinne ihrer Dresdner Kollegen. Sie waren neben den jeweiligen Chordirektoren meine Partner für die Gestaltung der Konzertprogramme und als Chefdirigenten des Chores wichtig wie die Chefs des Rundfunk-Sinfonieorchesters (RSB). Die enge Partnerschaft besteht auch heute noch, auch wenn sich beide Klangkörper in ihrer Entwicklung weitgehend verselbständigt haben und auch mit anderen Partnern kooperieren.

Dietrich Knothe (1929–2000)

Den gebürtigen Dresdner und späteren Thomaner hatte ich als Chefdirigent des Rundfunkchores Berlin schon vor meiner Tätigkeit beim RSB schätzen gelernt. Ich fand es bedauerlich, dass bei den Dresdner Schallplatten-Produktionen mit der Staatskapelle der Leipziger Rundfunkchor ausschließlich die erste Wahl der Schallplatten-Entscheidungsträger war. Als ich dann für die Konzertprogramme des RSB verantwortlich war, konnte ich Chorwerke aller Stilrichtungen zur Aufführung bringen lassen. Knothe war dafür ein stets aufgeschlossener und agiler Partner. Auch die Aufführungen unter seiner Leitung waren ein Erlebnis, weil er oft in Bereiche vorstieß, die sonst vernachlässigt wurden.
Eigentlich galt er als ausgewiesener und anerkannter Spezialist für Alte Musik (bedeutend seine Ersteinspielung des *Schwanengesangs* von Schütz), aber er ließ sich auch für andere Bereiche bis in die Moderne

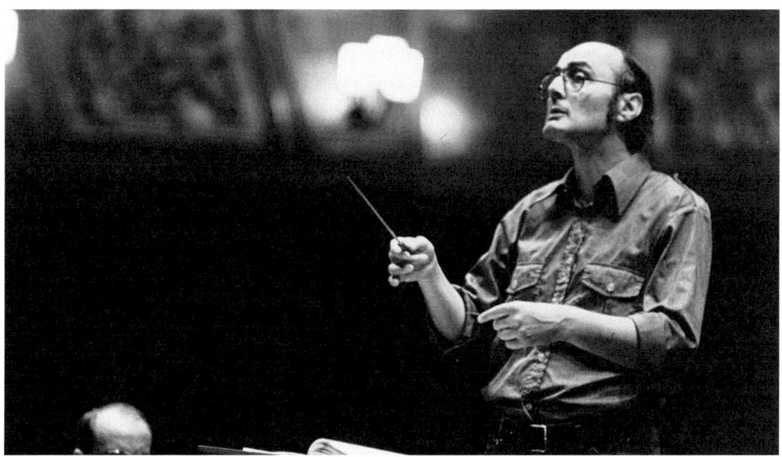

Dietrich Knothe, o. J. (Foto: Hans Pölkow)

interessieren. So standen etwa Werke von Carl Philipp Emanuel Bach, Händel, Haydn, Beethoven, Brahms, Bruckner, Mahler und Strauss neben solchen von Hindemith, Sutermeister und Williams, Messiaen und Schnittke, Penderecki und Bernstein.
Dietrich Knothe bewährte sich aber auch als Dirigent sinfonischer Konzerte mit großen Chorwerken von Lully, Lortzing, Gossec, Saint-Saëns, Mendelssohn Bartholdy und mit A-cappella-Literatur. Dass er dabei meinen Vorschlägen genauso interessiert gegenüberstand wie seinem eigenen Entdeckerdrang, hat unsere Zusammenarbeit geprägt und das Repertoire des Chores noch vor der politischen Wende auch auf neue und als damals kritisch angesehene Namen gelenkt.

Robin Gritton (* 1939)

Der Engländer übernahm den Rundfunkchor Berlin im April 1994 als Chefdirigent aus Knothes Hand. Vorher hatte er sich mit mehreren A-cappella-Konzerten und der Einstudierung chorsinfonischer Werke als Favorit für die Leitung des Chores empfohlen. Seine feine Klangsensibilität brachte den Chor weiter voran und zum begehrten Partner der Berliner Orchester für Chorsinfonik. Dass er sich dabei auf die hohe Qualität stützen konnte, die ihm sein Vorgänger übergeben hatte, erhöhte das Interesse an der Zusammenarbeit des Chores mit Orchestern in ganz Deutschland.
Als Partner von Rafael Frühbeck de Burgos und von Gastdirigenten trug Gritton während seiner Tätigkeit als Chefdirigent des Rundfunkchores seit 1994 mit Choreinstudierungen von Werken Beethovens, Brahms', Bruckners, Mendelssohn Bartholdys, Pfitzners und Schuberts als kompetenter und sensibler Mitstreiter wesentlich zum Erfolg der Konzerte bei. Als Dirigent eigener chorsinfonischer Konzerte nahm er sich besonders dem Œuvre von Händel an, das Erbe von Helmut Koch in eine neue Zeit führend. Seine Konzerte mit Werken seiner englischen Landsleute, aber auch mit Komponisten anderer europäischer Musikländer, wurden schnell zu einem anerkannten und geschätzten Beitrag des neuen Berliner Musiklebens, das sich nach der politischen Wende entwickelt hatte und immer mehr zu blühen begann.

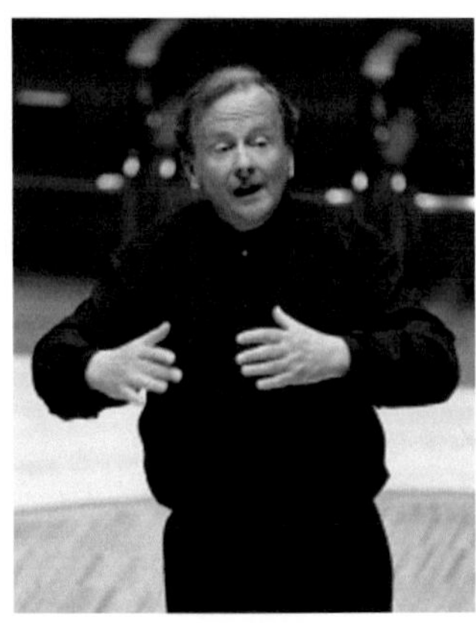

Robin Gritton, 1997
(Foto: Klaus Rudolph)

Gastdirigenten aus Europa, den USA und aus Japan 1957–1998

Während meiner Tätigkeit als Dramaturg und vor allem als Orchesterdirektor in den Jahren 1957 bis 1998 in Bautzen, Dresden und Berlin (und danach beim Besuch vieler Konzerte von langjährig Vertrauten und Bekannten) hatte ich immer wieder im Künstlerzimmer die Gelegenheit zu Begegnungen mit Dirigenten, Solisten und Komponisten und konnte sie in Gesprächen und im Meinungsaustausch näher kennenlernen.
Es waren weit über 100 Dirigenten „aus aller Herren Länder", dazu kamen noch mehr Gesangssolisten, Pianisten, Geiger, Cellisten, Bläser, Schlagwerker und viele sehr individuell geprägte Komponisten, von denen einige auch als Dirigenten in Dresden und Berlin eigene und ihnen besonders naheliegende Werke zur Aufführung brachten. Die meisten von ihnen sind inzwischen verstorben, so dass meine Niederschriften wirkliche Erinnerungen sind. Geprägt waren diese Begegnungen in besonderem Maße von der damals bestehenden Problematik Ost – West. Die meisten Künstler ließen sich davon aber nicht zu sehr beeindrucken, weil ihnen die musikalische Begegnung wichtiger war als das herrschende politische System. Bei meiner Arbeit war dieses Spannungsfeld nicht wegzuschieben, weil seitens der Kulturfunktionäre im „Staat der Arbeiter und Bauern" immer wieder versucht wurde, der Staatskapelle Dresden als „meinem" Orchester Vorschriften zu machen. Dabei wurde die eigentlich aus DDR-Sicht unerwünschte und ungewollte Besetzung der Chefstelle mit ausländischen Dirigenten trotz ideologischer Bedenken im Sinne der politischen Propaganda eines kulturell zwar hochstehenden, aber politisch geknebelten Staates und dessen „Freizügigkeit" ausgenützt.
Mit dem Wissen der ständigen Beobachtung durch die Staatssicherheit immer alle Hürden zu überspringen und die gesteckten Ziele zu erreichen, war nur mit dem „Glück des Tüchtigen" zu machen. Dass jedes meiner Telefonate ins Ausland (und vielleicht sogar im Inland) abgehört wurde, war mir bewusst, so dass ich mich in jeweiligen Aussagen zurückhalten musste. Genützt hat uns bestimmt, dass wir damals mit unserer Schallplatten-Aufnahmetätigkeit in Kooperation mit West-Labeln und den Auslands-Gastspielen die „müde" Devisenkasse der DDR aufzufrischen geholfen haben. Und uns nützte die Begegnung mit künstlerisch wertvollen „westlichen" Dirigenten und Solisten, ständig unseren eigenen Leistungspegel zu kontrollieren und dem herrschenden Niveau anzupassen. Es war oft ein Spiel mit dem Feuer, aber missen möchte ich die vielen Begegnungen mit Dirigenten nicht!

Von den (ost- und west-) deutschen Gastdirigenten sind zu nennen: Heinz Bongartz, Hans Drewanz, Heinz Dubinsky – Peter Falk, Martin Fischer-Dieskau, Martin Flämig, Claus-Peter Flor, Heinz Fricke, Christian Fröhlich – Marek Janowski – Johannes Kalitzke, Herbert Kegel, Carlos Kleiber, Franz Konwitschny – Kurt Masur, Rudolf Mauersberger – Ude Nissen – Rolf Reuter – Kurt Sanderling, Thomas Sanderling, Heinrich Seydelmann, Georg Schmöhe, Hanns Martin Schneidt, Peter Schreier, Frank Strobel – Klaus Tennstedt – Heinz Wallberg, Günter Wand, Christian Weber, Jörg-Peter Weigle, Sebastian Weigle, Ralf Weikert, Bruno Weil, Johannes Winkler, Dieter-Gerhardt Worm – Lothar Zagrosek, Hans Zanotelli, Achim Zimmermann sowie die Komponisten Werner Egk, Wolfgang Fortner, Friedrich Goldmann und Siegfried Matthus. Große Verdienste hat sich dabei die Kammermusik der Staatskapelle Dresden erworben, die in ihren jährlich vier Aufführungsabenden vornehmlich junge deutsche Dirigenten zu einem Orchesterkonzert für ein „Frackgeld" von 20 Mark eingeladen hat. Von den in der DDR beheimateten Dirigenten habe ich Heinz Bongartz, Herbert Kegel, Kurt Masur und manchen Dirigenten der jüngeren Generation besonders schätzen gelernt, auch wenn die Orchester nicht immer meiner Meinung in der Bewertung der Zusammenarbeit waren. Zu nennen sind auch die schon aufgeführten Chefdirigenten Kurt Sanderling und Heinz Rögner. Sie alle einte die Sorge um ihre Orchester, um deren Bestand und um deren Anerkennung national wie international. Neben der künstlerischen war dies ihre tägliche, oft sehr schwierige Mission. Wir haben darüber im Dirigentenzimmer immer wieder stundenlange, sehr offene Dispute geführt, die in keinem Fall für andere Ohren bestimmt waren.

Die Gastdirigenten gehörten folgenden Nationalitäten an:

- *Russen und weitere Völker der ehemaligen Sowjetunion* (vor und nach dem Zerfall) mit Nikolai Alexejew, Yuri Aranovich, Emin Chatschaturjan, Alexander Dimitriew, Arvid und Mariss Jansons, Michail und Vladimir Jurowski, Dshansug Kachidse, Dmitri Kitajenko, Kirill Kondraschin, Wladimir Kosuchar, Gennadi Roshdestwenski, Maxim Schostakowitsch, Eduard Serow, Wasili Sinaiski und Juri Temirkanow standen in besonderem Fokus.

Auch die Dirigenten der „sozialistischen Nachbarländer" wurden gern eingeladen:

- *Tschechen* mit Karel Ančerl, Jiri Belohlavék, Zdeněk Košler, Václav Neumann und Václav Smetácek,
- *Polen* mit Tomaz Bugaj, Henryk Czyz, Kazimir Kord, Jan Krenz, Jerzy Maksumiak, Stanisław Skrowaczewski und Tadeusz Strugala und die Komponisten Witold Lutosławski und Krzyzstof Penderecki,

- *Ungarn* mit Miklos Erdely, Adam Fischer, György Lehel und Vilmos Komor,
- *Rumänen* mit Horia Andreescu und Serge Comissiona
- *Kroaten* mit Anton Nanut, Oscar Danon, Milan Horvat und Kresimir Sipus.

Hinzu kamen aus Europa:

- *Engländer* mit Sir Colin Davis, Sir Charles Groves, Alan Hacker, Elgar Howarth, Sir Neville Marriner, Lord Yehudi Menuhin, John Nelson, John Pritchard und Sir Jeffrey Tate,
- *Finnen* mit Paavo Berglund, Paavo Järvi und Okku Kamu,
- *Franzosen* mit Antonio de Almeida, Serge Baudo, Michel Plasson und Yan Pasqual Tortelier,
- *Griechen* mit Spiros Argiris,
- *Italiener* mit Claudio Abbado, Roberto Benzi, Oleg Caetani, Aldo Ceccato, Alberto Erede, Igor Markevitch, Giuseppe Patané und Carlo Zecchi,
- *Österreicher* mit Karl Böhm, Erwin Binder, Hans Graf, Leopold Hager, Nicolaus Harnoncourt, Manfred Honeck, Theodor Guschlbaur, Gustav Kuhn, Friedemann Layer, Günter Neuhold, Edgar Seipenbusch, Otmar Suitner, Hans Swarowsky, Ralph Weikert, Alfred Walter, Walter Weller,
- *Schweden* mit Klaus von Axelsson, Herbert Blomstedt, Carl von Garaguly und Arnold Östman,
- *Schweizer* mit Peter Maag, Karl Anton Rickenbacher und Mario Venzago,
- *Spanier* mit Rafael Frühbeck de Burgos, Juan Pablo Izquieredo, Salvador Mas und Miguel Gomez-Martinez,
- *Waliser* mit Alun Francis.

… sowie von anderen Kontinenten:

- *US-Amerikaner* mit Leonard Bernstein, George Cleve, Carl Davis, Lawrence Foster, Gilbert Levine, John Mauceri, Julius Rudel und Gerard Schwarz,
- *Chinesen* mit Tang Muhai und Long Yu,
- *Inder* mit Daniel Nazareth,
- *Chilenen* mit Juan-Pablo Izquieredo,
- *Israeli* mit Moshe Atzmon und David Shallon,
- *Japaner* mit Hirouki Iwaki, Ken'ichi Kobayashi, Seji Ozawa und Hiroshi Wakasughi.

Sollte ich einen Dirigenten nicht genannt haben, so liegt das nicht an mangelnder Wertschätzung, sondern an der nicht mehr ganz vollständigen Erinnerung nach den vielen zurückliegenden Jahren. Ausgelassen sind in diesem Zusammenhang bewusst Solisten und Komponisten als Dirigenten von Konzerten.

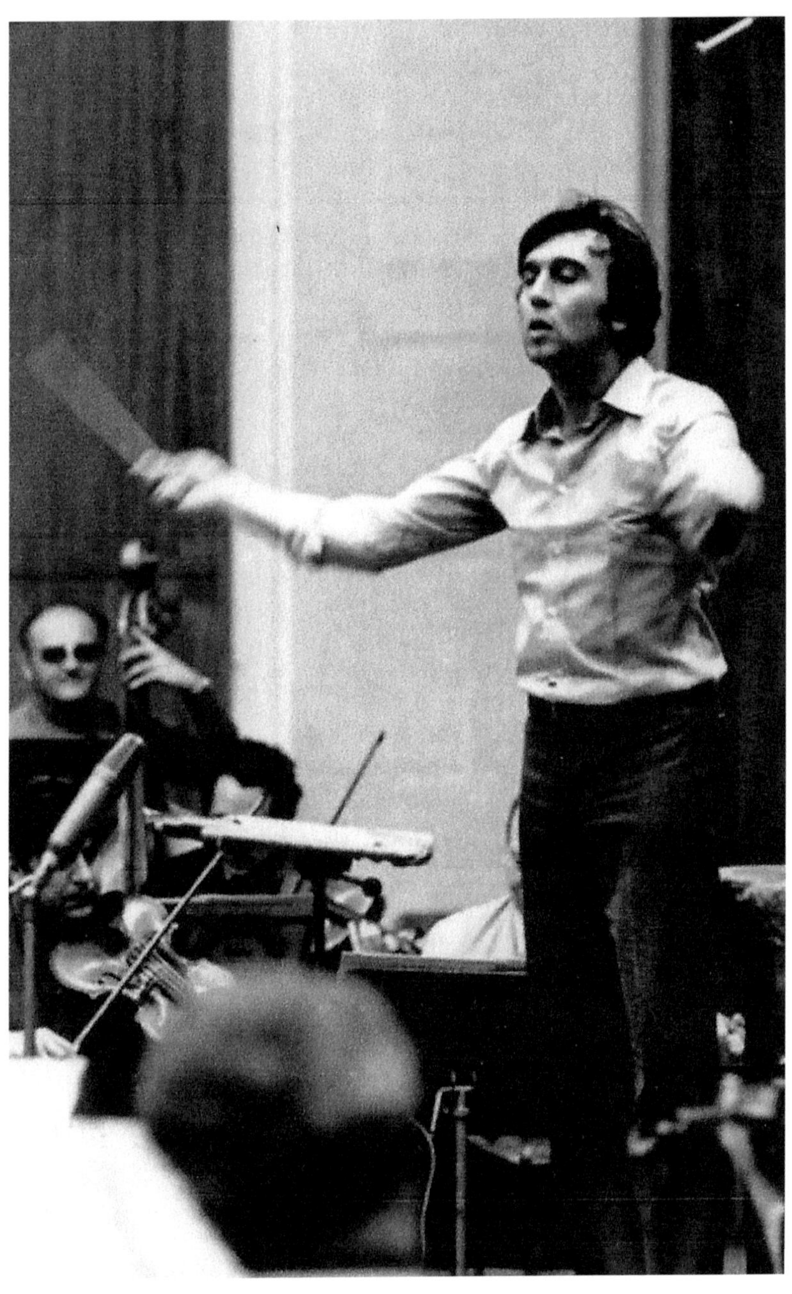

Abbado im Studio der Lukaskirche bei der Aufnahme der 3. Sinfonie von Johannes Brahms, 1973 (Foto: Wolfgang Wahring)

Einzeldarstellungen europäischer Dirigenten

Claudio Abbado (1933–2014)

Geboren 1933 in Mailand, Vater: Professor für Violine, Mutter: Pianistin und Schriftstellerin. Nach dem Gymnasium 1949–1955 Studium am Mailänder Konservatorium bei Antonio Votto mit Abschluss in Klavier, Orchesterleitung und Komposition. Ab 1957 in Wien Studium bei Hans Swarowsky, Mitwirkung im Chor des Musikvereins wie sein Studienkollege Zubin Mehta. 1958 Koussevitzky-Preis, 1963 Mitropoulos-Wettbewerbs-Sieg. 1960 Debüt an der Mailänder Scala. 1961–1963 Dozent für Kammermusik am Konservatorium in Parma. 1965 Dirigent der Wiener Philharmoniker bei den Salzburger Festspielen. 1968 Debüt am Royal Opera House Covent Garden in London. 1968–1986 Mailänder Scala. 1973 Gründung von Musica/Realtá in Reggio nell'Emilia mit Maurizio Pollini, Freundschaft mit Luigi Nono. 1978 Gründung des European Community Youth Orchestra (seit 1981 Chamber Orchestra of Europe). 1979–1987 London Symphony Orchestra. 1986–1991 Staatsoper Wien, 1987 GMD der Stadt Wien, 1988 Festival „Wien modern". 1990–2002 Berliner Philharmoniker. 1992 Festival Berliner Begegnungen mit Natalia Gutman. 1994 Salzburger Osterfestspiele. 2003 Gründung des Lucerne Festival Orchestra, 2004 Orchestra Mozart in Bologna. Gestorben 2014 in Bologna.

Obwohl er während meiner Amtszeit in Dresden und Berlin wegen seiner vielfältigen Verpflichtungen in Mailand, Wien und später in Berlin keinen angebotenen Konzerttermin der Staatskapelle Dresden und des Rundfunk-Sinfonieorchesters Berlin wahrnehmen konnte, aber stets umgehend auf meine Vorschläge mit zahlreichen Briefen antwortete und Interesse an der Zusammenarbeit bekundete, konnte ich Claudio Abbado mehrfach anderenorts in Konzerten erleben. Nach der Produktion der *3. Sinfonie* und der *Haydn-Variationen* im Juni 1972 im Dresdner Schallplatten-Studio waren für mich diese musikalischen Begegnungen jedes Mal ein besonderes Erlebnis.

Die Deutsche Grammophon hatte für eine Gesamtaufnahme der Brahms-Sinfonien vier europäische Spitzenorchester verpflichtet: die Berliner Philharmoniker, die Wiener Philharmoniker, das London Symphony Orchestra und die Staatskapelle Dresden. Abbado als Dirigent dieser Aufnahmen lenkte in diesem „Wettstreit" alles in die Bahnen einer mustergültigen Interpretation, so dass kein

Claudio Abbado
Via Nirone 2/A
20123 Milano

Herrn
Dieter Uhrig
Bunsenstrasse 14
8030 DRESDEN/DDR

18. Juli 1974

Sehr geehrter Herr Uhrig,

Ihr Brief vom letzten April hat mich sehr gefreut und ich bitte zuerst zu entschuldigen, wenn ich so spaet darauf zurueckkomme. In der Tat ist der Brief mit grosser Verspaetung in Mailand angekommen (die italienische Post arbeitet zur Zeit schrecklich schlecht), als ich schon nach Russland fuer die Gastspiele in Moskau gefahren war.

Ich habe das Zusammenmusizieren mit der Dresdner Staatskapelle nie vergessen und es freut mich sehr zu hoeren, dass das Orchester im 1976 wieder nach Salzburg eingeladen ist. Diese scheint mir eine gute Gelegenheit von Zusammenarbeit zu sein: ich werde wie ueblich bei den Salzburger Festspielen mit den Wiener Philharmonikern sein und wuerde sehr gerne auch ein Konzert mit Ihrem Orchester machen, wenn die Direktion der Festspiele damit einverstanden ist. Der Vorschlag sollte aber von Ihnen ausgehen, falls Sie damit einverstanden sind.

Leider scheinen mir andere Moeglichkeiten eines Zusammenmusizierens sehr schwierig zu realisieren, weil ich - wie Sie wissen - den groessten Teil meiner Taetigkeit an das Orchester des Teatro alla Scala in Mailand und an das Orchester der Wiener Philharmoniker widmen muss, mit welchen ich staendige Verbindungen habe.

Ich sehe Ihren Nachrichten gerne entgegen und verbleibe mit den allerbesten Wuenschen und Gruessen an Sie und Ihre Kollege,

herzlichst

Claudio Abbado

Brief von Claudio Abbado an Dieter Uhrig, 18. Juli 1974

„Sängerkrieg“ daraus entstand, will sagen: Er behandelte alle vier Orchester gleich. Seine Devise lautete: „Liebe zur Musik ist das Wichtigste. Man sollte immer mit großer Begeisterung musizieren.“ Er strahlte diese Haltung aus und übertrug sie auf seine Orchester, deren Mitglieder er stets und überall als Freunde bezeichnete und mit „Du“ ansprach.

Kennengelernt hatte ich Abbado im ehrwürdigen Prager Smetana-Saal im Jahr 1966, als ich sein Konzert mit dem Sinfonieorchester und dem Chor des Tschechischen Rundfunks besuchte. Das Programm war charakteristisch für seine Art, damals „Musikpolitik“ zu machen. Er brachte Brahms‘ *Tragische Ouvertüre*, Nonos *Il Canto Sospeso* (Briefe zum Tode verurteilter europäischer Widerstandskämpfer) und Prokofjews *3. Sinfonie* zur Aufführung. Publikumswirksamkeit war da eher nicht gegeben, aber die Leistung aller der von Abbado inspirierten Mitwirkenden bei solch einem Programm wurde vom Publikum hoch anerkannt.

Später trafen wir uns in Berlin wieder: Nach dem Fall der Mauer ergab sich die Wiederbegegnung bei einem Konzert in der Philharmonie. Abbado gastierte dort am 7. August 1990 mit dem von ihm gegründeten Mahler-Jugendorchester. Auf dem Programm standen die *Kindertotenlieder* von Mahler (Solistin war die damals immer noch wunderbare Christa Ludwig) und die *4. Sinfonie* von Bruckner, die „Romantische“. Dass er nach dem Brahms-Erlebnis mit der Staatskapelle versucht hat, eine Lücke in seinem Terminbuch zu finden, glaube ich ihm auch heute noch, obwohl leider kein Konzert zustande gekommen ist. Immerhin dirigierte er während der Dresdner Musikfestspiele 1985 Verdis *Requiem* mit Chor und Orchester der Mailänder Scala.

„Claudio Abbado war immer auch ein Dirigent für Leute, die Dirigenten nicht mögen. Er hat das charismatische Bild des Berufsstandes so modifiziert, dass eine jüngere Generation sich sowohl in ihrem Bemühen um etwas weniger offenkundig äußerliches Machtgehabe wie in den bewahrten Spielräumen für Eitelkeit, Eigenwilligkeit und Ehrgeiz an Abbado ausrichten kann. Abbado steht nicht nur alphabetisch zu Recht ganz am Anfang jeder Kompilation großer Dirigentennamen – mit Abbado als ‚Anfangstakt‘ muss man sich auch um die Zukunft des Dirigierens keine Sorge machen.“ (Julian Caskel: *Handbuch Dirigenten – 250 Porträts*, Kassel/Stuttgart 2015, S. 57)

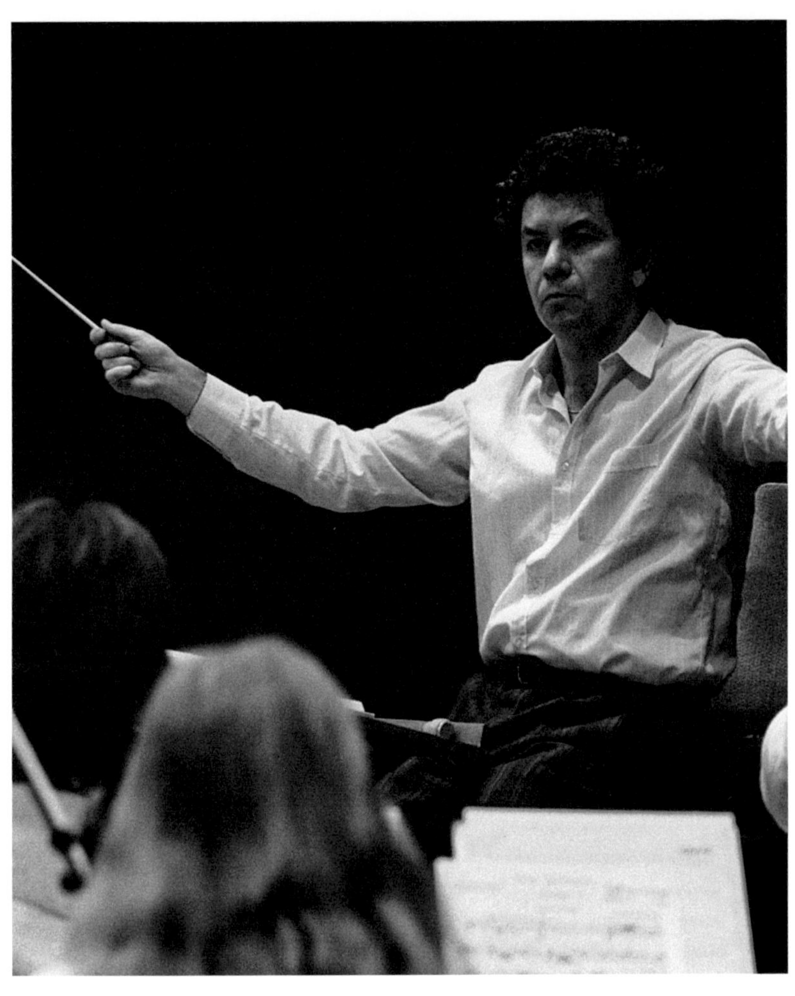

Jiři Belohlávek, 1992 (Foto: Frank Höhler)

Jiři Belohlávek (1946–2019)

Geboren 1946 in Prag, studierte Violoncello am Konservatorium und an der Kunstakademie seiner Heimatstadt, konzentrierte sich aber bald auf die Dirigenten-Ausbildung. 1968 Teilnahme am Meisterkurs von Sergiu Celibidache als dessen Assistent. 1972–1978 Chefdirigent des Philharmonischen Orchesters Brno, 1977–1989 Chefdirigent des Prager Sinfonieorchesters und 1990–1992 der Tschechischen Philharmonie (Tätigkeit beendet, als das Orchester Gerd Albrecht zum Chefdirigenten wählte). 1994 Gründung der Prager Kammerphilharmonie, die er bis 2005 leitete. 1995–2000 Erster Gastdirigent des BBC Symphony Orchestra London, 2006–2012 dessen Chefdirigent. Von Königin Elizabeth mit dem Titel Commander of the British Empire ausgezeichnet. 2012–2019 Chefdirigent der Tschechischen Philharmonie, der er mit seinem hohen Ansehen und seiner Arbeit wieder zu besonderer internationaler Anerkennung verhalf. 2013 Erster Gastdirigent des Rotterdam Philharmonisch Orchester. Als Operndirigent u. a. an der Komischen Oper in Berlin, am Covent Garden Operahouse in London, an der Metropolitan Opera in New York, an der Staatsoper Wien tätig. Auch als Konzert-Dirigent in Deutschland und vielen europäischen Ländern, in den USA, in Australien und in Japan geschätzt. Gestorben am 31. Mai 2019 in Prag.

Als wir uns 1976 in Dresden zum ersten Mal bei einem Konzert begegnet sind, war sofort beiderseits Sympathie gegeben. Mir imponierte die Probenarbeit des jungen Dirigenten (immerhin wurde er von dem gestrengen Maestro Celibidache gefördert und war 1971 Finalist des Herbert-von-Karajan-Wettbewerbes in West-Berlin), mit der er den Grund für das Musizieren im Konzert gelegt hatte. Mit nie versiegender Freundlichkeit setzte er überzeugend seine Vorstellung der zur Aufführung kommenden Werke durch. Kommentar aus der Staatskapelle Dresden: „Streng und genau, aber sehr freundlich.“ Es standen tschechische Werke auf dem Programm. Besonders beeindruckend war die Wiedergabe der *6. Sinfonie* von Bohuslav Martinů, für dessen Œuvre sich Belohlávek immer wieder eingesetzt hat, auch als der Komponist als Emigrant in seiner Heimat nicht besonders angesehen war.
Eindringlich habe ich Belohláveks musikalisches Leistungsvermögen beim ersten Gastspiel des Prager Nationaltheaters in der Dresdner Semperoper am 3. Juni 1985 empfunden. Auf dem Programm stand Martinůs Oper *Griechische Passion* (1961). Belohlávek hatte bestimmt nicht mehr als eine Anspielprobe zur Verfügung. Aber was da musikalisch „rüberkam“, hatte die im Februar 1985 eröffnete dritte Semperoper bis

dahin nicht erlebt! Es war ein klanglich einmalig schönes, ausgeglichenes und aufnahmeträchtiges Gesamtergebnis. Ich hatte von den bislang gehörten Vorstellungen, meist klassischer Opern, einen guten Eindruck. Was hier geschah, hatte ich noch nicht erlebt. Es war wohl ein ganz persönliches Bekenntnis zu Martinů, für dessen Werke sich Belohlávek immer wieder mit Enthusiasmus und Überzeugungskraft einsetzte.

Wie verantwortungsvoll Belohlávek mit der Musik und mit sich selbst war, erlebte ich, als ich ihn bat, in Dresden unsere Palmsonntagskonzerte zu übernehmen, denen Wagner schon 1846 mit Beethovens *9. Sinfonie* eine besondere Ausrichtung gegeben hatte. Er meinte damals, dass er diese Ehre nicht annehmen könne. Er sei dafür noch zu jung. Erst Jahre später, 1983, war er dann bereit. Und in Berlin dirigierte er am 30./31. Dezember 1999 beim Rundfunk-Sinfonieorchester *die Neunte*. Ich war da schon nicht mehr im Amt.

In Berlin begegneten wir uns wieder. Belohlávek folgte unserer Einladung zum RSB mit mehreren Konzerten. Auf der Galopprennbahn von Berlin-Hoppegarten mit seinen Tribünen für Zuhörer und Orchester dirigierte er Smetanas *Mein Vaterland* bei strahlend schönem Wetter. Nach der Probe wollte er sich ausruhen und eine Stunde schlafen. Unsere Orchesterwarte waren ratlos, denn einen Raum mit einer Liege gab es auf der Rennbahn nicht. Belohlávek: „Haben Sie vielleicht eine Decke für mich? Dann lege ich mich hier (Dirigentenzimmer) auf den Boden. Bitte wecken Sie mich rechtzeitig. Ich muss mich ja noch umziehen!" So geschehen am 6. Juli 1996. Nach dem Konzert fuhr er mit dem Auto zurück nach Prag, wo er am nächsten Morgen eine Probe zu leiten hatte. Alle Beteiligten, Zuhörer wie Musiker, hatten ein besonderes Erlebnis mit einem besonderen Dirigenten.

Zuletzt trafen wir uns – seit vielen Jahren zum freundschaftlichen und vertraulichen „Du" übergegangen – am 9. September 2016 im Eröffnungskonzert des Beethovenfestes in Bonn. Belohlávek hatte eine schwere Krebserkrankung mit entsprechender Behandlung hinter sich gebracht, und ich war erschrocken, als ich ihn sah. Musikalisch absolvierte er mit seinem Orchester, der Tschechischen Philharmonie, ein nicht gerade seiner Mentalität entsprechendes, dem Programmanliegen des Veranstalters geschuldetes Konzert. Aber Belohlávek erwies sich auch hier als der echte Musiker: Es wurde kein Konzert schlechthin geboten, sondern trotz aller zurückgebliebenen Zeichen der Erkrankung eine Besonderheit, die das Publikum mit Dankbarkeit aufnahm. Als wir uns in der Konzertpause im Dirigentenzimmer in der Beethovenhalle sprachen, ahnten wir beide nicht, dass es unser letztes Zusammentreffen sein sollte.

Erstes Konzert mit der Staatskapelle in Dresden am 22./23.1.1976:
Smetana: *Die Moldau* – Jindrich Feld: *Flötenkonzert*/Solistin: Bozena Steinerová – Martinů: *6. Sinfonie*

Konzerte mit der Staatskapelle in Dresden:
13./14.2.1980 – 18./19.3.1982 – 26./27.3.1983

Konzerte mit dem RSO in Berlin:
5.12.1997 – 26.3.1999 – 30./31.12.1999 – 25.3.2001

Aufgeführte Komponisten in Dresden und Berlin:
Beethoven – Dvořák – Jindřich Feld – Joseph Haydn – Janáček – Siegfried Köhler (UA) – Rolf Liebermann – Ligeti – Mahler – Martinů – František Mica – Smetana – Strauss – Josef Suk – Tschaikowski – Viktor Ullmann

Weitere Konzertdaten:

3./4.6.1977	Prag („Prager Frühling"), Tschechische Philharmonie – Smetana (*Mein Vaterland*)
24.1.1995	Leverkusen, Forum, Deutsche Kammerphilharmonie – Beethoven: *Coriolan-Ouvertüre* – Rolf Liebermann: *Violinkonzert*/Solist: Thomas Zehetmayr – Dvořák: *Tschechische Suite*
23./24.11.1995	Leipzig, Neues Gewandhaus, Gewandhausorchester – Smetana: *Mein Vaterland*
6.7.1996	Berlin, Hoppegarten, RSB – Smetana: *Mein Vaterland*
9.9.2016	Bonn, Beethovenhalle, Eröffnungskonzert Beethovenfest, Tschechische Philharmonie – Ligeti: *Concert Romances* – Mozart: *Violinkonzert A-Dur* KV 21/Solistin: Hilary Hahn – Viktor Ullmann: *Don Quixote tanzt Fandango* – Dvořák: Konzertouvertüren *In der Natur* – *Karneval* – *Othello*

Opernaufführung in Dresden:

3.6.1985	Dresden, Semperoper, Tschechisches Nationaltheater Prag – Martinů: *Griechische Passion*

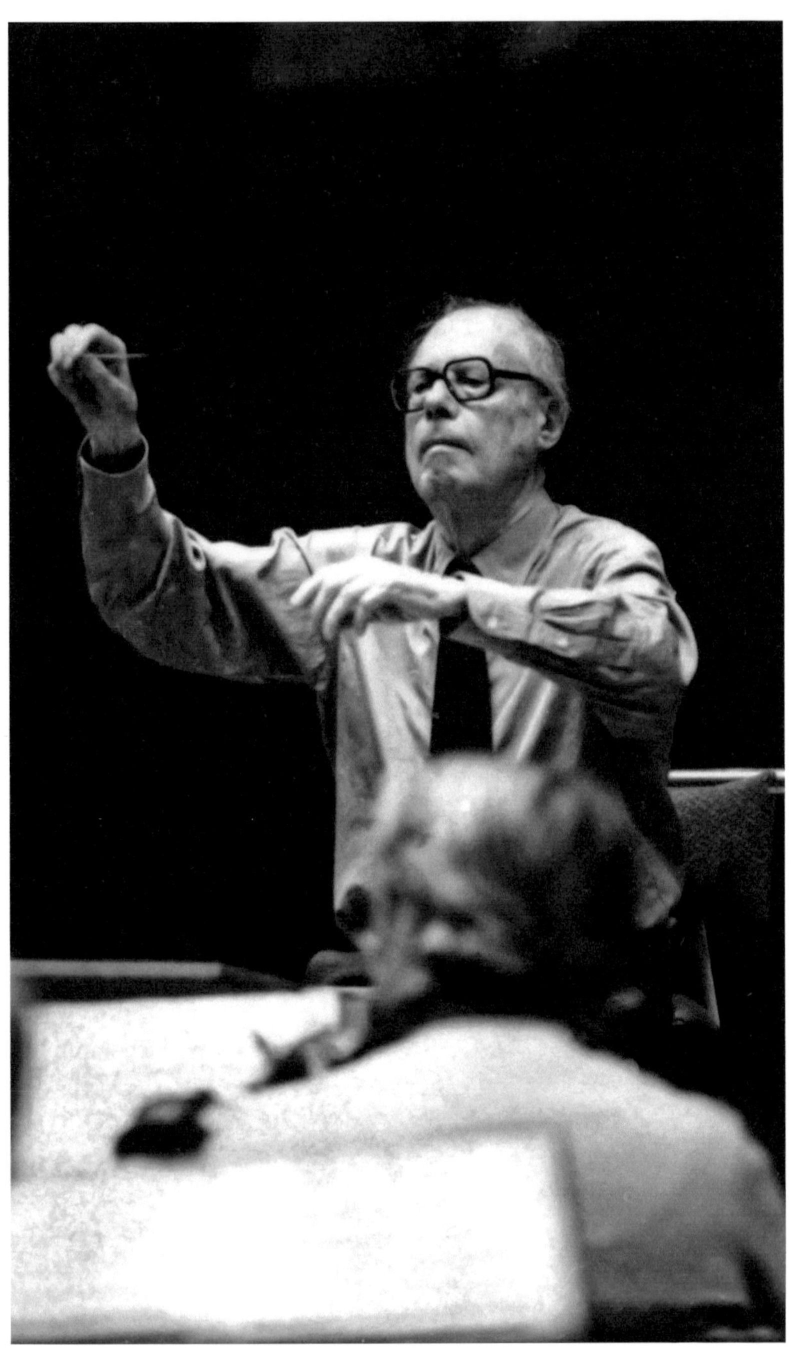

Karl Böhm, 1979 (Foto: Erwin Döring)

Karl Böhm (1894–1981)

Geboren 1894 in Graz. Zunächst Jura-Studium, abgeschlossen 1919 mit Promotion, um nach dem Willen des Vaters in dessen Nachfolge als Rechtsanwalt zu treten. Seitdem legte Böhm größten Wert darauf, mit „Herr Doktor" angesprochen zu werden. Man geriet mit ihm aneinander, wenn man ihn mit „Professor" ansprach. 1913/14 studierte er in Wien bei Eusebius Mandyczewski und Guido Adler. 1917 debütierte Böhm als Dirigent in Graz. 1921 wechselte er auf Empfehlung von Karl Muck nach München, danach als GMD nach Darmstadt und Hamburg. 1933–1942 wirkte er in Dresden in Nachfolge von Fritz Busch, den die Nazis zur Emigration gezwungen hatten. 1943–1945 leitete er die Wiener Staatsoper. 1950–1953 wirkte er am Teatro Colón in Buenos Aires. 1955 dirigierte Böhm „Fidelio" zur Wiedereröffnung der Wiener Staatsoper und debütiert 1957 an der MET in New York. Als Konzertdirigent wurde er von allen großen Orchestern Europas und Amerikas eingeladen. Seine Auftritte in Salzburg und Bayreuth, Berlin und München, Paris und New York galten als Höhepunkte. 1981 starb Böhm in Salzburg.

Manche Musiker bezeichneten ihn als „grantig", sogar als „bösartig", jedenfalls aber als einen Fanatiker von Genauigkeit und Ordnung. Ob sie dabei daran dachten, dass Böhm auf Geheiß seines Vaters einen „ordentlichen" Beruf (Jurist) ergreifen musste, ehe er Musik studieren durfte, ist nicht nachweisbar. Unbedingt war er zeitlebens eine musikalische Autorität.
Ich habe Karl Böhm als warmherzigen, um das Schicksal seiner „geliebten Dresdner" hinter dem „Eisernen Vorhang" sehr besorgten Menschen achten gelernt. Er verteidigte das hohe Niveau der Kapelle immer wieder gegenüber allen auftretenden anderen Meinungen.
Natürlich war Böhm wie die meisten seiner Kollegen nicht bequem. Er verstand zu fordern und Höchstleistungen zu erreichen. Er vermittelte, dass die Musiker nicht zum Vergnügen auf dem Podium saßen. Auch bei seinen Zornesausbrüchen – berühmt war seine Hellhörigkeit – ging es um die Musik, sie war ihm heilig. Seine Mozart-Aufnahmen mit den Dresdnern legen Zeugnis davon ab, und er war damals weit in die 70 hinein!
Erschüttert hat mich, dass er bei seinen letzten Konzerten im Dresdner Kulturpalast mit beiden späten Schubert-Sinfonien eine Art Resümee über seine Liebe zu Dresden zum Ausdruck brachte. Er fragte mich vor dem ersten Konzert fast ängstlich: „Werden die mich annehmen, obwohl ich doch die Stadt damals verlassen habe und seitdem hier nicht wieder öffentlich mit der Kapelle musiziert habe?" Die Dresdner – Musiker wie Publikum – haben ihn angenommen. Er wurde solange mit

Beifall überschüttet, bis er sich zu einem Statement aufgefordert fühlte und auch hier mahnte, „die Kapelle zu schützen". Ein älterer Musiker sagte mir damals über Böhm: „Wie Kempe – diese Dirigenten können eben Dresden nicht vergessen!"

Wie viele seiner Kollegen blieb Böhm dieser Stadt und der Kapelle auch über die Jahre der zeitlichen Trennung hin verbunden. Neben zahlreichen Schallplatten-Aufnahmen (vornehmlich mit Werken von Mozart, aber auch mit Beethoven und Strauss und schon Mitte der fünfziger Jahre, z. T. noch in der Kreuzkirche als Aufnahmeort) im Dresdner Studio Lukaskirche dirigierte er die Kapelle zu den Salzburger Festspielen 1972 und 1976, 1981 bei Konzerten in Paris und 1979 in Dresden im Kulturpalast mit Schuberts *Sinfonien* in *h-Moll* und *C-Dur*.

Als wir uns in Washington trafen, wo im Oktober 1979 erst Böhm mit den Wienern und dann Blomstedt mit den Dresdnern nacheinander im gleichen Saal am gleichen Tag auftraten, und ich ihn aufsuchte, um ihn von der Kapelle zu grüßen, übergab er mir einen Umschlag mit den Worten: „Geben Sie das dem Orchester – die brauchen doch hier das richtige Geld!"

In Salzburg, bei den Festspielen 1965, führte Böhm mit der Kapelle das *Heldenleben* von Strauss auf, das ein umfangreiches Violinsolo verlangt. Er bat mich, den Konzertmeister Peter Mirring zu ihm in seine Wohnung zu bringen, um mit ihm an dem Solo zu arbeiten. Nach dem erfolgreichen Konzert sagte er mir im Dirigentenzimmer: „Der Bub hat das sehr gut gemacht, ich gratuliere!"

Genau solche Gesten zeichnen den Menschen aus, der eben in jedem Künstler, sei er noch so berühmt, zwar vielleicht nicht vordergründig, aber in jedem Fall – so meine Erfahrungen – auch erhalten geblieben ist, trotz aller Sonderstellungen und Anerkennungen, die manchmal fast grenzenlos wirken.

Als wir in Paris mit ihm eine Brahms-Sinfonie probierten und ein Berliner Kollege als Erster Trompeter aushalf, hatte Böhm sofort etwas auszusetzen. Die Dresdner Kollegen trösteten ihn und gaben ihm den Rat: „Schau nicht zu ihm hin, spiel' deine Noten!" – und Böhm war bei der Wiederholung der vorher angeprangerten Stelle zufrieden.

Schwierigkeiten hatte es damals in Paris – bedingt durch das Unvermögen des französischen Veranstalters – mit der zeitlichen Ansetzung der notwendigen Proben für unsere Konzerte (die weiteren dirigierte unser Chef Herbert Blomstedt) gegeben: Für den einen Vormittag waren beide Herren zur gleichen Zeit bestellt. Als wir diese Situation feststellten, war guter Rat teuer. Wer musste umgeladen werden? Wir konnten das Ganze trotz aller Aufregungen und Missverständnisse mit viel Diplomatie zum Guten wenden. Und ein Böhm-Kenner aus der Kapelle sagte:

„Wenn der sich jetzt aufregt, machen wir heute Abend ein gutes Konzert!“ (Zum Verständnis: Böhm ermüdete im Verlauf der Proben wegen seines fortgeschrittenen Alters zusehends.)
Als Operndirigent konnte ich Karl Böhm 1979 in Prag (mit *Ariadne auf Naxos* von Strauss beim Gastspiel der Staatsoper Wien mit dem umjubelten Auftreten von Edita Gruberová als Zerbinetta) sowie 1972 in Salzburg in Aufführungen von Bergs *Wozzeck* (der mir wie ein *Fidelio* in Erinnerung geblieben ist, so „klassisch“ war die moderne Oper musiziert) und Mozarts *Così fan tutte*, 1974 von Mozarts *Idomeneo* und 1974 von Strauss‘ *Frau ohne Schatten* erleben. Am unvergesslichen Eindruck dieser Opernerlebnisse hat sich trotz der inzwischen vergangenen Jahrzehnte nichts geändert: Es war immer große Kunst im Dienste des Werkes und seines Komponisten.
Beeindruckt haben mich bei jedem seiner Dirigate seine Souveränität in der Werkkenntnis (noch im Alter unvergleichlich) und sein untrügliches Gefühl für Tempo. Böhm konnte ohne jedes Problem das Tempo wieder aufnehmen, das er vorher (manchmal nach einem Jahr!) festgelegt und mit dem Orchester musiziert hatte. Dass er im hohen Alter sein Versprechen, noch einmal ein Konzert mit den letzten beiden Sinfonien von Franz Schubert mit „seiner“ Kapelle in Dresden für das Publikum zu dirigieren, erfüllt hat, gehört zu meinen wichtigsten Erlebnissen mit Karl Böhm im Dirigentenzimmer und vor allem im Konzert.

Konzerte mit der Staatskapelle in Dresden:
Erstes und letztes Konzert:

6.10.1933	Werke von Mozart – Strauss – Beethoven
12./13.1.1979	Werke von Schubert

Die Konzerte mit der Staatskapelle Dresden in Salzburg (Festspiele):

15.8.1972	Werke von Mozart – Mahler – Strauss/ Solistin: Christa Ludwig
11.8.1976	Werke von Strauss/Solistin: Anna Tomowa-Sintow

Konzert mit der Staatskapelle Dresden in Paris:

25.1.1981	Werke von Mozart – Brahms

Schallplatten-Aufnahmen ab 1959 mit der Staatskapelle in Dresden:
Beethoven: *Fidelio* (GA) – Mozart (jeweils GA): *Die Entführung aus dem Serail/Der Schauspieldirektor/Idomeneo/La clemenza di Tito* – Strauss: *Elektra* (GA)/*Sinfonia domestica*

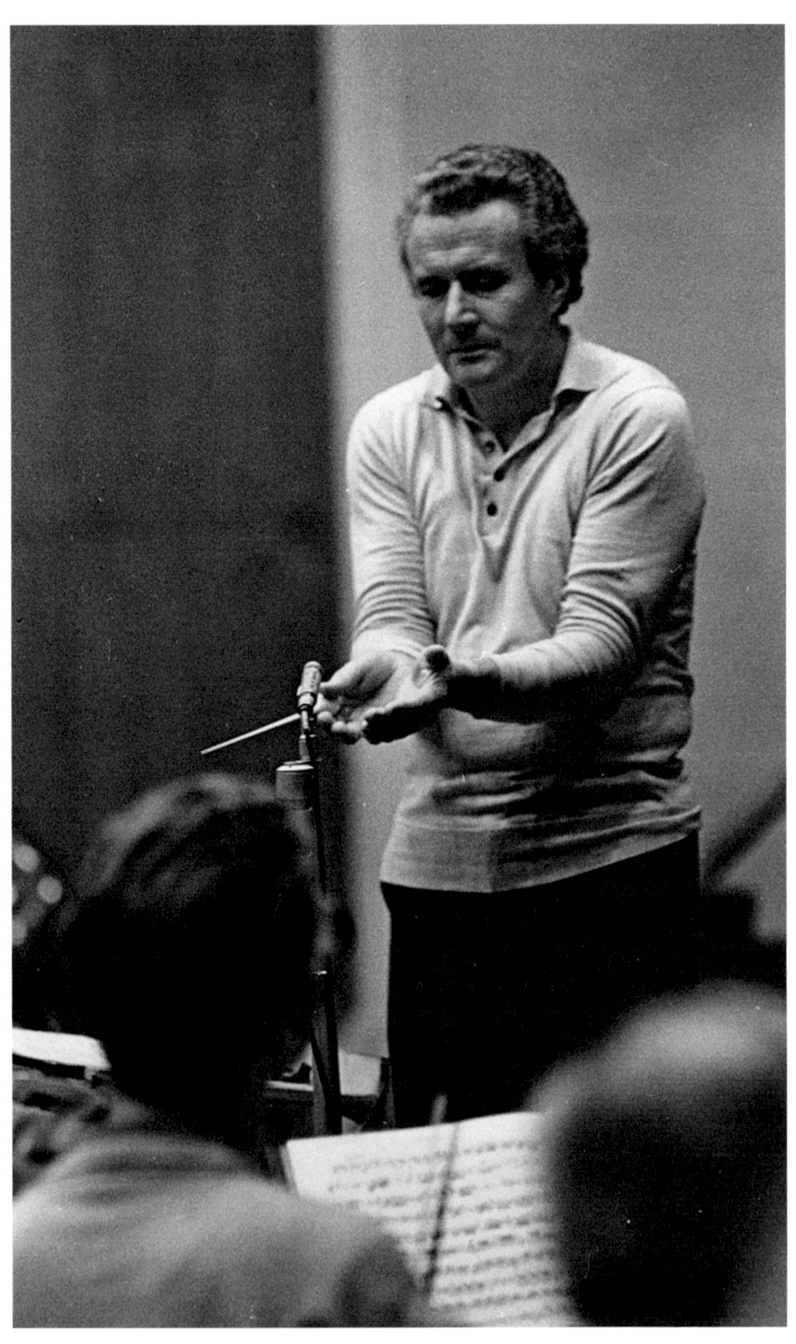

Sir Colin Davis, 1981 (Foto: Hansjoachim Mirschel)

Sir Colin Davis (1927–2013)

Geboren 1927 in Weybridge (Surrey). Wurde 1938 ermutigt, ein Instrument zu erlernen. Stipendiat des Royal College of Music in London als Klarinettist, betreut von Frederick Thurston. Ziel war die Laufbahn als Dirigent. Zunächst tätig als Klarinettist (bei Fritz Busch in Glyndebourne). Daneben autodidaktische Dirigate im schwedischen Studenten-Orchester Kalmar mit Sinfonien und Opern von Mozart. 1950 Debüt in der Chelsea Opera Group mit Mozarts „Don Giovanni". Erarbeitete sich bis 1957 nach und nach ein Opern-Repertoire. Daneben als Klarinettist und als Dozent tätig, um die Familie zu ernähren. 1957 BBC Scottish Orchestra, 1958 Debüt an der Sadler's Wells Opera in London mit Mozarts „Entführung aus dem Serail". 1959–1965 Musikdirektor der Sadler's Wells Opera, 1967–1971 Chefdirigent des BBC Symphony Orchestra, 1971–1986 Leitung des Royal Opera House Covent Garden in London, 1977 Bayreuther Festspiele. 1979 Erhebung in den Ritterstand (Sir). Zusammenarbeit mit der Staatskapelle Dresden seit 1981 (Ehrendirigent seit 1990). 1983–1992 Chefdirigent des Sinfonieorchesters des Bayerischen Rundfunks in München, 1995–2006 Principal Conductor des London Symphony Orchestra. 1998–2003 Principal Guest Conductor des New York Philharmonic Orchestra. Gestorben 2013 in London.

Es war eine „Liebe auf den ersten Blick" zwischen Sir Colin Davis und der Staatskapelle Dresden – während Schallplatten-Aufnahmen der großen Mozart-Sinfonien. Alles passte zusammen: ein Dirigent geistigen, musikalisch fundierten Charakters, der mit feinem Gespür für Bläserwohlklang, aber auch für die dazu notwendig harmonisierenden Streicherkollegen, alle Feinheiten der Partituren mit einem ihm willig folgenden Orchester realisierte. Nie fiel – bei einer misslungenen Stelle – ein lautes Wort, immer blieb Sir Colin der Gentleman, allerdings auch der Primus. Später ließ er im Aufnahmestudio alle Beethoven-Sinfonien und die *Große C-Dur-Sinfonie* von Schubert folgen – auch hier sich dem warmen Klang der Dresdner Bläsersektion hingebend und für sein Anliegen nützend.
Wir hatten bald einen vertraulichen Kontakt zueinander gefunden und konnten in Zeiten einer zwar gelockerten, aber nicht völlig aufgegebenen kulturpolitischen Besserwisserei in Dresden wenigstens musikalisch ein Stück freie Welt offenhalten. 25 Jahre lang bestand schließlich die enge Verbindung zwischen Sir Colin Davis und der Staatskapelle! Nach meinem Weggang aus Dresden trafen wir uns bei seinen Konzerten in Berlin, die die Konzertdirektion Adler im Schauspielhaus am

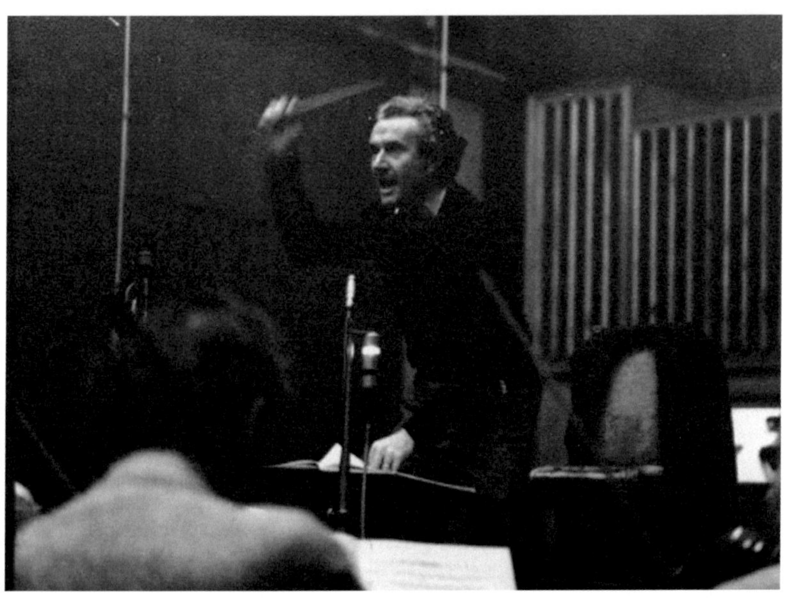

Schallplatteneinspielung der Staatskapelle Dresden unter Colin Davis bei Aufführung von Faurés Requiem, op. 48, 1984 (Foto: Hansjoachim Mirschel)

Gendarmenmarkt veranstaltete und in Bonn, als er 2010 mit der Dresdner Kapelle beim Beethovenfest gastierte. Er schwärmte immer auf seine ganz eigene, man ist versucht zu sagen: wortreich umschriebene Liebe zu diesem Orchester.

Neben Dresden (in Konzert und Studio bzw. bei Gesprächen im Dirigentenzimmer oder in der Lounge des Interhotels) klingt in mir noch immer die letzte Begegnung mit Sir Colin Davis nach – beim erwähnten Bonner Beethovenfest: Es war eine Offenbarung, der Gleichklang der Seelen zwischen Dirigent und Musikern noch vertiefter.

Als Operndirigent konnte ich Sir Colin Davis in London im Royal Opera House erleben, als die Staatskapelle im März 1987 in London gastierte. Er leitete eine Aufführung von *Ariadne auf Naxos*, auch hier seine Kenntnis von Mozarts Œuvre nützend und dessen Niederschlag bei Strauss aufspürend, wodurch ein wunderbar leichtes Klangbild zugunsten der Singstimmen entstehen konnte. Für eine Repertoire-Aufführung war sie meisterlich! In der Semperoper hat er später einige wichtige Opern als Gast dirigiert. Nach der Aufführung in London haben wir lange zusammengesessen, einen guten Rotwein genossen, wie ihn der Sir liebte, und viele Pläne gemacht. Immer wieder brachte er zum Ausdruck, wie sehr ihm Dresden und

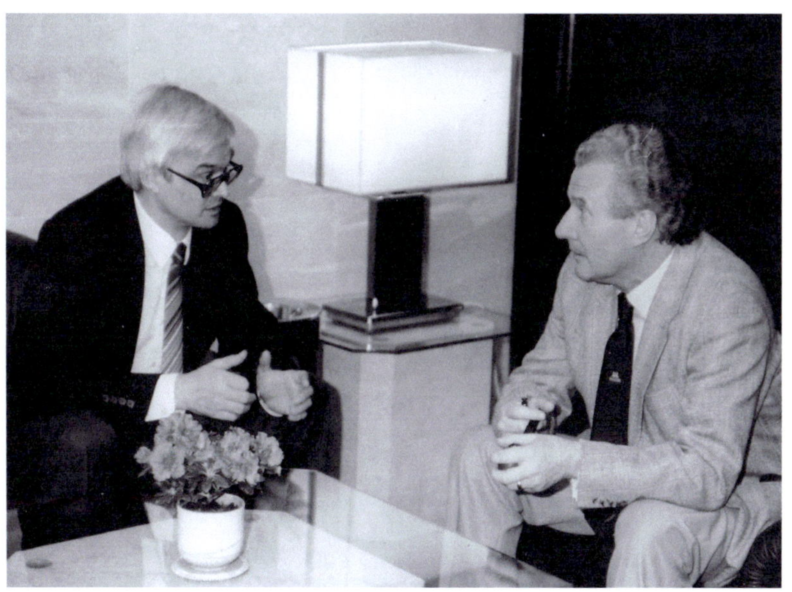

Dieter Uhrig im Gespräch mit Sir Colin Davis (Foto: Hansjoachim Mirschel)

die Kapelle ans Herz gewachsen waren. Ich hatte den Eindruck, dass er damals ähnlich wie vor ihm Herbert Blomstedt den Menschen hinter der „furchtbaren Mauer" mit den Konzerten ihren tristen Alltag aufzuhellen helfen wollte. Musikmachen war für ihn die Insel, die jeder betreten konnte, ohne um Erlaubnis zu bitten. Und es waren zum Verständnis zwischen Ausführenden und Zuhörenden keine Worte notwendig. Bei der Aufführung konnte keiner mehr hineinreden und Vorschriften machen. Diese Übereinstimmung war der Gewinn und zeugte von seinem tiefen menschlichen Verständnis für andere! Darin ein wirklicher Gentleman!
Empfindsamer und zugleich weltoffener Umgang mit der Musik – das verstand er als seine Mission, dazu kam eine wirkliche, starke Liebe zur Musik, ohne die nichts zu erreichen sei, wie er, der auch den Musikern in wirklicher Zuneigung nahestand, immer wieder betonte. Deshalb gehörte Beethovens *Missa solemnis* mit der Botschaft „Möge es zu Herzen gehen" in seinem Repertoire zu einem Schlüsselwerk, für dessen Aufführung Colin Davis immer einen besonderen Anlass fand. Und so blieb er unter allen Dirigenten für die Dresdner Musiker zeitlebens und darüber hinaus der „Sir", Gleicher unter Gleichen, aber eben der „Sir".

Staatstheater
Dresden

Staatskapelle
4. Sinfoniekonzert

9th Nov. 1981.

Lieber Herr Uhrig,

Zuvor: eine Furcht,
Während: eine grosse Freude,
Nachher: schöne Erinnerungen
als ob ich bei der Göttin
Cecilia übernachtet hätte!

Herzliche Grüsse,
Colin Davis

Spielzeit 1981/82

Notiz von Sir Colin Davis für Dieter Uhrig auf einem Programmheft

Erstes Konzert mit der Staatskapelle in Dresden am 29./30.10.1981:
Werke von Mozart – Joseph Haydn/Solistin: Viktoria Jagling, Violoncello

Konzerte mit der Staatskapelle in Dresden:
23.11.1984 – 8.2.1987 – 13./14.2.1987 – 15.5.2001

Gastspiele mit der Staatskapelle Dresden:

13.3.1987	London
19.9.2010	Bonn

Aufgeführte Komponisten mit der Staatskapelle Dresden:
Beethoven – Britten – Haydn – Mozart – Purcell

Schallplatten-Aufnahmen mit der Staatskapelle in Dresden:
Beethoven: *Klavierkonzerte Nr. 1–5*/Solist: Claudio Arrau – Mozart: *Die Zauberflöte* (GA), *Sinfonien KV 200, 201, 319, 543, 550, 551* – Fauré: *Requiem*

Die Konzerttätigkeit und die Aufnahmen mit der Staatskapelle Dresden wurden nach 1987 kontinuierlich weitergeführt.

Später besuchte Konzerte mit der Staatskapelle Dresden:

16.10.1988	Ost-Berlin
9.11.1991	Berlin
2./3.6.1992	Berlin
15.5.2001	Dresden (Trauerfeier für Giuseppe Sinopoli)
19.9.2010	Bonn

Aufgeführte Komponisten mit der Staatskapelle Dresden (nach meinem Weggang):
Beethoven – Berlioz – Brahms – Janáček – Mozart – Schumann – Sibelius

„In der Ära der Historischen Aufführungspraxis stellt sein Anfang der 1980er-Jahre nun fast zeitgleich mit Nikolaus Harnoncourt eingespielter Zyklus der ‚großen' Mozart-Sinfonien mit der Staatskapelle Dresden das rechtschaffene Relikt eines keineswegs romantisch-überholten, sondern vielmehr in warmen Orchesterfarben perfekt abgestimmten ‚sinfonischen' Mozart-Bildes dar." (Hartmut Hein, *Handbuch Dirigenten – 250 Porträts,* Kassel/Stuttgart 2015, S. 129)

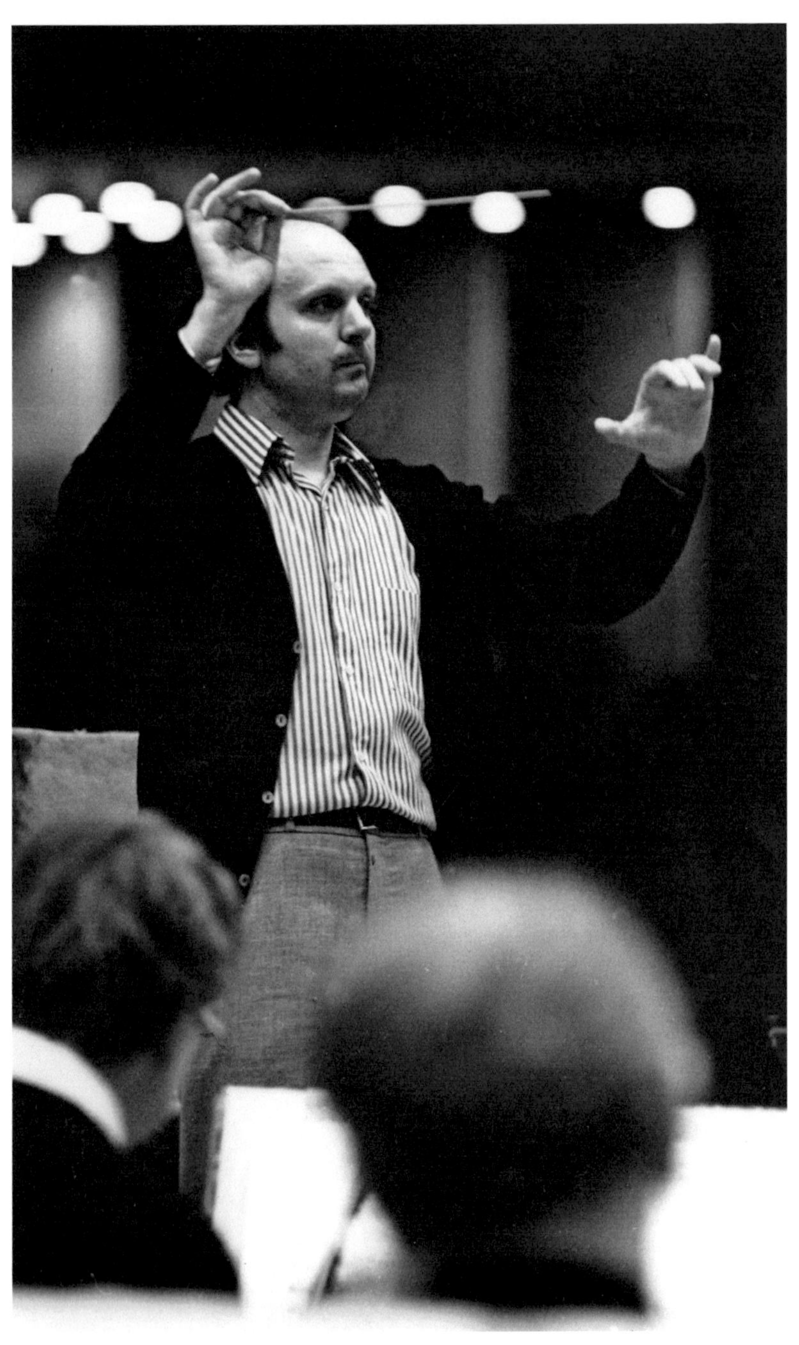

Marek Janowski, 1979 (Foto: Erwin Döring)

Marek Janowski (* 1939)

Geboren 1939 in Warschau. Die Familie wechselte durch die Kriegsereignisse nach Deutschland. Aufgewachsen in Wuppertal. 1958–1961 Studium in Köln (u. a. bei Wolfgang Sawallisch). 1961–1975 Korrepetitor und Kapellmeister in Düsseldorf, Köln und Hamburg. Nach der Chefposition 1975–1979 in Dortmund auch internationale Gasttätigkeit. 1980–1983 erste digitale Aufnahme von Wagners „Der Ring des Nibelungen" in Dresden mit der Staatskapelle und einem illustren Sängerensemble. Seitdem zählt Janowski international zu den meistgesuchten Dirigenten. 1983–1986 Artistic Advisor des Royal Liverpool Philharmonic Orchestra, 1984–2000 Chefdirigent des Nouvel Orchestre Philharmonique de Radio France, 1986–1990 Chefdirigent des Gürzenich-Orchesters in Köln, auch Endoved Guest Conductor des Pittsburgh Symphony Orchestra. 2000–2005 Parallel-Engagements als Chefdirigent des Orchestre Philharmonique de Monte Carlo und der Dresdner Philharmonie. 2002–2016 Chefdirigent des Rundfunk-Sinfonieorchesters Berlin und 2005–2012 Musikalischer Direktor des Orchestre de la Suisse Romande in Genf. 2016 Dirigent der Bayreuther Festspiele mit dem „Ring". Von 2019 bis 2023 erneut Chefdirigent der Dresdner Philharmonie.

Es war ein schon waghalsiges Unternehmen, die erste Digital-Gesamtaufnahme von Wagners *Ring*-Zyklus in Dresden mit einem fast unbekannten Dirigenten aufzunehmen (trotz 1974 und 1976/77 unter seiner Leitung vorangegangener Aufnahmen von Webers *Euryanthe* und Strauss' *Die schweigsame Frau*), zumal die Staatskapelle *Siegfried* und *Götterdämmerung* seit der Zerstörung der Semperoper im Februar 1945 nicht mehr gespielt hatte. Als Ergebnis liegt eine bis heute noch nicht wieder erreichte Qualität vor, der Janowski während seiner Tätigkeit beim Rundfunk-Sinfonieorchester Berlin (RSB) 2010–2013 die Aufnahme sämtlicher Wagner-Opern folgen ließ.

Während des Dresdner *Ring*-Projekts habe ich Janowski schätzen gelernt: Er hatte eine genaue Vorstellung von Probenarbeit und Aufnahmeterminen. Seine Werkkenntnis erleichterte viele Probleme, und er scheute es nicht, bei schwierigen Situationen eine Entscheidung zu fällen. Ohne tieferen Einblick in das Geschehen könnte man vermuten, das Ganze liefe mechanisch ab. Ordnung war unbedingt angebracht – das Riesenunternehmen erforderte eine Leitung, die zu akzeptieren war. Einem ewig lamentierenden Musiker empfahl Janowski zu gehen: „Sie oder ich!" – lautete seine Forderung. Diese Geradlinigkeit hat man ihm auch für seine musikalischen Interpretationen vorgeworfen: Wie falsch eine solche Darstellung war und ist, belegen seine Aufnahme-

Dieter Uhrig
Am Weißen Adler 10
01324 Dresden

19.08.2002

Herrn Chefdirigent
Marek Janowski
Rundfunk-Sinfonieorchester Berlin
030-203092489

Lieber Herr Janowski,

natürlich hänge ich an meinem alten Orchester, und deshalb ist der Heutige Tag - der Tag des Beginns Ihrer Tätigkeit als Chef des RSB - für mich ein Freudentag. Ich gratuliere Ihnen und wünsche alles Gute. Ein wenig Wehmut habe ich schon, wenn ich gerade in diesem Moment nicht mehr mit dabei bin.

Ich weiß, daß das Orchester sich auf Sie freut. Ihre künstlerische Persönlichkeit und Ihre kritische, aber stets offene Haltung werden geschätzt und anerkannt. Und eine strenge Hand war dem Orchester nie unbequem.

Also, alles gute Zeichen. Und nun viel Glück und Erfolg für Ihre Arbeit und das Weiterbestehen des RSB.

Mit einem herzlichen Gruß aus Dresden

Brief von Dieter Uhrig an Marek Janowski, 19. August 2002

10.9.02

Lieber Herr Uhrig,

mein schlechtes Gewissen plagt mich. Sie haben mir so lieb geschrieben zum Start in Berlin – ich bedanke mich sehr herzlich. Es gäbe schon eine Menge Gesprächsstoff. Melden Sie sich doch einfach mal, wenn ich in Dresden bin – da finden wir schon einen Termin für ein Treffen.

Mit herzlichen Grüssen

Ihr M. Janowski

Brief von Marek Janowski an Dieter Uhrig, 10. September 2002

Ergebnisse. Der Dresdner *Ring* wird nach wie vor als Referenz-Aufnahme gewertet.

Es geht Janowski immer um die Sache. Ich habe erlebt, dass er – überzeugt von der Richtigkeit seiner Idee – keinen Zentimeter von seiner Vorstellung abweicht, nicht aus Sturheit, sondern aus Überzeugung. Deshalb hat er seinerzeit auch das Rundfunk-Sinfonieorchester Berlin übernommen und aus der künstlerischen Enge der Absicht der Auflösung oder mindestens der Verkleinerung zu einem Spitzenorchester von internationaler Bedeutung gemacht. Dass ich ein wenig dazu beigetragen habe, dass er überhaupt mit dem Orchester in Verbindung gekommen ist, hat er in seiner Biographie, die Wolfgang Seifert 2010 verfasst hat, erwähnt.

Dass wir gelegentlich unseren sporadisch geführten Briefwechsel wiederaufnehmen, beweist die gegenseitige Achtung, die über all die Jahre unvermindert Bestand gehalten hat. Ich habe erlebt, dass Janowski dann explodierte, wenn versucht wurde, ihn zu übertölpeln, etwa bei einer Einstudierung durch ständig wechselnde Besetzungen, die er vorher als ausgeschlossen vereinbart und sich verbeten hatte.

In Berlin sind wir uns nach der Zusammenarbeit in Dresden wieder begegnet. Am 28. September 1987 gastierte er mit seinem Nouvel Orchestre Philharmonique de Radio France im Schauspielhaus am Gendarmenmarkt. Und zum Jahreswechsel 2003/04 und 2008/09 haben wir seine *Neunte* mit dem RSB und dem Rundfunkchor gehört. Das erste Konzert des RSB unter seiner Leitung als Chef mit Strauss-Werken fand am 20. März 1999 statt, als ich schon im Ruhestand war.

Ein Treffen in seinem Dresdner Hotel hatte mich in meiner Überzeugung bestärkt, dass es Janowski irgendwie schaffen würde, der Dresdner Philharmonie einen akustisch besseren, „musikalischeren" Saal in Dresden bauen zu lassen. Dass diese Forderung, die die Stadt bei seinem Engagement akzeptiert hatte, jahrelang unerfüllt geblieben ist, hatte folgerichtig – wenn man Janowski kennt – zu seiner Nichtverlängerung des bestehenden Vertrages geführt. Als dann schließlich der Kulturpalastsaal abgerissen und verkleinert in neuer Form (Weinberg-Prinzip) in die stehen gebliebene Außenhülle des 1969 fertiggestellten Gebäudes am Altmark eingebaut wurde und auch akustisch hervorragend gelang, ja „musikalisch" gemacht worden war, hat Janowski – wiederum folgerichtig – das Angebot angenommen, noch einmal als Chefdirigent zu der ihm vertrauten Dresdner Philharmonie zurückzukehren.

Erstes Konzert mit der Staatskapelle in Dresden am 25.9.1975:
Werke von Mozart – Gerhard Rosenfeld (UA) – Schubert/Solist: Aurèle Nicolet

Die Konzerte mit der Staatskapelle in Dresden:
22.6.1977 – 28.5.1978 – 27.5.1979 – 23.1.1980 – 12.12.1980 – 30.8.1981 – 30.3.1982 – 11.4.1983 – 27.4.1983 – 22./23.3.1984 – 26.3.1986 – 8./9.1.1987

Aufgeführte Komponisten mit der Staatskapelle Dresden:
Bach – Bartók – Debussy – Francaix – Haydn – Hindemith – Janáček – Schostakowitsch – Strauss – Strawinsky – Wagner – Opernausschnitte aus *Die Frau ohne Schatten* (Strauss) und *Die Walküre* (Wagner) – konzertante Aufführungen aller vier Abende des *Ring des Nibelungen* (Wagner)

Schallplatten-Aufnahmen (GA) mit der Staatskapelle in Dresden:
Rimski-Korsakow: *Mozart und Salieri* – Strauss: *Die schweigsame Frau* – Wagner: *Der Ring des Nibelungen* – Weber: *Euryanthe*

Konzerte mit dem RSB in Berlin:
20.3.1999 Werke von Strauss
15.9.2000 Werke von Hindemith
30./31.12.2003 Beethoven: 9. Sinfonie

Janowski über sein Verhältnis zu Wagners Partituren:
„Mir genügte immer das, was Wagner in Noten niedergeschrieben hat. Seine Musik hat spätestens seit ‚Tannhäuser' eine unglaublich deskriptive Aussagekraft, sie ist perfekte Theatermusik, nicht so sehr Musik für das Theater, für die Bühne, die das Drama ja immer nur auf unterschiedliche Weise unzulänglich bildhaft ausdeuten und darstellen kann. Das Drama steckt für mich in der Musik selbst und wird durch deren sinnvolle Interpretation lebendig. Insofern ist der Komponist Richard Wagner der wahrhaft geniale Musikdramatiker. – In der konzertanten Darbietung, zu der zu einem optimal vorbereiteten Orchester natürlich Sänger der allerersten Garnitur notwendig sind, kommen alle Feinheiten des dichten musikalischen Gewebes mit seiner Leitmotivik voll zur Geltung, schon weil das Wagner-Orchester dabei nicht abgedeckt wie in Bayreuth, sondern mit den Sängern auf offener Bühne aufgestellt ist. Dadurch werden Text und Musik mit sämtlichen Feinheiten ganz anders hörbar und erlebnismäßig nachvollziehbar als in einem normalen Opernhaus oder selbst in Bayreuth. Das gilt für die rein musikalische Kontrapunktik, aber ganz besonders auch für die gewissermaßen ‚kontrapunktisch' oft gegenläufige leitmotivische Kommentierung dessen, was die handelnden Personen sagen oder tun. Das ist als rein musikalische Inszenierung großartig, im Grunde, wenn man die Handlung kennt, wirkungsvoller als jede noch so einfallsreiche Bühnenumsetzung." (Wolfgang Seifert: *Marek Janowski – Atmen mit dem Orchester,* Mainz 2010, S. 407 f.)

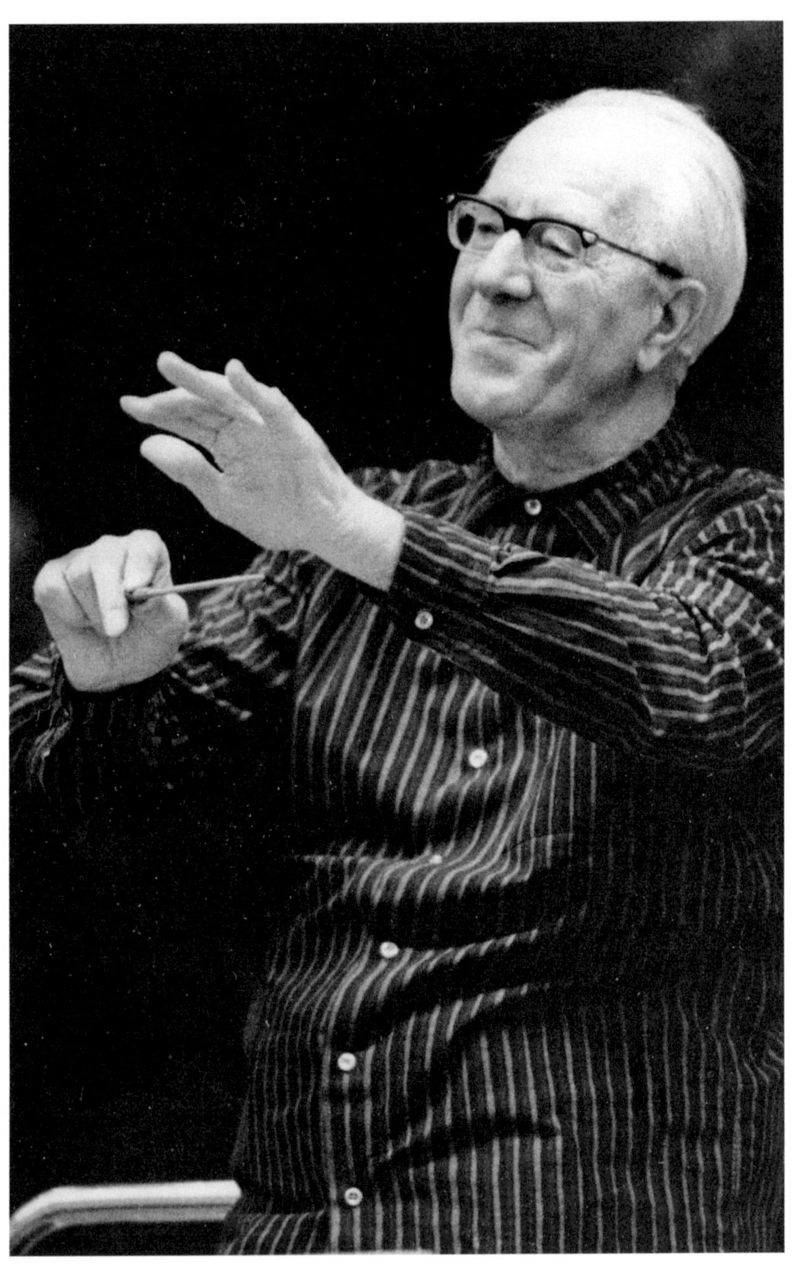

Eugen Jochum während einer Probe, 1978 (Foto: Evelyn Richter)

Eugen Jochum (1902–1987)

Der 1902 geborene Schwabe stammte aus einem Lehrer/Organisten-Elternhaus in Babenhausen. 1914–1922 Besuch des Gymnasiums in Augsburg, Klavier- und Orgelunterricht, danach Schüler am Leopold-Mozart-Konservatorium in Augsburg. 1922–1925 Studium Orgel und Komposition an der Münchner Musikakademie bei Emanuel Gatscher, Siegmund von Hausegger und Hermann von Waltershausen. Jochum wandte sich aber bald der Dirigentenlaufbahn zu: 1926 Debüt bei den Münchner Philharmonikern u. a. mit Bruckners 7. Sinfonie. Zunächst Korrepetitor in München und Mönchengladbach, wirkte er 1927 an der Oper in Kiel und leitete die Konzerte in Lübeck. 1929 Nationaltheater in Mannheim, 1930 GMD in Duisburg, 1932 Berlin: Philharmoniker, Rundfunk-Sinfonieorchester, Städtische Oper. 1934–1949 Nachfolger von Karl Muck und Karl Böhm als Chefdirigent des Philharmonischen Orchesters Hamburg und der Hamburgischen Staatsoper. 1949 Mitgründer des Sinfonieorchesters des Bayerischen Rundfunks in München, dessen Chefdirigent er bis 1960 blieb. Dirigate bei den Bayreuther Festspielen. 1961–1964 war er neben Bernard Haitink Chefdirigent des Concertgebouworkest Amsterdam. 1969–1973 Dirigent der Bamberger Symphoniker in Nachfolge des verstorbenen Joseph Keilberth. 1975–1978 Conductor Laureate des London Symphony Orchestra. 1987 in München gestorben.

Der „weiße Riese", wie seine Musiker zu meiner Zeit den großgewachsenen, weißhaarigen Herrn liebevoll und ehrfurchtsvoll nannten, besaß eine außergewöhnliche Affinität zu Haydns *Londoner Sinfonien*. Eine geplante Gesamtaufnahme der zwölf Sinfonien stieß in Dresden nach dem Beginn der Aufnahmen zunächst auf Schwierigkeiten, weil ganz offensichtlich Orchester und Dirigent unterschiedliche Auffassungen von der Interpretation hatten. Man konnte sich aber schließlich auf einen Kompromiss einigen, und so gibt es nur eine Auswahl der „gelungenen" Sinfonien. Die Gesamtaufnahme übernahmen später die Kollegen des London Symphony Orchestra.
Bei der später folgenden Gesamtaufnahme der Sinfonien Bruckners gab es diese Divergenzen nicht. Man befand sich auf gleicher Höhe: Der in der Tradition der Kirchenmusik verwurzelte Dirigent und die klangsensible Staatskapelle Dresden verwuchsen zu einer Einheit mit herausragendem, unverwechselbarem Ergebnis – dank Jochums süddeutsch-barockem Kunstempfinden.
Ich konnte Jochum am 19. September 1981 auch im Abonnementkonzert der Wiener Philharmoniker im Großen Musikvereinssaal hören

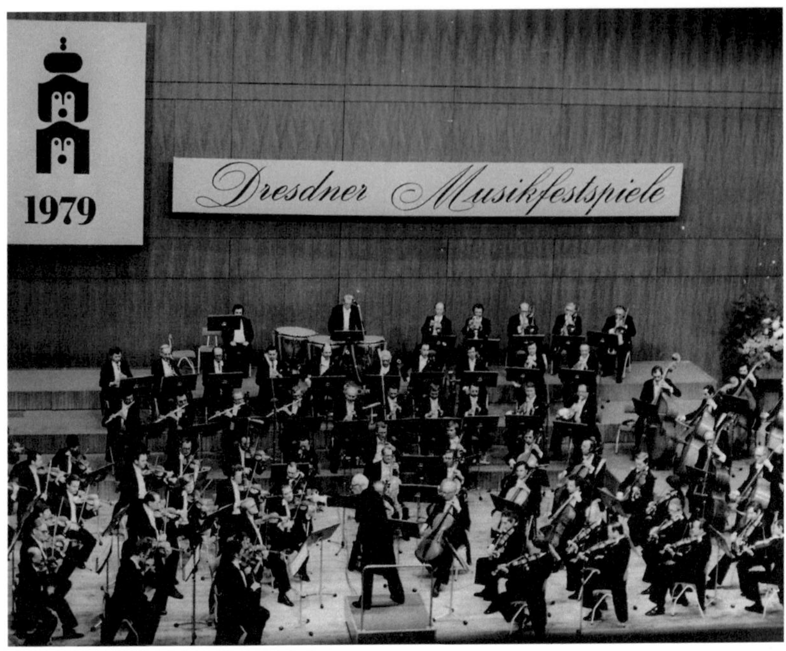

Eugen Jochum gastierte bei den Dresdner Musikfestspielen, 1979
(Foto: Helmut Schäfer)

mit Mozarts *Maurerischer Trauermusik* zum Gedenken an den verstorbenen Kollegen Karl Böhm, Ehrendirigent und Ehrenmitglied der Wiener Philharmoniker, und der *Jupiter-Sinfonie* sowie nach der Pause Brahms' *2. Sinfonie,* die mir als besonderes Erlebnis im Gedächtnis geblieben ist. Jochum war ein ausgesprochener Brahms-Dirigent! Nach dem Konzert besuchte ich ihn im Künstlerzimmer. Er war in der Dusche, als ich hereingekommen war, und seine Frau rief ihm zu „Der Herr Uhrig aus Dresden ist gekommen". Jochum kam splitternackt aus der Dusche, nur mit einem Badetuch in der Hand. Als ihm dies bewusst wurde, begrüßte er mich mit den Worten: „Vor Gott sind wir doch alle gleich!"
Jochums „unbeirrbare Freude an der Musik" (Peter Gülke) hatte sich auch in dieser Brahms-Aufführung niedergeschlagen. Neben seinem tiefen Gottvertrauen konnte sich Jochum immer auf seinen musikalischen Instinkt verlassen, der sich seit dem Orgelspiel im Elternhaus herausgebildet hatte. Gab es Schwierigkeiten, wollte er helfen, nicht anordnen. Schulmeisterei war seine Sache nicht. Musiker waren für ihn die Partner, nicht die Ausführenden ohne Rechte.
Dass beide Jochums liebenswerte Menschen waren, die sich gegenseitig umsorgten, aber auch für andere immer ein gutes und aufmuntern-

des Wort hatten, lässt sich daran veranschaulichen, dass sie beide gern erzählten, auch sehr persönliche Probleme beim Namen nannten, allerdings jeder mit einer eigenen Version. Man hörte also das Gesagte zweimal: Diese „Duelle“ waren für den zuhörenden Dritten köstlich! Sie gaben aber auch wieder, wie gut sich zwei Menschen verstehen können. Dass ich Eugen Jochum nach seinem Tod während meiner Tätigkeit als Orchesterdirektor des Rundfunk-Sinfonieorchesters Berlin, das Jochum 1932 bis 1934 geleitet hatte, quasi wieder begegnet bin und seine künstlerischen Spuren verfolgen konnte, hat mir noch einmal seine Stellung als einer der bedeutendsten Dirigenten seiner Zeit ins Bewusstsein gerückt. Insofern hat sich der „weiße Riese“ mit seinem künstlerischen Wirken und seiner tiefen Menschlichkeit selbst das schönste Denkmal gesetzt.

Erstes Konzert mit der Staatskapelle in Dresden am 4. April 1933:
Werke von Beethoven

Die Konzerte mit der Staatskapelle in Dresden:

4.12.1975	Werke von Mozart – Bruckner/Solist: Imre Román
11./12.1.1978	Werke von Mozart – Bruckner/Solistin: Veronica Jochum
24.5.1979	Werke von Brahms – Bruckner/Solist: Michel Beroff

(Das geplante Konzert am 26.3.1987 musste wegen Jochums Tod entfallen.)

Schallplatten-Aufnahmen mit der Staatskapelle in Dresden:

1970	Haydn: Sinfonien Nr. 93–95, 98
1978–1983	Bruckner: Sinfonien Nr. 1–9

Jochum über seine Sicht auf die Bruckner-Sinfonik:

„Im Großen und Ganzen aber muss ich bei Bruckner vor allzu großen accelerandi und ritardandi, wie sie die sensualistische Musik der spätromantischen Epoche verlangt, warnen; seine Musik entwickelt sich aus einer ‚ew'gen Ruh' in Gott, dem Herrn' und aus Steigerungen; Bruckners mystische Gottverbundenheit, wie sie in der modernen europäischen Musik nur noch, wenn auch in ganz anderer Weise, bei Bach zu finden ist. Sie verträgt keine nervösen, ‚angeheizten' Steigerungen; Bruckners Steigerungen entwickeln sich fast durchweg in einem ‚schwingenden Kreisen', das nur eine absolute Gleichmäßigkeit des Tempos zur Darstellung bringen kann.“
(Eugen Jochum, Textbeilage zur Gesamtaufnahme der Bruckner-Sinfonien mit der Staatskapelle Dresden)

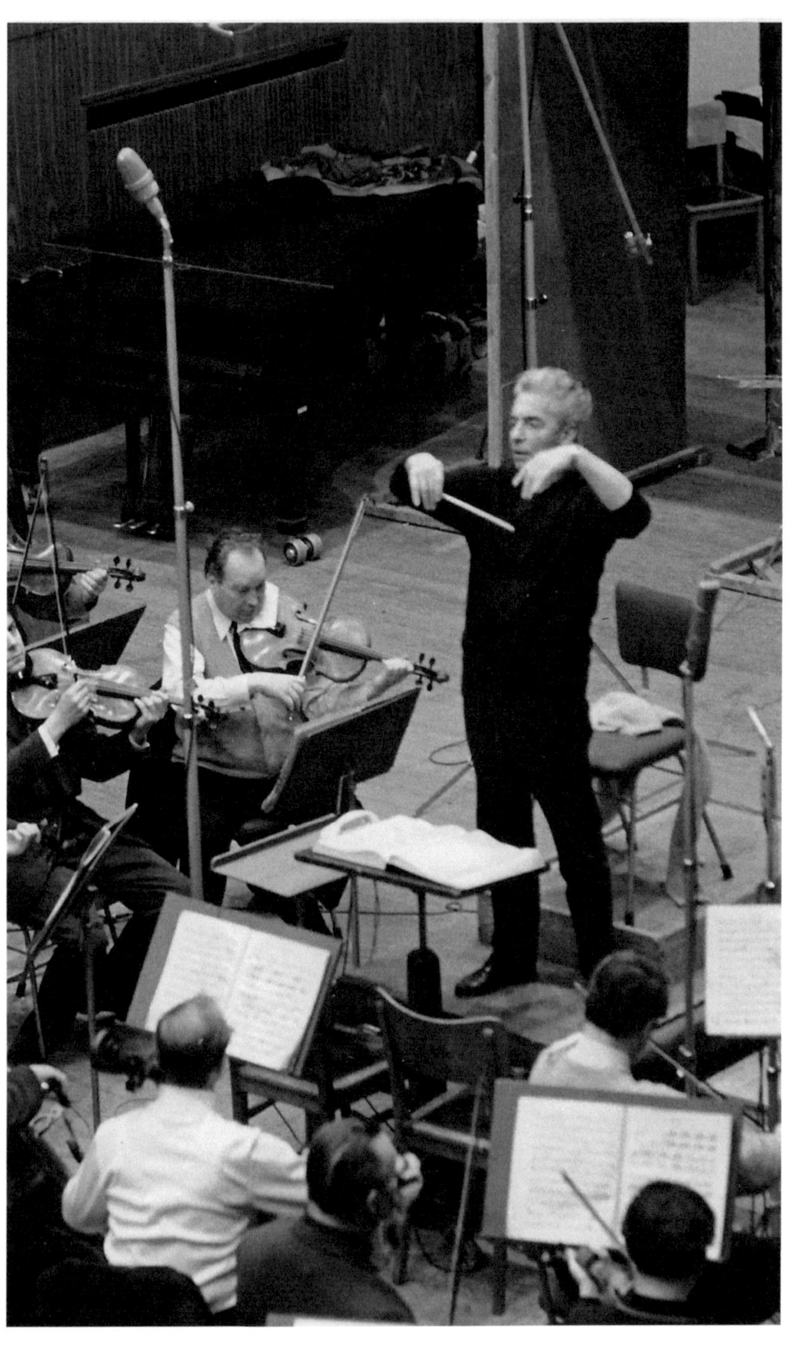

Herbert von Karajan bei Aufnahmen von Wagners Meistersingern in der Lukaskirche Dresden, 1970 (Foto: Siegfried Lauterwasser)

Herbert von Karajan (1908–1989)

Geboren 1908 in Salzburg. Vorfahren aus Sachsen und Griechenland. Der Vater war Arzt, die Familie der Mutter stammte aus Slowenien. Der zwei Jahre ältere Bruder war ebenfalls musikalisch, galt als befähigter Organist, entschloss sich aber für den Beruf des Ingenieurs. 1912–1926 Gymnasium und Ausbildung als Pianist, zunächst privat, dann am Salzburger Mozarteum unter seinem Mentor Bernhard Paumgartner. 1926 Studium Maschinenbau in Wien und an der Musikakademie Klavier- und Dirigierunterricht bei Josef Hofmann und Alexander Wunderer, Abbruch nach einiger Zeit. Großer Einfluss von Richard Strauss, Clemens Krauss und schließlich Arturo Toscanini als Resümee vieler Hospitanzen in Oper und Konzert. 1926 erstes Engagement am Theater in Ulm nach vorherigen privaten Auftritten als Dirigent. 1934 GMD am Stadttheater Aachen. 1938 Gastdirigat mit Beethovens „Fidelio" und Wagners „Tristan und Isolde" an der Staatsoper Berlin. Seitdem kursierte nach einer Rezension in der „BZ am Mittag" der Slogan vom „Wunder Karajan". Schnell wurde er zum Antipoden Wilhelm Furtwänglers, des damaligen Statthalters für Musik in Berlin, stilisiert. Seit 1939 Staatskapellmeister in Berlin, 1942/43 Gast beim Sinfonieorchester des RAI in Turin und beim Concertgebouw Orkest in Amsterdam. Wegen publik gemachter Mitgliedschaft in der NSDAP (um die es später viel Wirbel gegeben hat) stockte die Karriere in Deutschland und Karajan ging nach Mailand. Neubeginn 1946: Aufnahmen mit den Wiener Philharmonikern für EMI auf Initiative des Produzenten Walter Legge, Ehemann der Sopranistin Elisabeth Schwarzkopf. 1948–1960 Zusammenarbeit mit dem neugegründeten Philharmonia Orchestra London (PhO). 1948–1964 Konzertdirektor der Gesellschaft der Musikfreunde in Wien (1948–1960 unter Einschluss der Leitung der Wiener Symphoniker und des Wiener Singvereins), 1948–1968 Ständiger Gastdirigent an der Scala in Mailand, 1951/52 Dirigate bei den Bayreuther Festspielen. 1956 Künstlerischer Leiter der Berliner Philharmoniker auf Lebenszeit. Seitdem Schallplatten-Produktion für die DGG. 1957–1964 auch Künstlerischer Leiter der Wiener Staatsoper. Leitung der Salzburger Festspiele: künstlerisch 1956–1960, im Direktorium 1946–1988, 1967 Gründung der Salzburger Osterfestspiele mit den Berliner Philharmonikern. 1969–1971 „Conseiller musicale" des Orchestre de Paris. 1982 Gründung der Firma Telemondial zur Vermarktung seiner Produktionen. Nach Auseinandersetzungen um eine Stellenbesetzung mit den Berliner Philharmonikern 1989 Rücktritt vom Amt des Künstlerischen Leiters. 1989 in Anif bei Salzburg gestorben.

Noch heute gilt der „Maestro aller Maestros" als unnahbar, als selbstherrlich und auch als eigenbrötlerisch, vor allem aber als „Wunder". Ich hatte die Möglichkeit des Zusammentreffens mit Herbert von Karajan in den Jahren 1972 und 1976 bei den Salzburger Festspielen, wo er jeweils ein Konzert der Staatskapelle Dresden leitete, 1974 anlässlich der Vorbereitung unseres Gastspiels im Folgejahr, 1978 beim Gastspiel der Berliner Philharmoniker zu den Dresdner Musikfestspielen und 1970 in Dresden, als er im Schallplatten-Studio die Gesamtaufnahme der *Meistersinger von Nürnberg* produzierte. Er sprach damals davon, dass sich die Kapelle ihren „Glanz von altem Gold" erhalten habe und ihn bewahren müsse. Karajan war so angetan, dass er spontan neue Ideen für eine engere Zusammenarbeit entwickelte, was wiederum die Berliner Philharmoniker als „sein" Orchester auf den Plan rief und zum Versiegen der gerade sprudelnden Quelle führte.
Karajan hatte die Kapelle auch für das Jahr 1975 nach Salzburg eingeladen. Die Künstleragentur der DDR, die derartige Projekte als offizielle staatliche Vertretung des Orchesters in ihre Obhut nahm, war damit nicht einverstanden: Sie empfahl ein anderes der DDR-Spitzenorchester. Karajan blieb bei seiner Einladung für die Dresdner und deren Mitwirkung bei den Salzburger Festspielen, meist mit fünf Konzerten im Großen Festspielhaus und Auftritten von Kammerensembles. Karajan sah keine Veranlassung seine Meinung zu ändern, die dem Kulturministerium der DDR unterstehende Künstleragentur auf Grund ihrer kulturpolitischen Richtlinien auch nicht, so dass kein Orchester aus der DDR nach Salzburg kam und der DDR wohl wichtige Devisen verloren gingen.
Der Direktor der Salzburger Festspiele, Dr. Tassilo Nekola, hat die Umstände dieser Absage in einem Brief vom 13. September 1973 an mich zu Papier gebracht, als charakteristisches Beispiel für das staatliche Primat des Konzertbetriebes in der DDR. Die Kapelle durfte dann im Jahr 1976 wieder Gastorchester dieses bedeutenden Musikfestivals sein, weil man im Ausland als kulturfreundlich und vertragstreu gelten wollte. Ich glaube aber, die mögliche Deviseneinnahme war noch stärker von ausschlaggebender Bedeutung. Wichtig für uns war, dass die Kapelle in Salzburg auftreten konnte.
Künstlerisch gestalteten sich die Konzerte zu Sternstunden. Das Orchester lief jeweils zu Hochform auf, jeder einzelne Musiker gab sein Allerbestes und darüber hinaus. Dabei war die Probenarbeit ungewöhnlich. Karajan ging davon aus, dass das Orchester die auf den Programmen stehenden Stücke kannte. Er probierte nur gewisse Stellen, um seine Auffassung von der klanglichen Realisierung deutlich zu machen. Lediglich die Generalprobe am Konzerttag lief durch. Die Konzerte lebten von seinem unglaublichen Klangempfinden und dessen Realisierung. Das „alte Gold" der Dresdner Kapelle kam ihm dabei entgegen. Es konnte umgesetzt werden, was der Maestro hören wollte.

Karajan hatte mich in Dresden angerufen und mich wissen lassen, dass er für unser nächstes Salzburger Konzert die *Zehnte* von Schostakowitsch ausgewählt hatte. „Kennt das Orchester die Sinfonie? Es gibt da eine Stelle mit zwei Piccoloflöten. Haben Sie zwei gute?“ Als ich das ruhigen Gewissens bejahen konnte, war der Maestro zufrieden.
Als ich dann in der Pause des Konzertes am 15. August 1976 per Ansage durch Lautsprecher im Festspielhaus in sein Büro gerufen wurde, schwante mir nichts Gutes. Karajan saß aber entspannt in seinem Sessel, empfing mich mit den Worten: „Sagen Sie dem Konzertmeister, dass er nicht ständig sitzenbleiben soll, wenn ich das Orchester aufzustehen bitte, um den Applaus und den Dank des Publikums entgegenzunehmen. Ich komme sonst nicht mehr auf die Bühne. Das Orchester ist genauso wichtig wie der Dirigent!“
Als Karajan mich ein anderes Mal sprechen wollte, bat er mich, zu einer Probe der Oratorienoper *De temporum fine comoedia* von Carl Orff in den Saal des Festspielhauses zu kommen. Er saß mit Orff und redete mit ihm; um nicht zu stören, ging ich in die hinteren Reihen. Karajan bemerkte das und beorderte mich nach vorn. Dort stellte er mich mit den Worten vor: „Er gehört zu den Dresdnern, die mit Keilberth Ihre *Antigonae* aufgeführt haben.“ Da war keine Unnahbarkeit oder Überheblichkeit zu spüren.
Nach unserem letzten Konzert bei den Salzburger Festspielen im Jahr 1976 wollte ich mich von Karajan verabschieden und mich bedanken. Sein „Personenschutz“, der ehemalige Polizist Konstantin Papier, bestellte mich an den hinteren Bühneneingang des Festspielhauses. Er erklärte mir, dass Karajan dort 10 Minuten vor Vorstellungsbeginn ankommen würde, zeigte mir die Stelle, wo ich warten solle und half mir so, meinen Dank auf ganz persönliche Weise und ohne Büroatmosphäre ausdrücken zu können.
Bei der Aufnahme der *Meistersinger* Ende 1970 in Dresden hatte einer unserer Hornisten eine Stelle verpasst und seine Stimme fehlte. Gewissenhaft wie er war, ging er nach der Sitzung in den Aufnahmeraum und informierte – bestimmt voller Ängste in Erwartung eines Zornesausbruchs – über das Problem. Das Gegenteil geschah. Karajan: „Das habe ich gar nicht bemerkt. Danke für den Hinweis.“ Irgendwann hat er die „kaputte“ Stelle noch einmal aufgenommen.
Ansonsten herrschte während der Zeit der Aufnahme rings um die Schallplattenkirche in Dresdens Süden absolute Ruhe. Kein Verkehr wurde zugelassen, und ein Volkspolizist wollte mich nicht bis zur Kirche vorlassen. Ich musste mich erst ausweisen. Alle lagen Karajan zu Füßen; ich bin überzeugt, dass er das in keiner Weise wollte. Manchmal kam mir der Gedanke, dass große und verehrungswürdige Menschen von ihren Mitmenschen zu Kultfiguren, ja zu Ikonen „degradiert“ und

mit Mythos umgeben werden, was ihrer Persönlichkeit in keiner Weise entspricht. Karajan wurde „das Wunder" als Charakterisierung aus der Frühzeit seiner Karriere bis ins Grab angehangen, obwohl das Erreichte, sein Standard, Ergebnis harter Arbeit war.
Während der Salzburger Festspiele hatte ich Gelegenheit, den Operndirigenten Karajan, der meist auch sein eigener Regisseur war, schätzen zu lernen. 1972 konnte ich Mozarts *Figaros Hochzeit* und Verdis *Othello*, 1974 Mozarts *Die Zauberflöte* hören und war beeindruckt, auch von der beteiligten hochkarätigen Sängerriege, der Karajan jede Hilfe aus dem Orchestergraben gab, die er für notwendig und angemessen hielt. Interessant war für mich, dass Karajan hier nicht solche Probleme mit Mozartschen Werken wie im Konzertsaal hatte, wo er sich bei der Aufführung ganz auf seine ersten Streicherpulte verließ und fast in den Hintergrund trat. In Prag habe ich das bei der Aufführung von *Divertimenti* durch den Maestro und seine Berliner empfunden.
Musikalische Sternstunden waren für mich auch die Gastkonzerte der Berliner Philharmoniker anlässlich des „Prager Frühlings" am 29. Mai 1966 und am 2. Juni 1976 unter seiner Leitung sowie ein Konzert am 15. August 1974 während der Salzburger Festspiele mit Werken von Schumann und Dvořák. Solist war Maurizio Pollini. Ich konnte mich nur dem tosenden Beifall anschließen.
Unsere letzte Begegnung fand in Dresden im Kulturpalast statt, als die Berliner Philharmoniker 1978 in Leipzig und Dresden gastierten. Die Staatskapelle probierte gerade mit Penderecki, als Karajan vom Dresdner Flugplatz direkt in den Saal kam, um diesen kennenzulernen. Er wirkte frisch und gut gelaunt, trotz gerade überstandener Probleme mit der Landung seines Privatflugzeuges auf einem „volkseigenen" Flugplatz. (Das hatte es wohl bis dahin in der DDR nicht gegeben.) Karajan ließ mich dann neben sich Platz nehmen und verfolgte die Probe. Penderecki sagte danach: „So vollendet werde ich mein Stück nie wieder hören!"
Nach dem Konzert hatte die Kapelle die Philharmoniker eingeladen, mit Genehmigung der örtlichen Behörden versteht sich, denn wir hatten es ja mit dem „Klassenfeind" zu tun. Karajan blieb außen vor; er hasste solche Festivitäten und mied größere Zusammenkünfte. Ich musste nach der Rede des Berliner Orchestervertreters antworten. Ob ich dabei für die Ohren der „offiziell" nicht anwesenden Vertreter der Staatsmacht in ideologische Abgründe geraten bin, weiß ich nicht mehr. Jedenfalls durften wir damals zusammenkommen, ein paar Jahre vorher wäre ein solches Zusammentreffen mit den „Westberlinern" sicher nicht erlaubt worden. Alles in allem: Für mich war er kein „Wunder", sondern eben „Karajan"!

HERBERT VON KARAJAN

Lieber Herr Uhrig,

Schwerlich könnte man die Anerkennung einer künstlerischen Leistung schöner und poetischer ausdrücken, als Sie es mit Ihrem Brief getan haben. Sie verkörpern damit den Geist der Kapelle, deren Enthusiasmus ich heuer wieder einmal gespürt habe. Ich bitte Sie, den Herren nochmals meinen herzlichen Dank und Bewunderung zu übermitteln.

Sicher werden wir wieder einmal die Zeit finden, zusammen zu musizieren, oder wie Sie es ausdrücken, Ihnen einen Besuch von Berlin aus zu machen. Es sieht jetzt aus, als ob dieses sich wirklich materialisieren läßt.

Nochmals alle guten Wünsche und vielen Dank

Herbert von Karajan

Herrn Dieter Uhrig
Clara Viebig-Str. 8
DDR - 8o28 - Dresden

Salzburg, 16. Sept. 1976

Brief von Herbert von Karajan an Dieter Uhrig, 16. September 1976

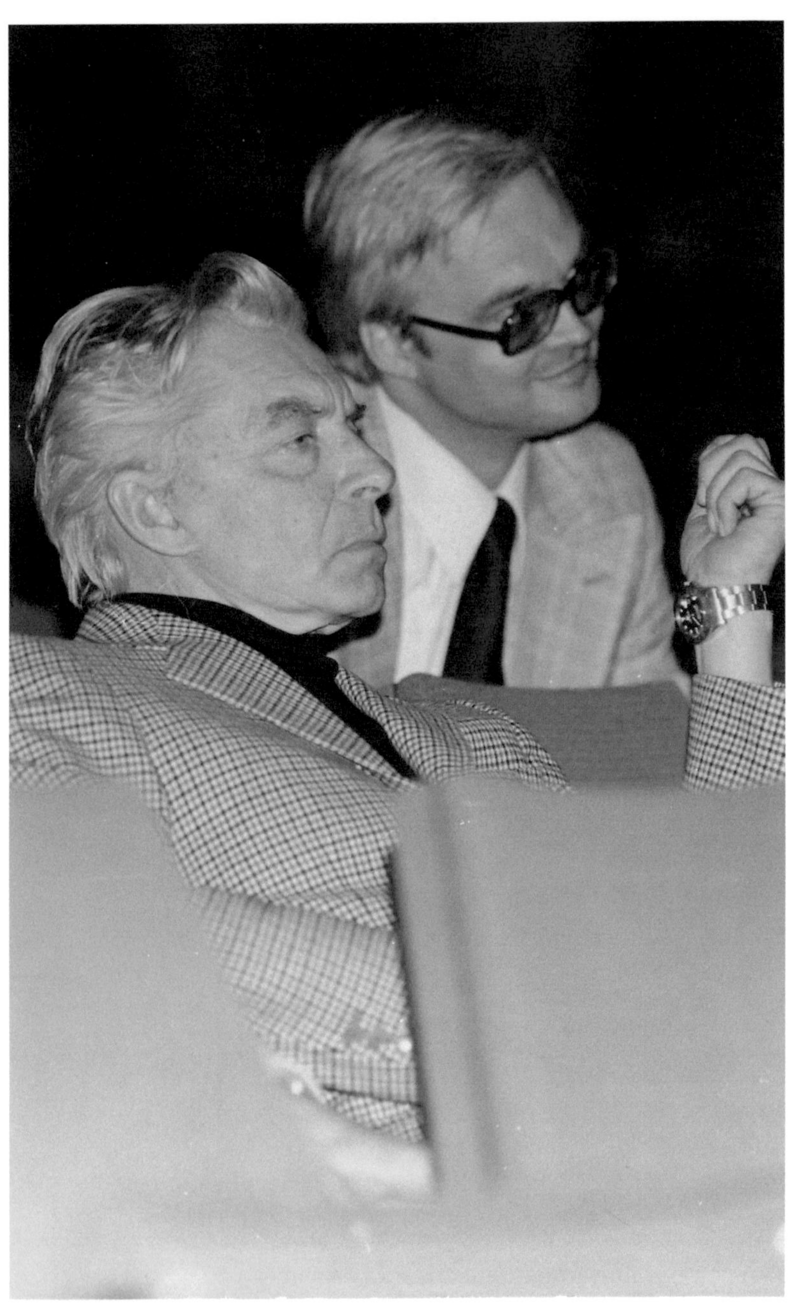

Herbert von Karajan mit Dieter Uhrig vor einer Probe der Berliner Philharmoniker in Dresden, 1978 (Foto: Marina Augustin)

Die Konzerte mit der Staatskapelle Dresden zu den Salzburger Festspielen:
13.8.1972 Werke von Bartók – Schumann/Solist: Géza Anda
15.8.1976 Werke von Beethoven – Schostakowitsch/Solist: Emil Gilels

Konzerte mit den Berliner Philharmonikern in Prag („Prager Frühling") und in Dresden:

29.5.1966	Werke von Mozart – Beethoven (Prag)
2.6.1976	Werke von Mozart – Brahms (Prag)
30.5.1978	Beethoven: *4. Sinfonie* – Richard Strauss: *Ein Heldenleben* (Violinsolo: Thomas Brandis) – Anschließend Empfang für die Berliner Philharmoniker durch die Staatskapelle Dresden im Kulturpalast Dresden

Schallplatten-Aufnahmen mit der Staatskapelle in Dresden:
November/Dezember 1970 – Wagner: *Die Meistersinger von Nürnberg* (GA)

Eine seiner wenigen Reden richtete Karajan an die Mitglieder der Staatskapelle zum Abschluss der Dresdner *Meistersinger*-Aufnahme vom November/Dezember 1970:

„Meine Herren, darf ich Ihnen zum Abschied ein paar Worte sagen? Ich bin hierher gekommen und hab` gedacht, ich mache eine Aufnahme, und vom ersten Tag ab und von der ersten Stunde ab war`s etwas ganz anderes. Ich habe mich bei Ihnen verstanden gefühlt wie selten irgendwo, wahrscheinlich weil wir doch zum Schluss alle aus der gleichen Tradition kommen. Und die wollen wir hochhalten, nicht?!
Es ist erstaunlich, wie die neuen, offensichtlich ganz jungen Mitglieder in dem Moment, wo sie in einer Körperschaft sind, die über eine große Tradition verfügt, sofort genau das werden – ich seh`s an meinen Philharmonikern auch. Da kommt ein neunzehnjähriger Bub` herein und spielt im Grunde genauso wie die Herren, die fast 50 Jahre sind. Sehen Sie, das glaub` ich, und das hat mich persönlich sehr bewegt, das ist genauso wie der Sachs sagt, wenn alles nur mehr von außen und alles nur mehr auf Showeffekt und alles das gemacht wird, braucht`s ein paar Körperschaften und paar Menschen, die dran Treu halten, und das danke ich Ihnen besonders.
Dass Sie ein wunderbares Orchester sind, brauche ich Ihnen nicht zu sagen. Mein früherer Agent, wie ich in Berlin war, hat mir gesagt: ‚Warten Sie, bis Sie vor die Dresdner Kapelle kommen, die haben für mich den Glanz von altem Gold.' Und das ist bei Ihnen geblieben. Ganz erstaunlich, Sie haben einen vollkommen persönlichen Klang, und man soll ihn gar nicht anders wollen, weil er so schön ist, man muss sich einfügen. Sie ha-

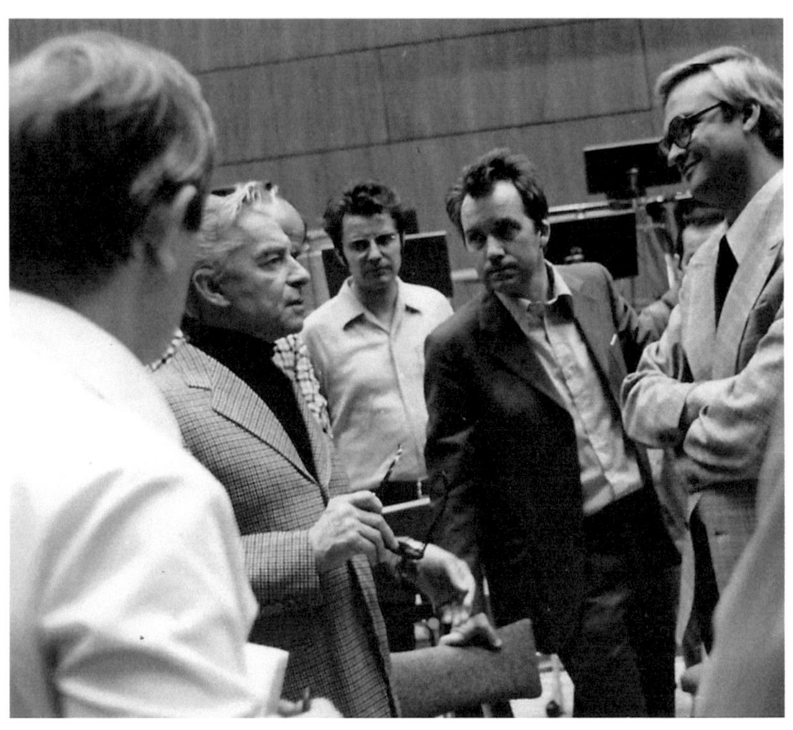

Herbert von Karajan vor der Anspielprobe der Berliner Philharmoniker in Dresden, 1978 (Foto: Erwin Döring)

ben eine Elastizität mitzugehen, die zusammen mit der Präzision, mit der Sie Aufnahmen spielen, wirklich für mich also eigentlich zwar ein Spiel ist, nein vielmehr als ein Spiel, ein ernstes Spiel, aber die Arbeit geht Ihnen so von den Händen weg. Meine Herren es gibt in Dresden viele zerstörte Monumente, die tot sind, und Sie sind ein lebendes Monument, bleiben Sie, bleiben Sie so. Ich weiß, es ist schwer, Sie haben keinen ständigen Leiter. ‚Wenn ich nicht Alexander wäre, würde ich Diogenes sein wollen!' Und ich verspreche Ihnen eines, wenn ich das nächste Mal zu einer Platte komme, dann machen wir ein Konzert zusammen!"

Peter Brem, 1969–2016 Mitglied der Berliner Philharmoniker in der Gruppe der Ersten Geigen, über Karajans Dirigierstil:

„Es ist viel darüber geschrieben worden, wie Karajan dirigierte. Ich kann es aus meiner Sicht nur so ausdrücken: Er formte mit den Händen den Klang. Man sah den Klang, bevor man ihn selbst erzeugte. Er machte durchaus große Bewegungen, die aber niemals zu einem Fuchteln oder

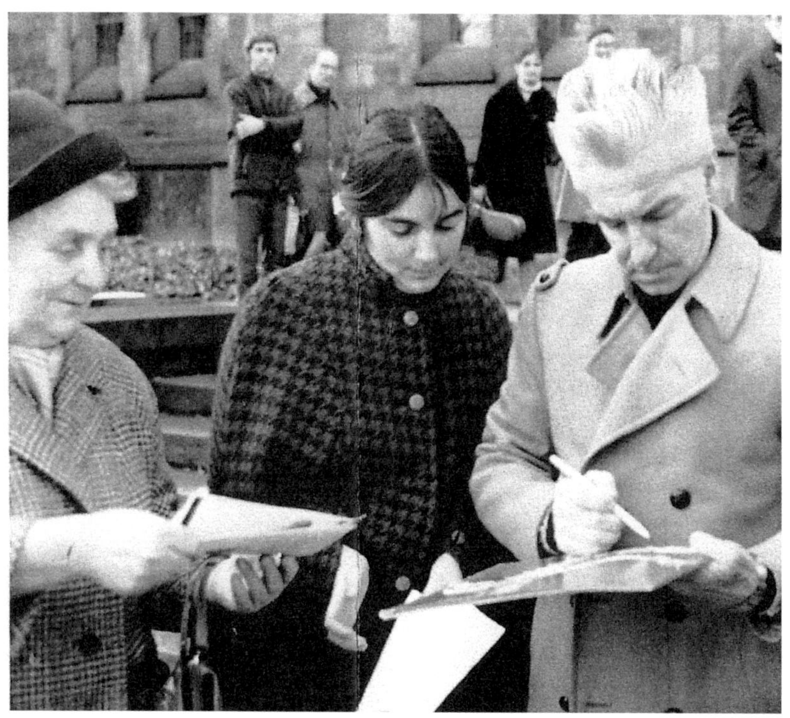

Signierstunde mit Fans vor der Lukaskirche in Dresden, 1970
(Foto: Archiv Uhrig)

hektischen Wedeln wurden, wie man es gelegentlich bei anderen sieht. Bei Karajan gab es eine äußere Ökonomie der Bewegung, die gleichzeitig aber so umfassend, so groß und intensiv war, dass man als Musiker auf unwiderstehliche Weise hineingezogen wurde. Seine Ideen von Dynamik, Kraft und Ästhetik waren sehr körperlich. Sein Dirigieren beruhte auf einem extrem ausgebildeten Körperbewusstsein, ergab sich gleichsam organisch daraus. Karajans Straffheit, Dynamik und Eleganz waren untrennbar mit seinem Körper verbunden. Er inszenierte sich als Sportler, als kraftvoller Beherrscher der Elemente. Wobei ich sagen muss, dass ich es nie als Inszenierung im Sinne einer Vortäuschung oder Maskerade aufgefasst habe. Er bezog eine existenzielle Freude und materielle Substanz aus seinen Aktivitäten. Bei aller intellektuellen Durchdringung der Kompositionen war er überzeugt davon, dass Musik nicht allein erkannt, sondern gefühlt und erlebt werden musste – und diese emotionale Beziehung ergab sich bei ihm wesentlich durch das Körperliche."
(Peter Brem: *Ein Leben lang erste Geige – Meine Zeit bei den Berliner Philharmonikern*, Reinbek bei Hamburg 2016, S. 80 f.)

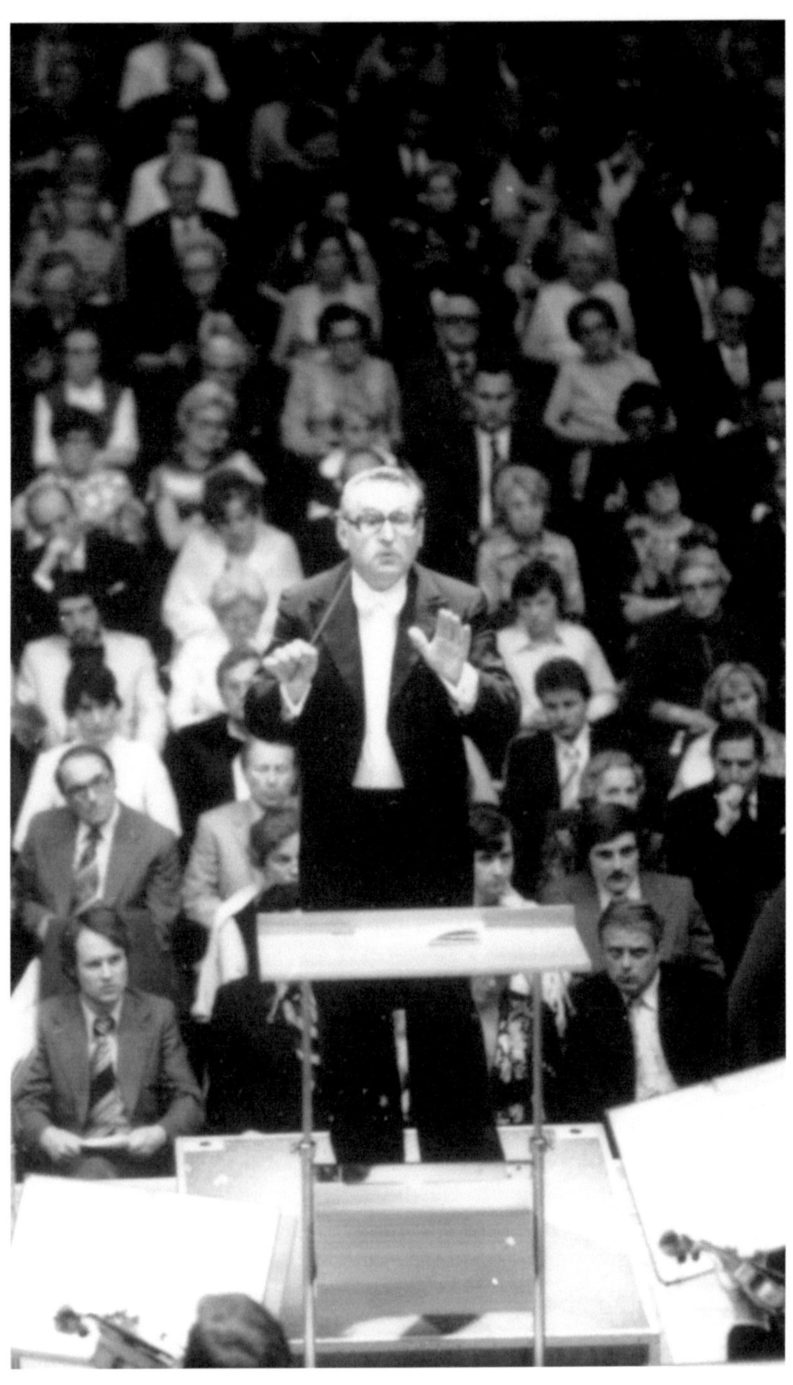

Herbert Kegel im Kulturpalast, 1977 (Foto: Werner Wurst)

Herbert Kegel (1920–1990)

Geboren 1920 in Dresden. Nach privater musikalischer Vorbereitung besuchte er die Orchesterschule der Sächsischen Staatskapelle und wurde von Karl-Heinz Diener von Schönberg, Ernst Hintze, Alfred Stier, Siegfried Grosse, Boris Blacher und Karl Zinnert unterrichtet. Er hospitierte bei Karl Böhm. 1940 schloss Kegel in seiner Heimatstadt das Studium ab und wurde zum Kriegsdienst eingezogen, der ihm eine Schussverletzung der rechten Hand einbrachte und eine Laufbahn als Pianist verhinderte. Kegel nahm nach dem Zweiten Weltkrieg sein Studium u. a. bei Kurt Striegler wieder auf. Seine Karriere begann 1945 als Dirigent am Operettentheater Pirna, 1946 ging er nach Rostock (dort wurde die Bekanntschaft mit Rudolf Wagner-Régeny für ihn wichtig). 1949 wurde Kegel Leiter des Rundfunkchores Leipzig, dessen hohe, international (besonders bei Schallplatten-Produktionen) geschätzte Qualität er mit unerbittlicher Strenge entwickelte. 1949–1953 Chefdirigent des Großen Rundfunkorchesters Leipzig, seit 1958 Erster Dirigent und seit 1960 Chefdirigent des Rundfunk-Sinfonieorchesters Leipzig. Er bevorzugte zeitgenössische Komponisten und kooperierte mit Paul Dessau und baute die Reihe „Komponisten als Dirigenten" auf, zu der er alle namhaften deutschen (aus Ost und West!) und europäischen Komponisten einlud. Für die Aufführung von Hans Werner Henzes Oratorium „Das Floß der Medusa" wurde Kegel durch DDR-Ideologen scharf kritisiert. Er unterstützte danach maßgeblich den Aufbau der Gruppe Neue Musik Hanns Eisler. 1961 wurde Kegel Gastdirigent an der Deutschen Staatsoper in Berlin. In den folgenden Jahren arbeitete er oft mit der Staatskapelle Dresden zusammen. 1977–1985 war er Chefdirigent der Dresdner Philharmonie und danach bis 1990 Ständiger Gastdirigent. Danach gastierte er häufig in Japan. Vorher hatten ihn Tourneen in viele europäische Länder geführt. Gestorben 1990 in Dresden.

Ich habe Herbert Kegel während meiner Studienzeit an der Universität in Leipzig in Konzerten des Rundfunks der DDR kennengelernt, die man als Student für den Preis von einer Mark besuchen konnte (ähnliches gab es beim Gewandhausorchester). Bei der Staatskapelle Dresden dirigierte er am 18. Mai 1960 einen Aufführungsabend mit Werken von Francaix, Britten und Haydn, 1964 folgte sein erstes Konzert, dem sich 1967–1970 und 1974/75 weitere anschlossen. Seinen Opernaufführungen, ob im Theater oder im Konzertsaal, muss man Außerordentlichkeit bescheinigen. Sie waren stets ein Ereignis und wohl schwer erarbeitet.
Dass wir ab Ende der siebziger Jahre bei der Kapelle nicht mehr zusammenkommen konnten, hing mit Kegels Amtsübernahme der Dresdner Philharmonie 1977 zusammen: Wir galten seitdem einer künstlich erzeugten Fama nach als „Konkurrenten". An diesem engstirnigen Denken, besserwisserisch in die Welt gesetzt, kam damals in Dresden niemand vorbei.

Auch Kegel und ich nicht, so sehr wir uns achteten. Seine Aufführungen während der Dresdner Musikfestspiele habe ich mit großem Interesse und Respekt verfolgt und es ihm auch sagen können. Als ich ihm einmal gratulierte, meinte er ziemlich nachdenklich: „Ob ich das richtig gemacht habe?"
Kegel galt bei vielen Musikern als nüchtern, sogar als unsensibel, als Verkörperung des unbedingt Klaren und Fehlerlosen. Dagegen spricht schon allein die Tatsache, dass er jahrelang einem Chor vorstand und mit menschlichen Stimmen umgehen musste, die nun einmal nicht perfekt sind. Einen „gläsernen Klang" habe ich bei Kegel nie gehört.
Über Programme im Dirigentenzimmer zu sprechen, war mit Herbert Kegel eine leichte Übung. Es gab niemals eine Einschränkung „guten" zeitgenössischen Komponisten gegenüber. Eine eigene klare Haltung bewies er zur offiziellen Kulturpolitik. Seine Ansicht war, dass Politik den Wert der Kunst nicht festlegen und in einem ideologischen Programm die Aufführung verordnen kann.
Ich bin der Überzeugung, dass Herbert Kegel nicht als „Ausnahmedirigent" oder als „Querdenker" angesehen werden wollte. Er war Musiker, und das mit Herz und Leidenschaft. Seine Charakterisierung durch die Juroren des Preises der (West-)Deutschen Schallplattenkritik von 1986 für die erste digitale Gesamteinspielung aller Beethoven-Sinfonien (Dresdner Philharmonie) trifft wohl eher das Richtige als solche nachvollzogenen, gegensatzschaffenden Einordnungsabsichten:

„Herbert Kegel gehört zu den bedeutendsten Dirigentenpersönlichkeiten der Gegenwart. Er hat sich international einen großen Namen gemacht. Besonders gerühmt und geschätzt werden sein klangliches Stilgefühl, die außerordentliche rhythmische Präzision, überhaupt die technische Perfektion seiner von einem energischen Willen kontrollierten, analytischen, dabei stets musikantisch inspirierten Interpretationsweise. Seine intensive Auseinandersetzung mit der zeitgenössischen Musik hat auch seine Wiedergabe klassischer Meisterwerke wesentlich geformt und geprägt, die oft eigenwillig, aber immer erfrischend, persönlich, spontan, profiliert und engagiert ist."
(*Herbert Kegel – Legende ohne Tabu. Ein Dirigentenleben im 20. Jahrhundert*, hrsg. von Helga Kuschmitz, Altenburg 2003, S. 101, 103)

Als Martin Turnovský 1968 die Staatskapelle und Dresden verlassen hatte, stellte sich Kegel als Dirigent in Oper und Konzert zur Verfügung. „Ich heiße nicht die Aggression in der Tschechoslowakei gut, sondern ich will, dass weiter Musik gemacht wird, und das mit Qualität!" Das hat er uns gesagt, als wir ihn in Leipzig aufsuchten und um Hilfe baten. Herbert Kegel war nicht ganz einfach, aber immer ehrlich, ganz der Sache zugetan. Sein Tod im Jahr 1990 hat uns alle tief erschüttert.

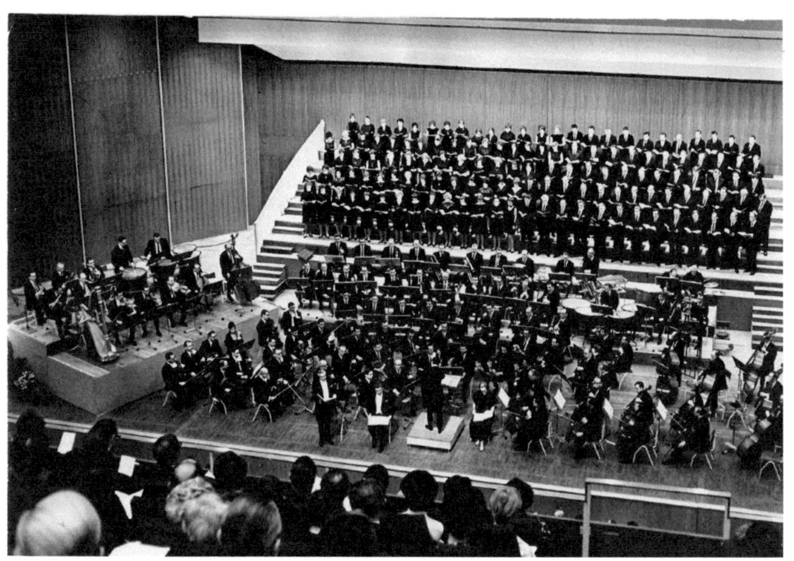

Herbert Kegel dirigiert das Britten-Requiem am Dresdner Gedenktag, 1970
(Foto: Wolfgang Wahrig)

Die Konzerte mit der Staatskapelle in Dresden:
18.5.1960 – 2.4.1964 – 24./25.11.1966 – 14./15.12.1967 – 13./14.2.1968 – 8.12.1968 – 20./21.2.1969 – 5./6.6.1969 – 10.10.1969 – 21.1.1970 – 12./13.2.1970 – 23./24.4.1970 – 18./19.6.1970 – 28.2./1.3.1974 – 3./4.4.1975

Die Auslands-Gastspiele mit der Staatskapelle Dresden:
26.2.–2.3.1969 Schweden
22./23.10.1969 Budapester Festwochen

Aufgeführte Werke folgender Komponisten mit der Staatskapelle Dresden:
Johann Sebastian Bach – Carl Philipp Emanuel Bach – Bartók – Beethoven – Brahms – Britten – Bruckner – Dessau – Dvořák – Francaix – Karl Friedrich (UA) – Haydn – Hindemith – Homilius – Günter Kochan (UA) – Kodály – Siegfried Kurz (UA) – Liszt – Siegfried Matthus (UA) – Ernst Hermann Meyer (UA) – Mozart – Mussorgski – Prokofjew – Rachmaninow – Schostakowitsch – Schumann – Johannes Paul Thilman (UA) – Kurt Unger

Operneinstudierung an der Staatsoper Dresden:
22.9.1968 Mozart: Don Giovanni

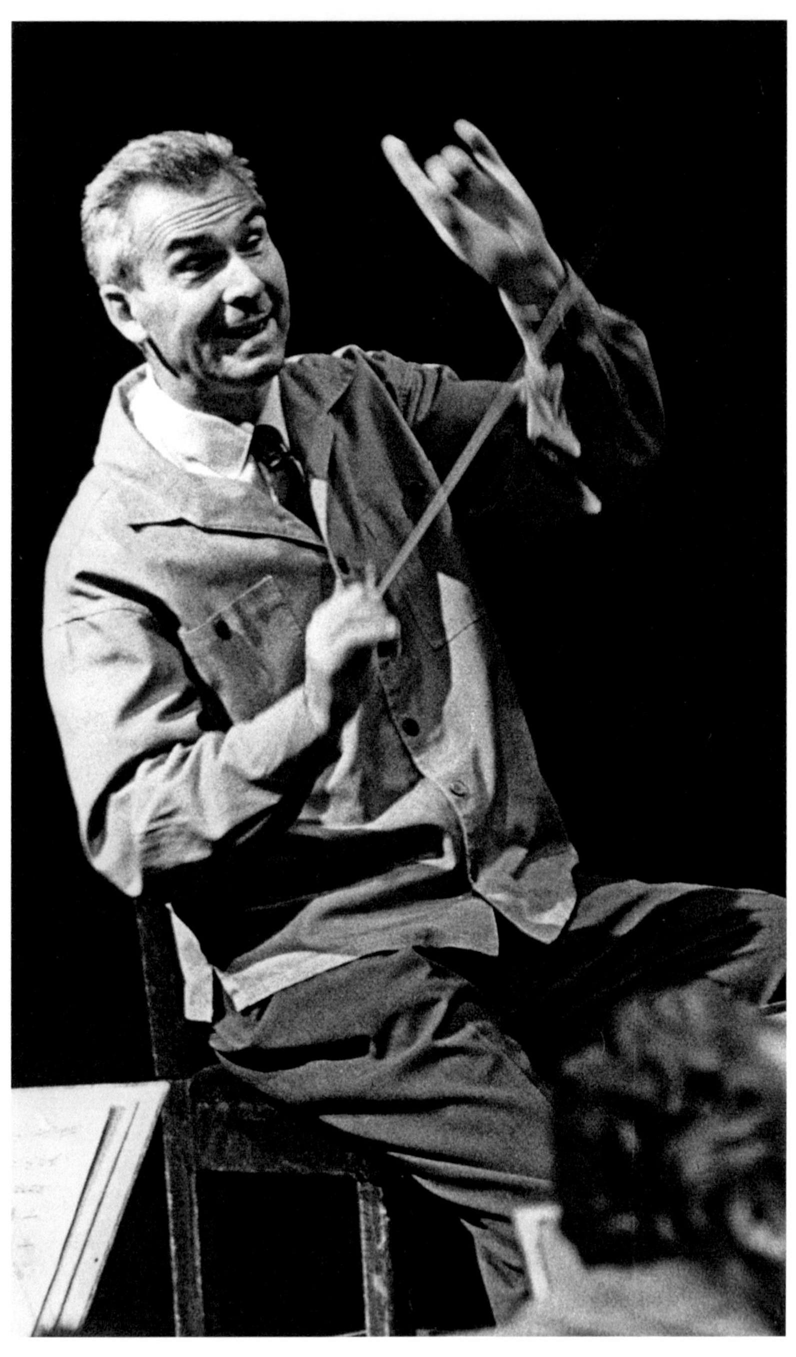

Rudolf Kempe, o. J. (Foto: Hans Dieter Grohé)

Rudolf Kempe (1910–1976)

Geboren 1910 in Niederpoyritz (später nach Dresden eingemeindet). Eigentlich für eine kaufmännische Ausbildung vorgesehen, wandte er sich der Musik zu und studierte an der Orchesterschule der Sächsischen Staatskapelle Dresden. Seine wichtigsten Lehrer waren der Solo-Oboer Johannes König und der Dirigent Kurt Striegler, die ihm mit ihren Erfahrungen Wissenswertes vermittelten und ihn auf das künftige Leben als Musiker vorbereiteten. 1928 wechselte Kempe als Solo-Oboer von Dortmund an das Gewandhausorchester in Leipzig. Dort begann seine dirigentische Laufbahn mit einem abendlichen „Einspringen" in einer Opernvorstellung. 1942 ging er als Kapellmeister und GMD nach Chemnitz, von dort 1948 nach Weimar und 1949 nach Dresden. Hier wirkte er bis 1952 als GMD. Spätere Chefpositionen erfüllte Kempe in München (Staatsoper), London (Royal Philharmonic Orchester und BBC Symphony Orchestra), Zürich (Tonhalle Orchester) und wieder München (Philharmoniker). Begehrt war er als Festspieldirigent (Bayreuth, Salzburg, Edinburgh), als Gast an der MET, an der Covent Garden Opera London und an der Wiener Staatsoper. Er galt als Konkurrent Nr. 1 von Karajan. 1976 verstarb Kempe in Zürich. Seine veröffentlichten Aufnahmen mit der Staatskapelle Dresden gelten als Referenz-Aufnahmen.

Von den etwa 100 Dirigenten, mit denen ich während meiner Tätigkeit mit den Orchestern in Dresden und Berlin zu tun hatte, stand Rudolf Kempe mir menschlich und künstlerisch sehr nahe. Das nicht etwa, weil wir Landsleute waren, sondern weil wir uns gegenseitig auf eine Weise angenähert haben, die man eigentlich nicht umfassend beschreiben kann. Da war auf der einen Seite der international hoch geschätzte Künstler und auf der anderen Seite der immer zwischen Dirigent und Orchester stehende Orchesterdirektor.

Das betrifft aber nicht meine Beziehung zu Kempes Persönlichkeit und Künstlertum. Ich habe an Kempe seine für mich einmalige Art des Probierens und Musizierens, seine Ausdrucksmöglichkeiten beider Hände, seine Gestik in der Zusammenarbeit mit der Staatskapelle Dresden als ein „mehr geht nicht" empfunden. Kempe blieb in jeder Situation ruhig und besonnen. Als ihn vor der öffentlichen Generalprobe zu einem Konzert, in dem unter anderem Hindemiths *Weber-Metamorphosen* zur Aufführung kommen sollten, ein Schlagzeuger im Künstlerzimmer aufsuchte, um ihn zu informieren, dass er ohne Probe für einen erkrankten Kollegen einspringen müsse und aufgeregt sei, beruhigte ihn Kempe mit den Worten: „Schau'n Sie auf meine linke Hand, ich dirigiere damit Ihre Stimme!" Das zeichnete Rudolf Kempe aus, diese Selbstverständ-

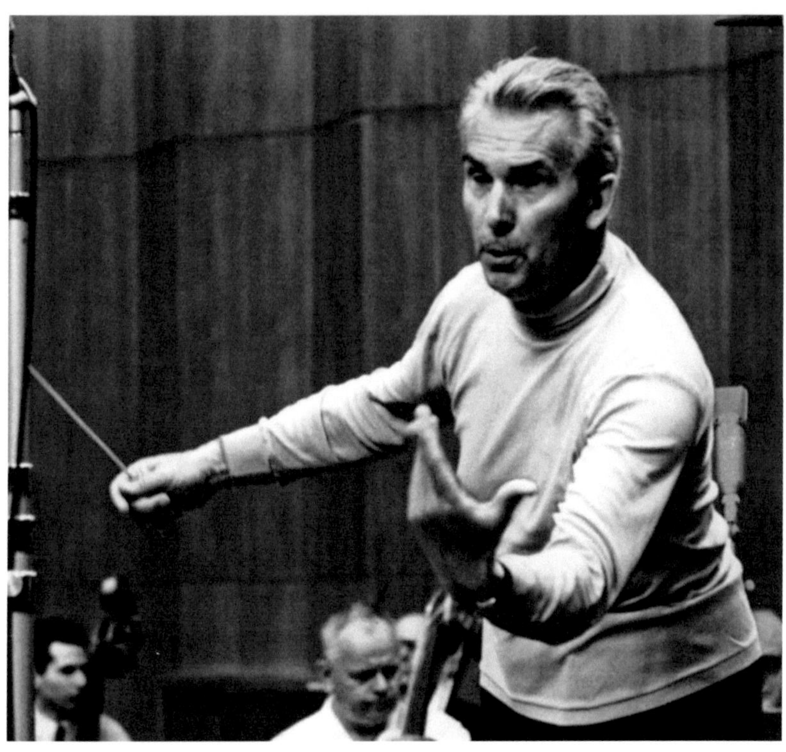

Rudolf Kempe während Aufnahmen in der Lukastkirche, um 1970
(Foto: Wolfgang Wahrig)

lichkeit ohne große Worte. Er fühlte mit den Musikern, war „primus inter pares“, betrachtete sie als gleichgestellt und war dann auch in der Sprache des Orchesters „Einer von uns!“
Dass Kempe ein außerordentlicher Dirigent war, vermittelt seine Karriere und wurde ihm zu Lebzeiten überall mit höchstem Lob bestätigt, wobei er seine Leistungen als die lediglich der Musik dienende Tätigkeit mit Selbstverständlichkeit ansah. Probleme, die in der Zusammenarbeit mit den Orchestern und einzelnen Personen auftraten, hat er stets völlig gelöst, ohne in irgendeiner Weise sein Gesicht zu verlieren. Während der Aufnahmen zur Gesamteinspielung der Orchesterwerke von Richard Strauss mit der Dresdner Kapelle in der Lukaskirche gab es ein plötzlich auftretendes Problem mit dem eingeteilten Konzertmeister. Eine andere Lösung musste her, um die Aufnahme mit dem umfangreichen und wichtigen Solo nicht zu gefährden. Der Aufnahmeleiter von ETERNA Dieter-Gerhard Worm brachte die Sprache auf den gerade neueingestellten Konzertmeister Peter Mirring, der wohl dieses Solo

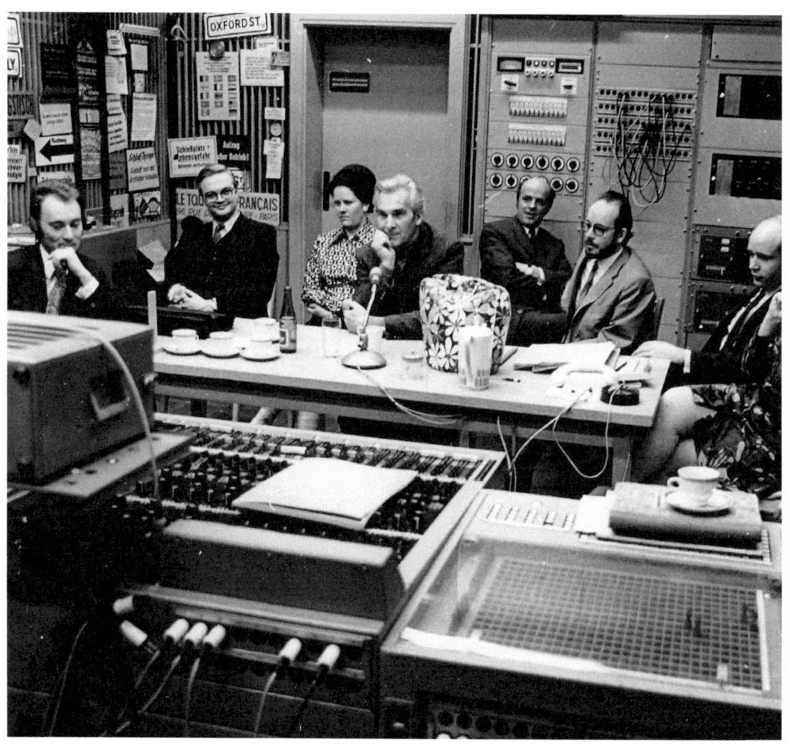

Rudolf Kempe während Aufnahmen in der Lukaskirche
(Foto: Hansjoachim Mirschel)

noch niemals öffentlich gespielt hatte. Kempe war sofort bereit, voll auf Risiko zu gehen und den Versuch zu wagen.

Also fuhren wir ins Hotel, wo Mirring noch wohnte, weckten ihn aus dem Mittagsschlaf und nahmen ihn nach Dieter-Gerhard Worms geradezu aus dem Nichts hervorgezauberten Überredungskünsten mit in die Lukaskirche. Kempe behandelte den Aufgeregten ohne aufwendige Erklärungen als ganz normalen Mitspieler, schien die Ruhe selbst und schuf so die Voraussetzung, dass Mirring zu sich selbst fand und spielte. Kempe und das Orchester stützten ihn, gaben ihm die Gelegenheit zu Wiederholungen und bauten allmählich die notwendige Sicherheit für das Gelingen der Aufnahme auf. Kempes Frau, eine Geigerin, lieh ihm ihr besseres Instrument, so dass ein achtbares Ergebnis herauskommen konnte. Bei einem späteren Termin wurde das Solo nochmals aufgenommen und schließlich abgesegnet. Kempe ließ es sich nicht nehmen, das *Heldenleben* mit Mirring auch im Konzert zu präsentieren – eine für seine Art der Anerkennung typische Geste.

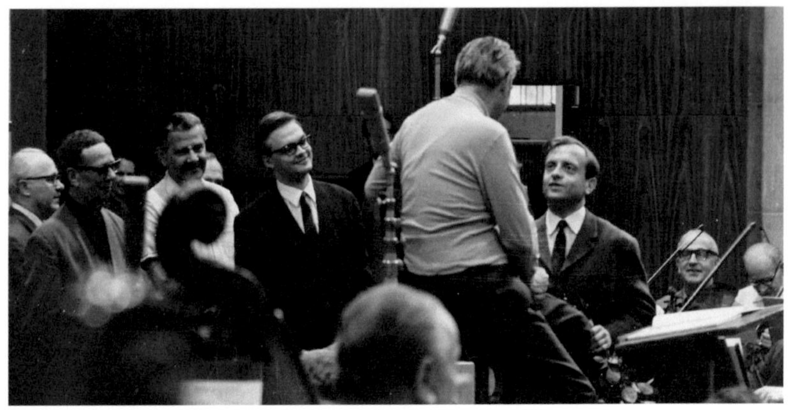

Rudolf Kempe nimmt Gratulationen zum 60. Geburtstag entgegen, 1970
(Foto: Wolfgang Wahrig)

Die Lösung, die für dieses Problem gefunden wurde, ließ erkennen, dass Kempe die Dinge vor Ort zu klären und aus der Welt zu schaffen wusste, ohne Aufregung, ohne Krach und unschöne Szenen. Er fühlte sich selbst als einer von vielen Mitwirkenden, die notwendig zur Realisierung der Musik in bestmöglicher Qualität waren und wollte nie für sich Besonderheiten in Anspruch nehmen. Wenn ich zum Termin kam, bat er mich das eine und das andere Mal um einen „Spaziergang" um die Lukaskirche, die das Aufnahmestudio des VEB Deutsche Schallplatten Berlin in Dresden beherbergte, und besprach alles Notwendige. Ich hatte dabei niemals den Eindruck, dass dabei ein mir Vorgesetzter spricht. Peter Gülke hat in seinem Buch über Dirigenten begründet dargestellt, dass Kempe mit großer Sicherheit musikalisch nur in Dresden mit der Kapelle wirklich eine Heimat gefunden hatte und dass er deshalb immer wieder dorthin zurückkehrte. Die Musiker nannten ihn liebevoll „unser Rudi", eben einer von ihnen. Er war nie ein Fremdkörper, kein Hervortretender, kein Superstar. Irgendwie ist Dresden zeitlebens seine „musikalische Heimat" geblieben. Selbst zu den Zeiten, als er politische Anfeindungen aus der Stadt hinnehmen musste.
Äußerlich war Kempe vor Konzerten die Ruhe selbst, innerlich arbeitete es in ihm. Er wusste, dass er sich auf seine Musiker und auf sich selbst voll verlassen konnte. Und sie wiederum vertrauten sich seiner Führung an und gaben ihr Bestes, so dass stets Einmaliges entstand, ohne Zwang und Diktat, sondern im gemeinsam empfundenen hohen Wert des jeweils musizierten Werkes. Das Erreichte entstand immer kraft der fast endlos möglichen Ausdrucks- und Vermittlungsmittel, die Kempe einsetzen konnte. Er war darin ein Ausnahmekünstler!

Dass es mir gelungen ist, sein absolutes Vertrauen für seine Tätigkeiten in Dresden zu gewinnen, ja seine Freundschaft mit dem vertrauten „Du“, gab mir die Kraft, mich immer wieder dafür einzusetzen, dass er irgendwann und irgendwie zur Kapelle zurückkommt. Und es gab schon umfangreiche gemeinsame Pläne für künftige Konzerte und Aufnahmen, die wegen seines frühen Todes aber leider unerfüllt bleiben mussten.
Als am 27. Januar 1976 im Kapell-Konzert Brittens *Sinfonia da Requiem* unter Kempes Leitung zur Aufführung kam, ahnte niemand von uns, dass wir damit zum letzten Mal unter seiner Leitung musizieren würden. Trug er damals schon die tödliche Krankheit in sich? Denn mit geradezu fanatischer Bestimmtheit hatte er bei der Festlegung des Programms auf die Ansetzung dieser Sinfonie der Trauer, des Gedenkens und des Trostes gedrungen.
Im Dirigentenzimmer haben wir wenig zusammengesessen und gesprochen. Kempe ging am liebsten zu den Musikern, zu seinesgleichen, wie er sagte, weil er sich dort gut aufgehoben und verstanden wusste. Diese Haltung zu seinen eigentlich Subordinierten hat ihm niemals deren Respekt und Achtung versagt, im Gegenteil: „Rudi“ war zwar etwas Besonderes, aber immer „Einer von ihnen!"

Erstes Konzert mit der Staatskapelle in Dresden am 27. Februar 1949:
Werke von Mozart (*Ouvertüre Zauberflöte*) – Haydn (*Violoncello-Konzert D-Dur*), Beethoven (*3. Sinfonie/Eroica*)/Solist: Clemens Dillner (Konzert für die FDJ und Jungaktivisten bei freiem Eintritt im Deutschen Hygienemuseum)

Die Konzerte mit der Staatskapelle in Dresden:

11.9.1965	Werke von Brahms – Hindemith – Dvořák
11./12.1.1968	Werke von Bruckner
18./19.6.1970	Werke von Beethoven
31.12.1972/1.1.1973	Werke von Johann Strauß – Joseph Strauß – Suppè – Lehár u. a.
14./15.5.1974	Werke von Debussy – Schumann – Strauss: *Heldenleben*/Solist: Peter Mirring
27.2.1976	Werke von Britten – Strauss – Haydn – Strawinsky

Schallplatten-Aufnahmen mit der Staatskapelle in Dresden:
Britten: *Sinfonia da Requiem* – Beethoven: *7. Sinfonie*/Probenmitschnitt – Strauss: *Ariadne auf Naxos* (GA); Orchesterwerke/Solokonzerte (GA) – Johann Strauss: *Walzer, Polkas* u. a. – Johann Strauß, Joseph Strauß, Suppé, Lehár u. a.: *Walzer und Polkas* – Strawinsky: *Der Feuervogel*/Version 1919

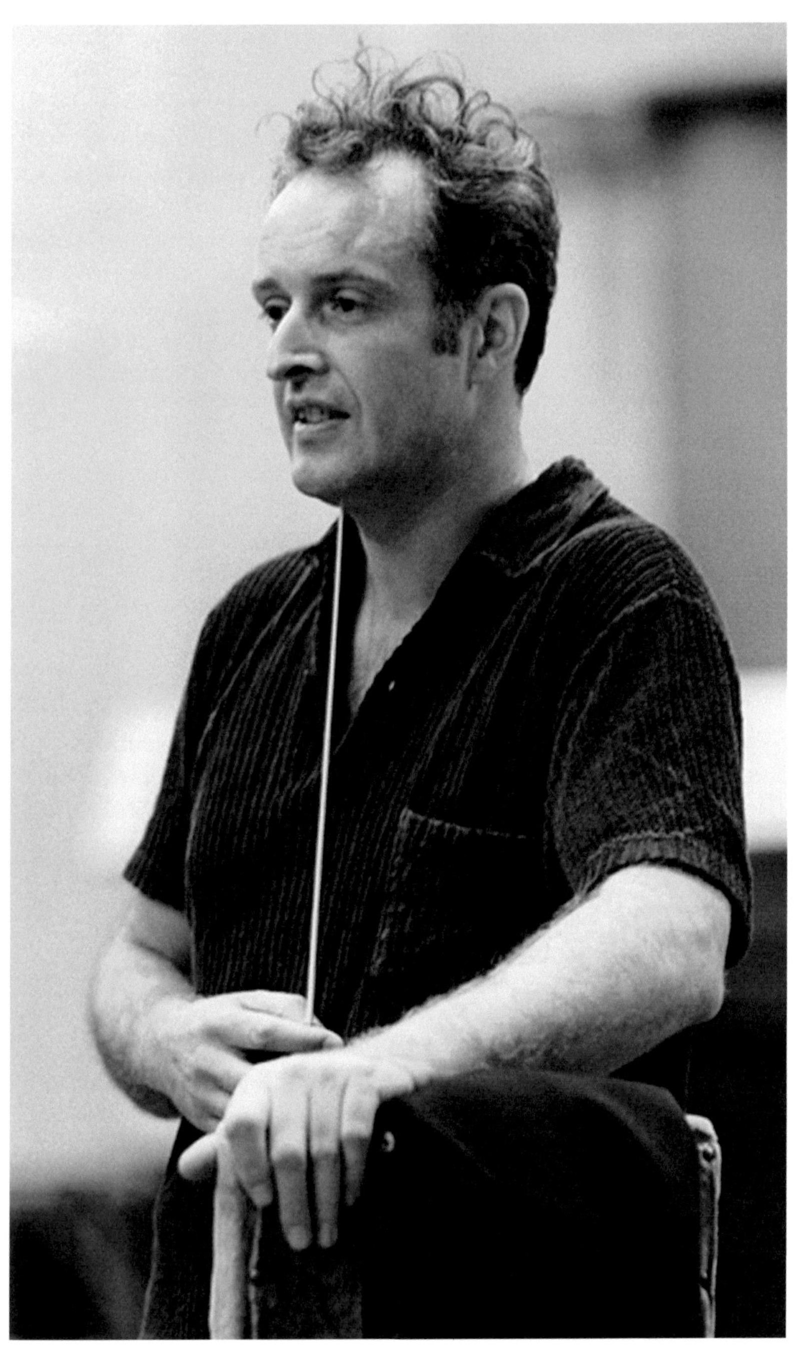

Carlos Kleiber, 1973 (Foto: Hanjoachim Mirschel)

Carlos Kleiber (1930–2004)

Geboren 1930 in Berlin als Sohn von Erich Kleiber, GMD der Staatsoper Berlin. Begann sich früh durch den Einfluss des Elternhauses musikalisch zu betätigen. Nach Aufgabe seiner Berliner Stellung aufgrund der Naziherrschaft übersiedelten er und seine Familie 1935 in die österreichische Heimat des Vaters. Sie lebten in Salzburg und später in Lugano. Erich Kleiber erwarb die argentinische Staatsbürgerschaft und absolvierte Gastspiele, um die Familie zu ernähren. 1939 emigrierte die Familie nach Südamerika. Nach dem Abitur in New York begann Carlos in Buenos Aires ein Musikstudium, zunächst gegen den Willen des Vaters, der von ihm eine naturwissenschaftliche Ausbildung erwartet hatte und ihn deshalb in die Schweiz zur Ausbildung schickte. 1952 Beginn der Theaterkarriere als Korrepetitor, zunächst am Teatro in La Plata und nach Rückkehr in Deutschland am Theater am Gärtnerplatz in München. 1955 Debüt als Dirigent am Theater in Potsdam mit der Operette „Gasparone" von Carl Millöcker. 1956/57 Korrepetitor an der Volksoper in Wien. War nach dem plötzlichen Tod des Vaters nun in künstlerischer Hinsicht auf sich gestellt. Danach wiederum Korrepetitor an der Deutschen Oper am Rhein in Düsseldorf. Kleiber dirigierte bei Opern-Gastspielen in Salzburg und Hamburg, avancierte in Düsseldorf zum Kapellmeister und dirigierte 1958–1964 Repertoirevorstellungen aller Couleur. 1964–1966 wirkte er in Zürich, 1966–1972 in Stuttgart, dazu 1968–1973 in München. Später gastierte er ausschließlich in Wien, Salzburg, Bayreuth, Mailand, Prag, London, Chicago und New York, auch bei Gastspielen der Staatsoper Wien in Tokio. 2004 starb Kleiber in Slowenien in seinem Ferienhaus.

Als ich von den beteiligten Schallplattenfirmen informiert wurde, dass eine Aufnahme der „Oper aller Opern im Dresdner Spielplan" – *Der Freischütz* unseres einstigen Kapellmeisters Carl Maria von Weber – in Planung sei, war ich sehr angetan. Dresdner Komponist, Dresdner Oper, Dresdner Orchester – das passte ins Bild. Aber: Als ich hörte, dass dafür Carlos Kleiber als Dirigent gewonnen worden sei, wurde ich hellhörig. Ich kannte Kleiber bis dahin nur vom Hörensagen: eigenwillig, unnahbar, aber wirklich gut. So lauteten viele Urteile. Ich war neugierig darauf, wie Kleiber mit der jahrhundertealten Tradition der Staatskapelle in Bezug auf die Interpretation des *Freischütz* umgehen würde. Es würde jedenfalls sehr spannend werden.

Als die Aufnahmen mit Proben im Januar und Februar 1973 vorbereitet wurden, war sofort klar, dass eine Interpretation eingespielt werden würde, wie es sie vorher nie gegeben hatte. Einer der Solobratscher der

Dresdner Kapelle hat sich über die erste Begegnung mit Kleiber und der Kapelle wie folgt geäußert:

„*Als Carlos Kleiber das erste Mal den ‚Freischütz' probte, traten ihm innerhalb des ersten Taktes der Ouvertüre Schweißtropfen auf die Stirn. Innerhalb eines einzigen Taktes, innerhalb des C's, brachte er sozusagen das Orchester ‚hoch' und steigerte sich in die Musik völlig hinein. Das erlebten wir nie wieder; eine derartige Konzentration ist unglaublich.*" (Christina Drechsel: *Carlos Kleiber … einfach, was dasteht*, Köln 2010, S. 82)

Ich selbst habe gegenüber Christina Drexel, damals Doktorandin der Hochschule für Musik „Carl Maria von Weber" Dresden, am 12. Oktober 2006 aus der Erinnerung heraus folgende Gedanken über Kleiber und unsere gemeinsame *Freischütz*-Aufnahmezeit geäußert:

„*In Bezug auf die ‚Freischütz'-Aufnahme in Dresden kann ich mich erinnern, dass Carlos Kleiber sich von der Deutschen Grammophon Kopien des Autographs aus der Staatsbibliothek Berlin anfertigen lassen hatte und immer wieder während der Aufnahmesitzungen diesen Notentext zu Rate zog. Ich erinnere mich noch, dass die Musiker erzählten, er hätte großen Eifer gezeigt, den autographen Text notengetreu umzusetzen. An einer Stelle, wo in einigen – von Weber eigentlich leer gewollten – Takten der II. Violine aus dem Zusammenhang die Wiederholung erschlossen werden muss (wie es auch in der gedruckten Version der Fall war), hatte Kleiber sich in seiner Partitur fälschlicherweise eine Pause eingetragen, und musste erst davon überzeugt werden, dass die Handschrift nur der anderen Deutung nach korrekt ausgeführt werden kann. – Kleiber hatte stets seine eigenen, festen Vorstellungen von der Interpretation des Stückes z. B. vom Bratschen-Solo der Ännchen-Arie. Seiner Meinung nach war es jedoch dem Bratscher auch nach mehreren Versuchen nicht gelungen, diese seine Auffassung vollkommen zu verwirklichen. Bevor der drohende Streit eskalieren konnte, machte der Musiker freiwillig den Vorschlag, sich von einem seiner Kollegen vertreten zu lassen, mit dessen Umsetzung seiner Ideale Kleiber dann glücklicherweise besser zurechtkam.*" (ebd., S. 295)

In einem Brief vom 1. April 1973 bedankte sich Kleiber bei mir, dass ich ihn in meinem Brief vom 25. März d. J. nach seinen Zweifeln über die Zusammenarbeit beim *Freischütz* „doch wieder etwas aufgerichtet" hätte. Mein Schreiben war mir ein Bedürfnis und vor allem notwendig aus der Erfahrung, dass ein Künstler immer der Gefahr der Unsicherheit über das Erreichte ausgesetzt ist. Davor wollte ich Kleiber nach seinem Dirigat bei uns schützen.

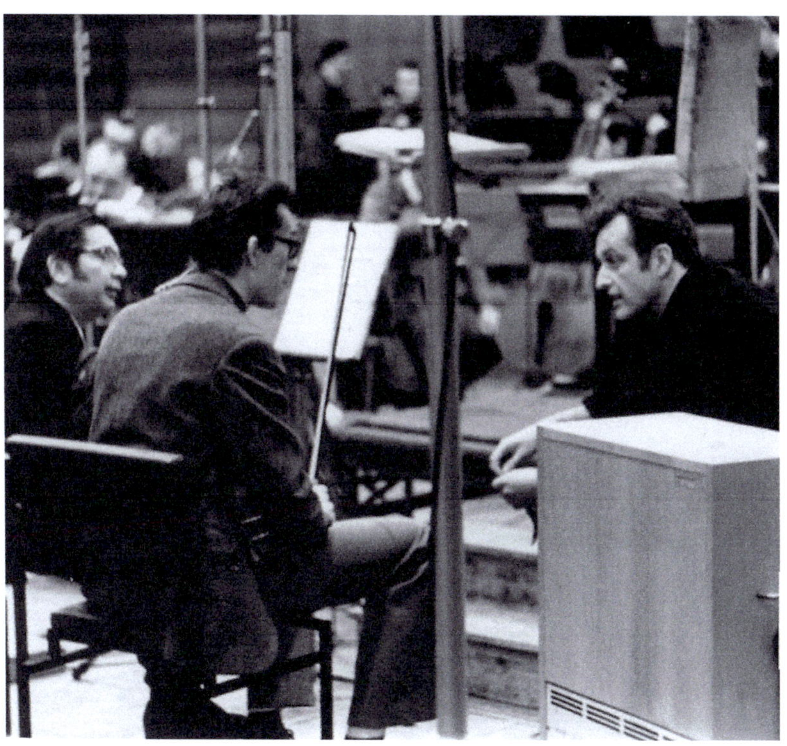

Carlos Kleiber bei Aufnahmen in der Lukaskirche (Foto: Hanjoachim Mirschel)

Als Jahre später, 1980, dann eine Aufnahme von Wagners *Tristan und Isolde* in Dresden mit ihm realisiert wurde – sicher auch hier vor dem Hintergrund zu erwartender Deviseneinnahmen für die wirtschaftlich wieder einmal arg kränkelnde DDR, die mit solchen Spritzen vom „Klassenfeind" immer wieder aufgepäppelt wurde, – haben mich die Forderungen des Dirigenten fast aus der Fassung gebracht. Kleibers Bedingung für die Produktion lautete zehn Proben in ein- und derselben Besetzung ab August 1980 und danach im Oktober 20 Aufnahmesitzungen mit allen Mitwirkenden! Außerdem Aufnahme im Ablauf der Oper; Einspielung der Vorspiele zum 1. und 3. Akt dann am Ende der Aufnahmen. Und das bei einer Oper, die wir seit Jahrzehnten im Repertoire hatten – oder gerade deshalb?

Es war eine große Anstrengung notwendig, diese abstrakt anmutenden Wünsche, fern jeder üblichen Praxis, umzusetzen und damit die Aufnahme zu garantieren, die die Kapelle glücklicherweise zum zweiten Mal mit diesem Dirigenten zusammenbrachte. Eine solche Konstellation konnten nicht einmal die Berliner Philharmoniker aufweisen.

Carlos Kleiber
7021 Musberg
Bahnhofstrasse 3   1.4.73

Sehr geehrter Herr Uhrig!

Sie haben mir mit Ihrem Brief, muss ich gestehen, eine unerwartete Freude gemacht. Hoffentlich wird die Aufnahme wirklich Leben besitzen und, trotz Fehler, kein molliges Kunstkonsumgut werden - auch nicht durch das "Mischen" und durch die Chor-Klangbegrenzung des Tonmeisters.

Sie wissen, dass ich den Eindruck hatte, dem Orchester sehr auf die Nerven zu fallen, (groesstenteils) und das Gefuehl, nicht ueberzeugen zu koennen, ergriff mich schliesslich so stark, dass ich seitdem im tiefsten Herzen an mir zweifle.
Und nun Ihr Brief:
wenn er vielleicht auch nur eine liebenswuerdige Formsache sein sollte, er hat mich doch wieder etwas aufgerichtet!
Und dafuer danke ich Ihnen von Herzen!

Mit den besten Gruessen,

Ihr
Carlos Kleiber

Brief von Carlos Kleiber an Dieter Uhrig, 1. April 1973 zur Aufnahme von Carl Maria von Webers Oper „Der Freischütz"

Zunächst schien alles besser zu laufen als bei der Aufnahme des *Freischütz.* Die Kapelle kannte den unberechenbaren, wohl auch launischen und als exzentrisch charakterisierten Maestro besser und wusste seine Forderungen umzusetzen, ohne sich bei ihm anzubiedern. Krach gab es bei der Aufnahme in der Mitte des 3. Aktes, als der Sänger des Tristan und der Dirigent aneinander- oder besser auseinandergerieten. Kleiber brach ab und beendete die Aufnahme. Dass sie später mit vielen Hilfsmitteln doch noch beendet und in einer zusammengesetzten Fassung Kleiber abgerungen auf den Markt gebracht werden konnte, war sicher auch dem enormen Aufwand an Kosten geschuldet. Peter Gülke, der damals die Aufnahme in musikalischer Assistenz begleitet hatte, erinnert sich:

Für das Ereignis Kleiber war man viel zuzugestehen bereit, immer auf die Gefahr hin, dass er das, oft nahe bei Verfolgungswahn, als Hinterlist ansah. „Launisch" erscheint insofern als Verkleinerung, als er mit ungeheurem Risiko und stets letztem Einsatz musizierte – dies vor allem hat ihm jenen Kredit verschafft. (Peter Gülke: Dirigenten, Hildesheim/Zürich/New York 2017, S. 238)

Für die Tristan-Aufnahme habe ich am 12. Oktober 2006 gegenüber Christina Drechsel noch folgende Gedanken ausgesprochen:

„Bei den Aufnahmesitzungen zu ‚Tristan und Isolde' ergab es sich, dass einer der drei Konzertmeister krank war. Einen anderen hatte Carlos Kleiber einen Tag zuvor selbst beurlaubt. Als der Dritte kurzfristig auch bei ihm um Erlaubnis bat, sich für die Aufnahmesitzung (oder Probe) entschuldigen zu dürfen, genehmigte er ihm das ohne Bedenken oder Rücksprache mit dem Orchesterbüro. Zu Beginn der Probe war er dann jedoch völlig fassungslos, dass kein Konzertmeister anwesend war. Kleiber trank stets viel Wasser, verausgabte sich körperlich und schwitzte so. Oft wenn ein Musiker während der Probenarbeit oder Aufnahmesitzung eine Bemerkung machte, z. B. über seinen Vater, reagierte er sehr unsicher. – Vor der Aufnahme schickte er mir eine Postkarte aus Cornwall, wo er sich auf das Sujet der Oper einstimmen wollte. Dies war für uns das Zeichen, dass die Produktion zustande kommen werde." (Christina Drechsel: *Carlos Kleiber … einfach, was dasteht*, Köln 2010, S. 295 f.)

Als Konzertdirigent konnte ich Carlos Kleiber Jahre später, am 28. Juni 1994 in der Berliner Philharmonie, im Benefizkonzert des Bundespräsidenten Richard von Weizsäcker erleben. Er brachte mit den Berliner Philharmonikern Werke von Beethoven, Mozart und Brahms zur Aufführung. Die Interpretation der *Vierten* von Brahms war echt „Kleiber". Ich habe diese Sinfonie weder vorher noch nachher wieder so gehört. Das Ergebnis ist als Eindruck bleibend und nicht in Worte zu fassen – und das bei ungezählten Aufführungen zwischen 1957 und 2020!

Konzert mit den Berliner Philharmonikern in Berlin:

28.6.1994	Werke von Beethoven – Brahms – Mozart

Schallplatten-Gesamtaufnahmen mit der Staatskapelle in Dresden:

Januar/Februar 1973	Weber: *Der Freischütz*
August/Oktober 1980	Wagner: *Tristan und Isolde*

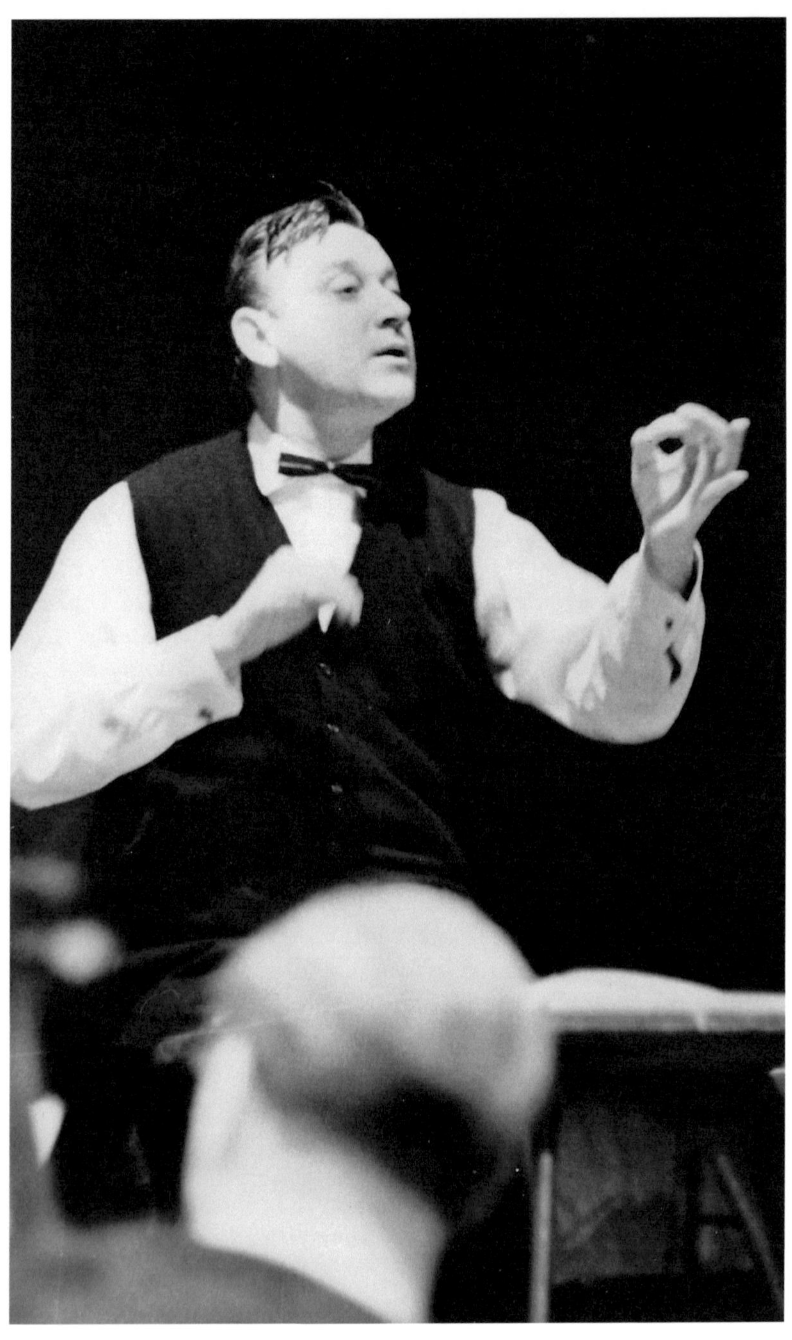

Kirill Kondraschin, o. J. (Foto: Wolfgang Wahrig)

Kirill Kondraschin (1914–1981)

Geboren 1914 in Moskau. Nach erstem Klavierunterricht Studium am Moskauer Musiktechnikum und bei Nikolai Zylajew. 1931 Debüt als Dirigent. 1934 Stanislawski-Nemirowitsch-Dantschenko-Theater in Moskau. 1932–1936 Studium am Moskauer Konservatorium bei Boris Chaikin und Alexander Gauk, 1936–1943 Maly-Theater in Leningrad, 1943–1956 Bolschoi-Theater in Moskau an der Seite von Samuil Samossud und Nikolai Golowanow. 1958 USA-Gastspiel als erster sowjetischer Dirigent, Empfang durch Präsident Eisenhower. 1960–1975 Chefdirigent der Moskauer Philharmoniker mit einer Reform der Programmgestaltung und Öffnung für moderne Musik. Einsatz für damals kulturpolitisch unbequeme Werke von Schostakowitsch (4. und 13. Sinfonie), auch bei Gastspielen im Ausland. 1970 Buch „Die Kunst des Dirigierens". 1972–1978 Professur am Moskauer Konservatorium. Wegen künstlerischer Repressalien seitens der sowjetischen Behörden ging Kondraschin 1978 auf einer Konzerttournee durch die Niederlande ins Asyl. Er wurde dort neben Bernard Haitink vom Concertgebouw Orkest Amsterdam als Dirigent verpflichtet. 1981 in Amsterdam gestorben.

Als ich Kirill Kondraschin in Dresden zum ersten Mal begegnete, war er schon mehrere Jahre Gastdirigent in Konzerten der Staatskapelle gewesen. Er galt als hervorragender, aber auch in seinen künstlerischen Forderungen unnachgiebiger Dirigent. Obwohl er stets einen Dolmetscher bei sich hatte, konnte er sich immer musikalisch mit den Kapellmusikern verständigen. Eigentlich war der Übersetzer für die Arbeit nicht notwendig. Es gab auch die Fama, dass er sich in einem mitgehörten Radio-Dialog völlig mühelos in deutscher Sprache geäußert haben soll. Kondraschin legte großen Wert auf Details, die er mit feinnerviger Durchdringung der Gesamtkomposition in Übereinstimmung zu bringen vermochte. Sein Hang zu expressiven Steigerungen brachte die Orchester oft an die Grenze der Leistungsfähigkeit, war aber stets in die Dramaturgie des Ganzen eingebettet. Seine Schostakowitsch-Interpretationen erhielten so den Charakter von authentischen Zeugnissen einer zeitgenössischen Musiksprache. Noch dazu kam Kondraschins Vermögen, die klanglichen Möglichkeiten eines Werkes und der Interpreten zu erkennen und voll auszuschöpfen. Er bewegte sich dabei selbst bis an die Grenze der Leistungsfähigkeit und übertrug diese Haltung auf die Musiker. Sein bevorzugtes Repertoire ging von Beethoven über Tschaikowski und Mahler zu Schostakowitsch. Seine Entdeckung Mahlers und sein Einsatz für dessen Werk in der Sowjetunion wurde

zur Renaissance und brachte ihm auch international eine Sonderstellung als Interpret des österreichischen Komponisten.
Kondraschin dirigierte am 26. Februar 1963 in Dresden die bis dahin kurz vorher von ihm in der Sowjetunion uraufgeführte, schon 1935/36 entstandene dreisätzige *4. Sinfonie c-Moll* von Schostakowitsch als deutsche Erstaufführung. Für Kondraschin bedeutete es Mut, damit ins Ausland zu gehen – und für uns war es ein Wagnis. Schostakowitsch hatte mit dieser Sinfonie den an Mahler orientierten neuen Typus seiner Sinfonik geschaffen. Diese Absicht und das Ergebnis erregten zur Entstehungszeit den Widerstand der Sowjetideologen, und Schostakowitsch sah sich gezwungen, das Werk zurückzuziehen. Als er später wieder daran arbeitete, nahm er Veränderungen vor und übergab das Werk schließlich Kondraschin, der es am 30. Dezember 1962 in Moskau erstmals vorstellte. Wir mussten dieses in der Sowjetunion umstrittene Werk als ideologisch „sauber" verkaufen. Die Ehrfurcht der Dresdner Ideologen vor dem sowjetischen „Brudervolk" und dem Komponisten nutzend, ist uns das gelungen.
Kondraschin war übrigens auch ein geistvoller Erzähler und Unterhalter. Seine Witze über die sowjetischen Verhältnisse hätte allerdings niemand hören dürfen! Sie waren wie Sprengstoff, geistvoll in jedem Wort. Irgendwann musste er emigrieren, so lächerlich machte er das sowjetische Regime, das ihn bestimmt aufmerksam beobachtete. Er dokumentierte mit dem Asyl seine Haltung. Dass wir ihn danach als unseren regelmäßig wiederkehrenden Gast vermissten, ist zu verstehen. Er war eine Säule auf dem damaligen Dirigentenmarkt.
In seinen Briefen, die er trotz des Wissens um die Kontrolle durch den Sicherheitsdienst immer wieder an mich schrieb, gab er stets genaue Anweisungen für seine Konzerte, so dass bis zu seiner Ankunft alles bestens vorbereitet sein konnte. Ähnlich wie David Oistrach hielt Kondraschin immer Wort. Wenn er uns Termine zugesagt hatte, mussten „GOS-Konzert" und die Künstleragentur der DDR sie realisieren. Darauf drang er mit Entschiedenheit, so schwierig auch die Zugeständnisse derartiger staatlicher und parteipolitisch ausgerichteter Institutionen für den einzelnen Künstler waren. Zumal Kondraschin dank seiner Intelligenz kein leichter Partner für die staatlichen Agenturen gewesen sein muss. Ihm half aber auch sein tadelloses Outfit, das den Gentleman schon äußerlich erkennbar machte. Auch damit wirkte Kondraschin überzeugend.
Seine Aufführungen der *2. und 3. Sinfonie* von Mahler waren exemplarische Beispiele für die als international anerkannten Referenz-Interpretationen dieser Werke.

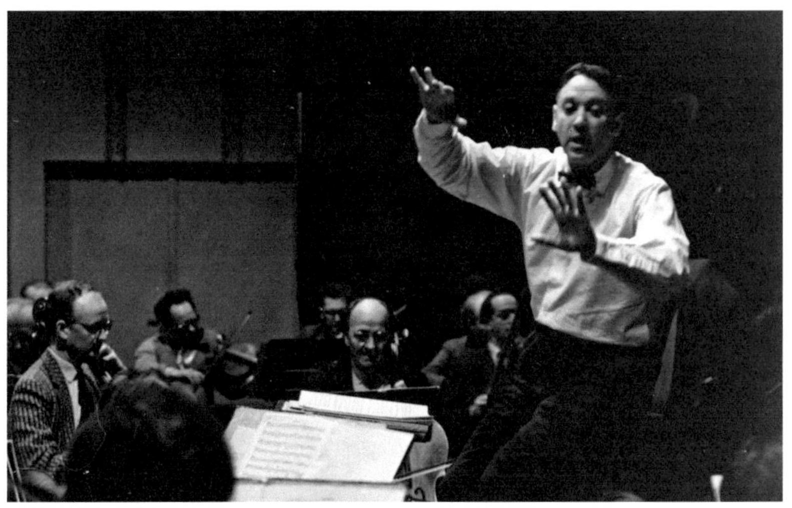

Kirill Kondraschin, 1962 (Foto: Wolfgang Wahrig)

Erstes Konzert mit der Staatskapelle in Dresden am 26. November 1953: Nikolai Pesko: *Moldawische Suite* – Brahms: *Violinkonzert* – Franck: Sinfonie/Solist: Leonid Kogan

Die Konzerte mit der Staatskapelle in Dresden:
18.6.1960 – 23.3.1962 – 26.2.1963 – 29.3.1968 – 21./22.3.1970 – 23.1.1974 – 3./6.2.1977

Aufgeführte Komponisten mit der Staatskapelle Dresden:
Brahms – Mahler – Mozart – Prokofjew – Rachmaninow – Ravel – Schostakowitsch – Schumann – Strawinsky – Tschaikowski – Wieniawski

Schallplatten-Aufnahmen mit der Staatskapelle in Dresden:
Prokfjew: *Sinfonie classique* – Schostakowitsch: *4. Sinfonie*

Kirill Kondraschin über die Staatskapelle Dresden:

„Ich habe vor allem der Staatskapelle Dresden einige ‚Sternstunden‘ in meiner Laufbahn zu verdanken. Dort herrscht eine aufgeschlossene, künstlerisch sehr befruchtende Atmosphäre, die die Arbeit leichtmacht. Nur in solcher Umgebung kann man hervorragende Leistungen erzielen. Ich zähle die Staatskapelle Dresden zu den zehn besten Orchestern der Welt.“ (Wolfgang Lange: *Präzision – Temperament – Gestaltungskraft*, in: *FF dabei*, November o. J., S. 5)

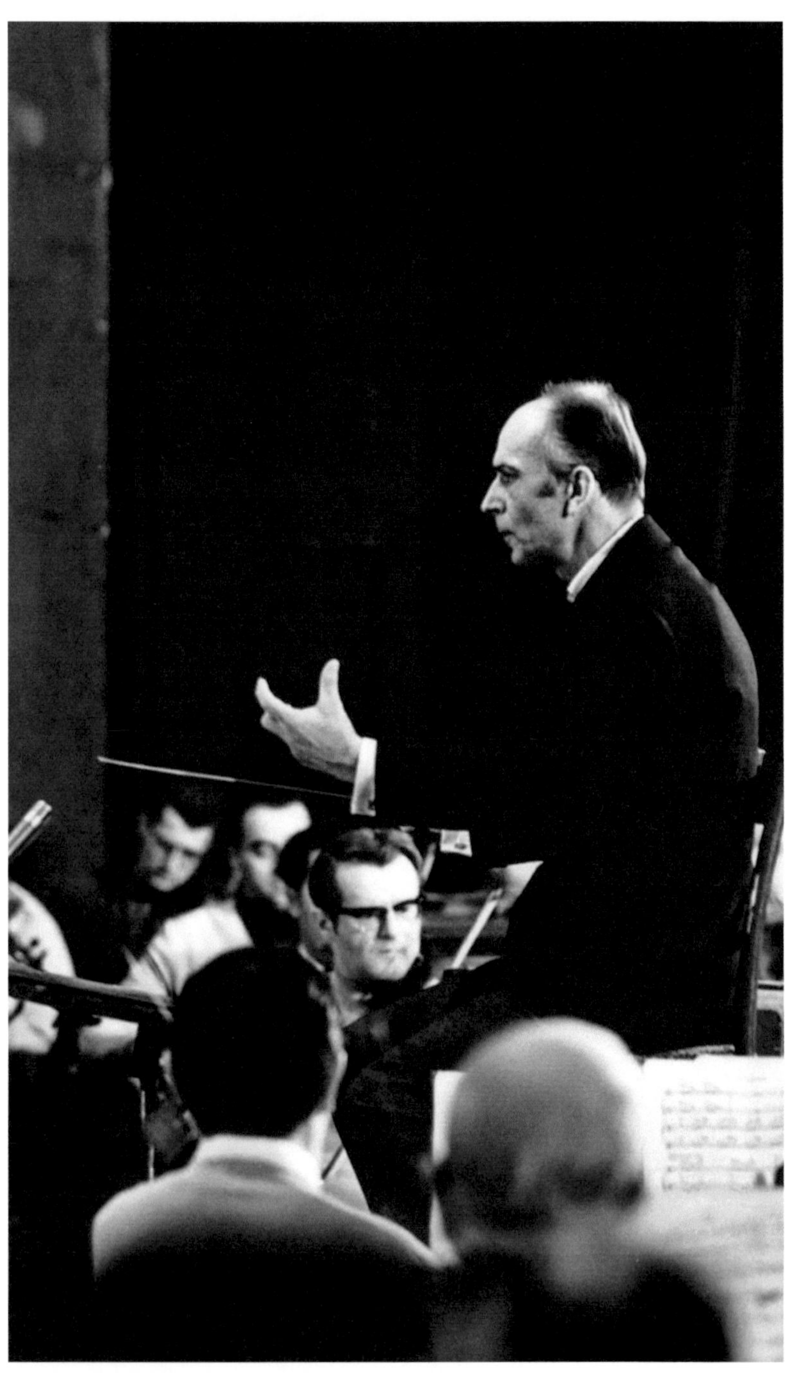

Igor Markevitch, o. J. (Foto: Erwin Döring)

Igor Markevitch (1912–1983)

Geboren 1912 in Kiew. Vater: Pianist, Schüler Eugen d'Alberts. 1914 vor Kriegsausbruch Übersiedlung der Familie nach Paris, 1923 in die Schweiz. Seit 1926 Karriere als Pianist und Komponist, gefördert von Alfred Cortot, Nadia Boulanger und Serge Diaghilew in Paris. 1930 Dirigat beim Concertgebouw Orkest in Amsterdam. Beziehung zur älteren Dirigentengenration mit Pierre Monteux, Willem Mengelberg und Hermann Scherchen. Zunächst dirigierte Markevitch fast ausschließlich Aufführungen eigener Werke (Ballettmusiken für die Compagnie von Diaghilew); erst 1938 setzte er ein „normales" Programm für ein Konzert an. 1939 Übersiedlung nach Florenz. 1942 nach einer Lebenskrise schloss er sich dem italienischen Widerstand gegen den Faschismus an und gab das Komponieren zunächst auf. 1944 begann seine Karriere als Dirigent beim Maggio Musicale in Florenz. Er lebte nach Kriegsende zunächst in der Schweiz. Markevitch erwarb die italienische Staatsbürgerschaft, erhielt zudem die französische Ehrenstaatsbürgerschaft. Seine Reputation wuchs durch seine seit 1950 Jahr für Jahr bei den Salzburger Festspielen durchgeführten Dirigierkurse, später auch in Weimar und Moskau. 1957 Chefdirigent des Orchestre des Concerts Lamoureux in Paris, außerdem Dirigent bei Orchestern in Havanna, Montréal, Madrid, Monte Carlo und Rom (1973–1975 Orchester der Accademia Nazionale di Santa Cecilia). Er gastierte weltweit bei vielen renommierten Orchestern und trat auch in der Sowjetunion auf. Seine Kompositionen wurden ab 1948 bei Boosey & Hawkes in London veröffentlicht. Gestorben 1983 in Antibes (Südfrankreich).

„Markevitch hatte seine musikalische Laufbahn als anerkannter Komponist begonnen, geschätzt von Hermann Scherchen, Hans Rosbaud, Serge Koussevitzky, Strawinsky und Bartók. Seine spätere Verleugnung dieses Œuvre ist nicht aufgeklärt worden. Ohne Zweifel hat seine Kompositionstechnik der Klangschichtungen seine Dirigiertechnik beeinflusst: Markevitch ist hier wie andernorts ein Dirigent der ‚permanenten Stretta'."
(Julian Caskel/Hartmut Hein: *Handbuch Dirigenten. 250 Porträts,* Kassel/Stuttgart 2015, S. 270)

Er galt als eine Art Aristokrat unter den Dirigenten, was er durch sein gebrochen französisch akzentuiertes Deutsch noch unterstrich. Liebenswürdig und charmant in allen Situationen, bestand Markevitch strikt auf Einhaltung „musikalischer Ordnung".
Am 1. Dezember 1977, dem Vormittag des Abendkonzertes mit Tschaikowskis *Sechster* und Strawinskys *Le Sacre du Printemps* in Dresden

rief er mich zuhause an, um mir mitzuteilen, dass er im Bett liege und seinen Sohn aus zweiter Ehe, Oleg Caetani (* 1956), mit der Leitung der Generalprobe beauftragt habe. „Hören Sie, Dieter“, kam es aus dem Telefon, „Oleg kennt das Stück genauso gut wie ich und probiert nur einige Stellen. Am Abend komme ich zum Konzert.“ Widerspruch war nicht angesagt, und so machte ich mich auf den Weg zur Probe, um das Orchester zu informieren. Soweit ich mich erinnere, hat die Staatskapelle Haltung bewiesen und den jungen Mann als Ausnahme akzeptiert, da er das schwierige Stück wirklich genau kannte und die Musiker genug mit ihren Stimmen zu tun hatten. Jahre später hatte ich Oleg Caetani, der damals Chefdirigent am Theater in Chemnitz war, zum Rundfunk-Sinfonieorchester Berlin eingeladen, danach aber seine Spur verloren. Er ist heute einer der bekanntesten italienischen Dirigenten.
Unter Markevitchs Kursteilnehmern in Salzburg bildeten sich Daniel Barenboim, Herbert Blomstedt, Milan Horvat und Wolfgang Sawallisch weiter. Sie gehörten danach zu den von den Orchestern sehr geschätzten Künstlern. Sie konnten immer verdeutlichen, welches Anliegen sie mit dem jeweiligen Werk verfolgten und legten Strukturen und Klangerfordernisse des jeweiligen Werkes frei, um eine adäquate Interpretation zu erreichen.
Im Dirigentenzimmer erwies sich der ausgesprochen höfliche und vor allem weltgewandte Künstler als echter Partner in allen musikalischen Fragen. Er schätzte die hohe Kultur der Orchester in Dresden und Leipzig und wies in Interviews und Gesprächen auch in der DDR immer wieder darauf hin, dass diese Spitzenorchester ihren Anschluss an die internationale Musikwelt nicht verlieren dürften und ihre einmalige Tradition erhalten und gefördert werden müsse.

Peter Gülke über Igor Markevitch:

„Bis in den Bewegungshabitus hinein, mit unvergleichlicher, zugleich unnahbarer Noblesse war er am Dirigentenpult ein Aristokrat, authentisch und autoritär auf seine Weise, die es sich leisten konnte, leise aufzutreten und zu reden; laut wurde Markevitch nie. Vielleicht ist niemals ästhetischer dirigiert, sind emotionale Kontexte nie so bewusst gefiltert und gestisch übersetzt worden, sind Eleganz und Sachbezogenheit so sehr ein und dasselbe gewesen. Markevitch hat den Orchestern nicht eingeheizt, hat beim ‚Tristan‘-Vorspiel Tristan nicht vorgelebt, sondern die Musik in möglichst allen Facetten zum Sprechen gebracht, klassizistisch orientiert auch im Vertrauen darauf, dass ihr nicht von ‚außen‘ aufgeholfen werden müsse. – Selbstverständlich vorausgesetzt war eine bis ins Detail verlässliche Präsenz der Partitur. […] *als Gewähr einer unvergleichlich*

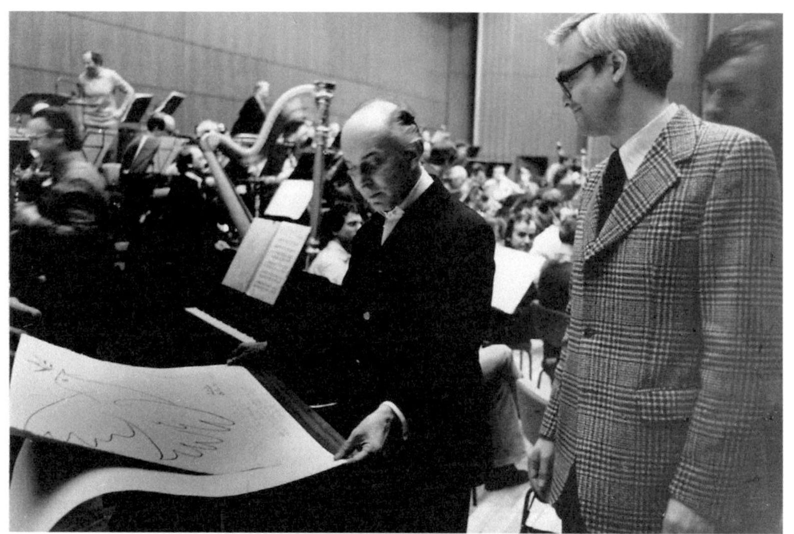

Igor Markevitch bei Übergabe einer Reproduktion der Friedenstaube von Picasso an die Staatskapelle Dresden, 1982 (Foto: Erwin Döring)

konkreten suggestiven musikalischen Vorstellung, die sich den Musikern auch oberhalb der ‚Choreographie' der Hände mitteilte. – Man sah es ihm beim Dirigieren an – dem wie bei einer Kulthandlung tiefernsten, bei aller Zuwendung zum Orchester unbewegten Gesicht, worin sich konzentrierte Gedankenarbeit widerspiegelte. Er blickte die Musiker zwar an, blickte jedoch wie durch sie hindurch, ihnen gleiche Hingabe an die Sache wie die eigene unterstellend bzw. beschwörend. [...] *Überwältigendes Zeugnis der Hingabe an eine ‚sacra sobrietas', welche eben jene schlackenfreie, von keinerlei blinder Emotionalität getrübter Ästhetik des Dirigierens ermöglichte, in der sich kontrollierende Bewusstheit und Spontaneität des Musizierens ununterscheidbar aufheben.*" (Peter Gülke: *Dirigenten*, Hildesheim/Zürich/New York 2017, S. 231 f.)

Erstes Konzert mit der Staatskapelle in Dresden am 13./14. Februar 1969:
Verdi: *Messa da Requiem*

Die Konzerte mit der Staatskapelle in Dresden:
4./5.2.1971 – 24./25.5.1973 – 10./11.4.1976 – 1./2.12.1977 – 18./19.3.1982

Aufgeführte Komponisten mit der Staatskapelle Dresden:
Beethoven – Berlioz – Debussy – Dukas – Joseph Haydn – Mussorgski – Mozart – Prokofjew – Rimski-Korsakow – Ravel – Strawinsky – Tschaikowski – Verdi

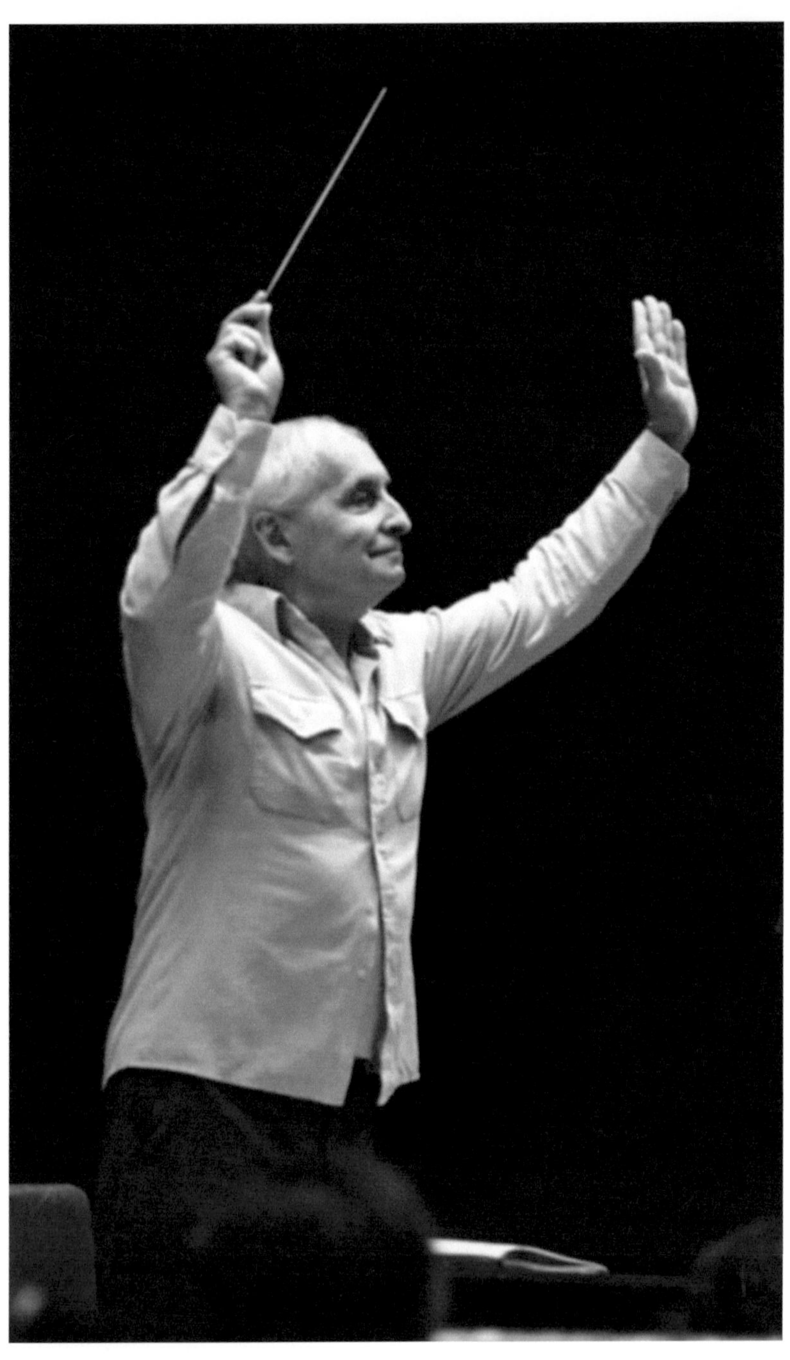

Václav Neumann, 1966 (Foto: Erwin Döring)

Václav Neumann (1920–1995)

Geboren 1920 in Prag. Ausbildung als Streicher (Violine und Bratsche), Mitbegründer des Smetana-Quartetts (als Bratschist mitwirkend), 1945 Mitglied der Tschechischen Philharmonie (ebenfalls als Bratschist). Nach Dirigentenpositionen in Karlovy Vary und Brno war er beim Philharmonischen Orchester in Prag tätig, bevor er 1968 als Nachfolger von Karel Ančerl zum Chefdirigenten der Tschechischen Philharmonie berufen wurde. Er war Chefdirigent der Komischen Oper in Berlin (1956–1964), des Gewandhausorchesters in Leipzig (1964–1968) und der Stuttgarter Oper. Internationale Anerkennung fand sein Einsatz für die Opern Janáčeks, die Sinfonien Martinůs und Mahlers. Als Gast wurde er von den Spitzenorchestern in Europa und in Amerika eingeladen. Neumann starb 1995 in Wien.

Am 5. Dezember 1958, im 3. Sinfoniekonzert des Orchesters des Stadttheaters Bautzen (verstärkt durch Mitglieder des Stadttheaterorchesters Zittau), dirigierte mit Václav Neumann, damals Chefdirigent der Komischen Oper Berlin, ein international geschätzter Dirigent den Zyklus Sinfonischer Dichtungen *Mein Vaterland* von Bedřich Smetana. Dass er in die Provinz und an ein kleines Stadttheater gekommen war, brachte mich auf die Idee, ihn nach seinem Motiv dafür zu fragen. Neumann hat mir geantwortet: „Musik kennt keine Grenzen. Und Smetanas Zyklus aufzuführen, liegt mir als Tscheche sehr am Herzen. Da ist mir der Ort gleich."

Unsere nächste Begegnung fand in Dresden statt. Neumann wurde eingeladen, die Staatskapelle am 22. April 1960 mit Werken von Dvořák, Janáček und Beethoven zu dirigieren. Unsere Wiederbegegnung war von großer Herzlichkeit. Der Erfolg des Konzertes war bei Kapelle und Publikum so groß, dass Neumann für den 13. Mai 1960 erneut zu einem Sinfoniekonzert eingeladen wurde. Diesmal mit Werken von Beethoven, Bartók und Ravel.

Eigentlich ging meine Bekanntschaft mit dem Dirigenten Neumann schon auf meine Studentenzeit an der Universität in Leipzig zurück, wo ich oft für eine Mark die Konzerte des Rundfunk-Sinfonieorchesters in der Kongresshalle besuchte. Am 11. September 1956 dirigierte Neumann dort Strauss' *Till Eulenspiegel,* Bartóks *Violinkonzert* (Solist war Ede Zathureczky) und Dvořáks *8. Sinfonie*. Ich muss damals so beeindruckt gewesen sein, dass ich mir wenig später eine Schallplatte mit Dvořáks *6. Sinfonie* kaufte, interpretiert von Neumann mit der Tschechischen Philharmonie – es war meine erste Schallplatte überhaupt! Im Dirigentenzimmer des damaligen Großen Hauses der Staatstheater

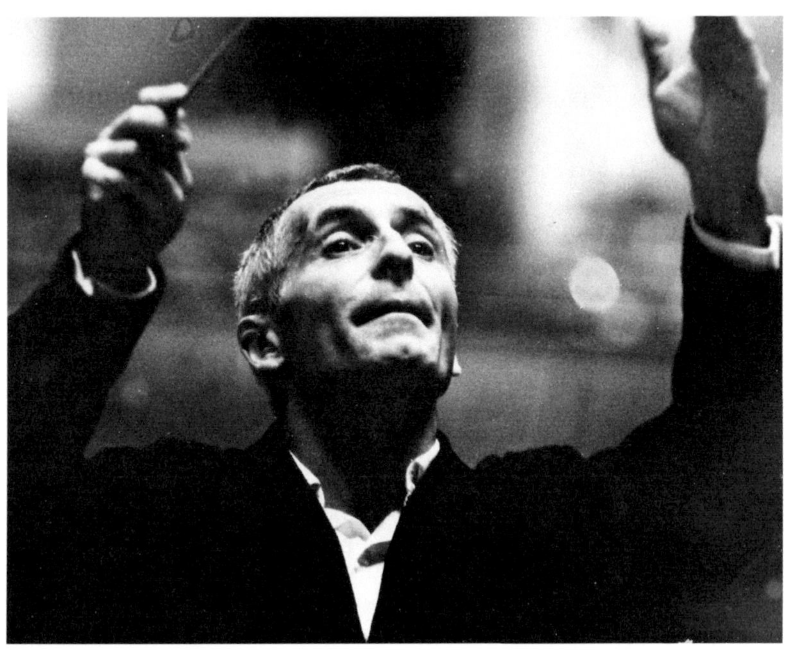

Václav Neumann, o. J. (Foto: Archiv Uhrig)

Dresden (heute: Staatsschauspiel) fanden wir die Gelegenheit zu interessanten Gesprächen. Neumann war völlig uneitel und entspannt. Er erzählte von seinen Abenteuern an der Grenze zwischen der Tschechoslowakei und der DDR in Bad Schandau, wo er zwar bekannt war, aber oft wohl wegen seiner zahlreichen Grenzübergänge aufgehalten und kontrolliert wurde. Sein Bonmot: „Die kapieren nicht, dass ich Musik über die Grenze bringe und keine Zigaretten!" Später hat Walter Felsenstein als Intendant der Komischen Oper bei den DDR-Oberen dafür gesorgt, dass Neumann ohne Kontrolle die Grenzen überqueren konnte. Da ich in Dresden damals nahe an der Autobahn wohnte, hat mich Neumann, wenn er aus Prag kam und mit seinem Mercedes zur Vorstellung an die Komische Oper in Berlin fuhr, nachmittags abgeholt und nachts zurückgebracht. Ich konnte dadurch fast alle Felsenstein-Inszenierungen, die Neumann dirigierte, besuchen. Beeindruckt haben mich am meisten *Hoffmanns Erzählungen* (Offenbach) und *Das schlaue Füchslein* (Janáček).

Jahrelang hat Neumann es auf sich genommen, nach folgendem Tagesablauf zu leben: früh Probe in Prag, dann Fahrt mit dem Auto Prag – Dresden – Berlin, Vorstellung in Berlin und anschließend Rückfahrt

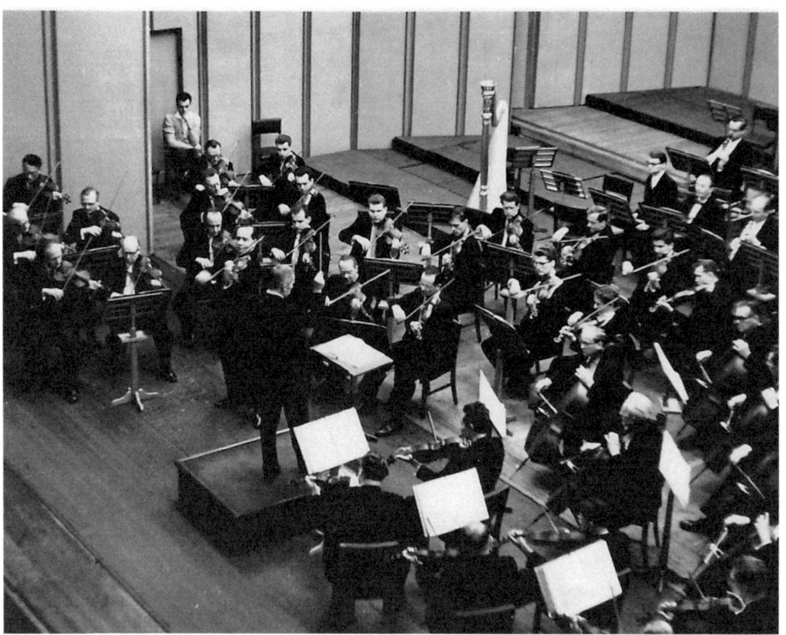

Václav Neumann bei einer Probe mit Igor Oistrach im Großen Haus der Staatstheater Dresden, 1960 (Foto: Wolfgang Wahrig)

nach Prag; früh wieder Probe in Prag. Er scherzte darüber und meinte: „Wenn Sie mitfahren, bin ich sicherer, dort anzukommen, wohin ich hinmuss!“ Beim späteren Autofahren mit meiner Familie hat mir dieses Beifahrer-Training oft genützt.

In Dresden brachte Neumann eine musikalisch vor ihm nicht so erfolgreiche Aufführung von Janáčeks Dostojewski-Oper *Aus einem Totenhaus* auf Hochglanz. Die Vorstellungen, die wegen des düsteren Inhalts der Oper schlecht besucht waren, sind als hohe Leistung in die Dresdner Operngeschichte eingegangen. Neumann war der Motor, und ca. 400 treue Besucher absolvierten jede Vorstellung! Später erreichte er in Leipzig etwas Ähnliches mit seiner Aufführung der Oper *Katja Kabanova* von Janáček, zu deren Premiere er seinen „alten Dresdner Janáček-Mitstreiter“ eingeladen hatte. *Die Totenhaus*-Einstudierung hatte auch einen politischen Effekt: Zwar spielte das Ganze in Erich Geigers mutiger Inszenierung im zaristischen Russland (wie von Dostojewski vorgegeben), aber die Nähe zu den Verhältnissen hinter dem „Eisernen Vorhang“ konnte nicht übersehen werden. Auch hier – vor allem in der Probenarbeit – konnte Neumann mit seiner lockeren Art Entspannung für ein gutes, gemeinsames Ergebnis schaffen. Ein lautes, unbeherrschtes Wort ist wohl nie aus seinem Mund gekommen. Hans-Christian Bartel, Solobratscher des Gewandhausorchesters Leipzig, wo Neumann von 1964 bis 1968 Chefdirigent war, dessen Kompositionen sich Neumann mit großem Engagement angenommen hatte, erzählte mir folgende Geschichte, die ein bezeichnendes Licht auf Neumanns unorthodoxe Arbeitsweise wirft: Bei einer Probe der *Sinfonia domestica* von Strauss mit dem Gewandhausorchester in Salzburg verzweifelte Neumann über die Wiedergabe einer Stelle, die nie wirklich gut gelang und gab seine Bemühung um Klarheit mit den Worten an die Musiker auf: „Lösen Sie das am Pult!"

Später haben wir uns 1986 in Prag zum Dirigentenwettbewerb des Rundfunks getroffen, als Neumann dabei den Vorsitz der Jury übernommen hatte, der ich auch angehörte.

Aus all den Begegnungen im Dirigentenzimmer hatte ich den Eindruck mitgenommen, dass dieser Künstler ein begnadeter und tiefsinniger Musiker war, aber ein ebenso feiner und gerader Mensch. Er war trotz aller nationalen und internationalen Erfolge auf dem Boden geblieben und hat sich nicht „verbiegen" müssen und auch nicht lassen. Als Neumann einmal beim Bühnenpförtner des Großen Hauses der Staatstheater in Dresden aus Bad Schandau vom Grenzübergang anrief, während er zur Probe erwartet wurde, bat er den Pförtner dem Orchester auszurichten, dass er wegen Schwierigkeiten an der Grenze später kommen werde und die Musiker deshalb auf seine Kosten in dieser Zeit in die Theaterkantine einlade.

Einmal rief mich Neumann zu Hause an und schlug mir ein Treffen auf einem Parkplatz in der Nähe der Autobahn vor, um Wichtiges zu besprechen. Als ich dort ankam, empfing er mich mit den Worten: „Erschrecken Sie nicht, ich habe im Wagen zwei ‚Hünden', die ich mit nach Berlin zur Vorstellung nehmen muss, weil meine Frau nicht zu Hause ist und die Tiere nicht allein gelassen werden wollen!"

Dass unser Kontakt durch die Ereignisse des Jahres 1968 (Neumanns Vertragskündigung beim Gewandhaus Leipzig nach Einmarsch der Truppen des Warschauer Paktes in die Tschechoslowakei) lange Zeit abgerissen war, habe ich immer als Verlust empfunden. Dass es dann im Mai 1983 während der Dresdner Musikfestspiele zu einem Wiedersehen kam, war mehr als Freude für mich – weniger, dass er dann während meiner Berliner Jahre eine Einladung zum Rundfunk-Sinfonieorchester nicht annehmen konnte, was wohl an seinem Gesundheitszustand lag. Ich habe seinen relativ frühen Tod – er wurde nur 75 Jahre alt – sehr bedauert.

Prag, 6.4.67.

Lieber Mr. Uhrig,

Ihr Brief ist äusserst verführerisch; erstens werde ich mich wiedermal sehr freuen mit der Staatskapelle, zweitens Lied von der Erde.

Aber beide Termine, die Sie nennen habe ich besetzt.

Es ist sowieso alles schon sehr voll.

Etwas möglich wäre
27. Nov – 3. Dez. 67
oder ab 12.11. bis 10. März 68.
Dann erst nach 12. Juni 68.

Ich bin unglücklich, dass ich der Staatskapelle nicht mehr anbieten kann.

In der Februar–März-Zeit sollen wir mit Gewand. Schallplatten machen.

Mit besten Grüssen an die Mitglieder der Staatskapelle und für Sie und Ihre Frau

Ihr

Neumann.

Brief von Václav Neumann an Dieter Uhrig, 6. April 1967

Konzerte mit der Staatskapelle in Dresden:
22./23.4.1960 – 13.5.1960 – 31.12.1960 – 18.10.1961 – 27.10.1961 – 2.10.1962 – 18.11.1962 – 17.4.1963 – 18.10.1963 – 22.4.1964 – 11.3.1966 – 26./27.5.1983 – 28./29.5.1987

Aufgeführte Komponisten mit der Staatskapelle Dresden:
Hans-Christian Bartel – Bartók – Beethoven – Pavel Borcovec – Brahms – Bruch – Debussy – Dvořák – Einem – Hindemith – Janáček – Miroslav Kabelác – Viktor Kalabis – Kraus – Křenek – Kurz – Mahler – Martinů – Mozart – Prokofjew – Vladimir Sommer

Konzerte in Prag anlässlich des „Prager Frühlings“:
23.5.1964 – Honegger: *Johanna auf dem Scheiterhaufen*
13.5.1973 – Werke von Mozart – Berg – Henze

Opernaufführung an der Staatsoper Dresden:
17.2.1960 – Janáček: *Aus einem Totenhaus*

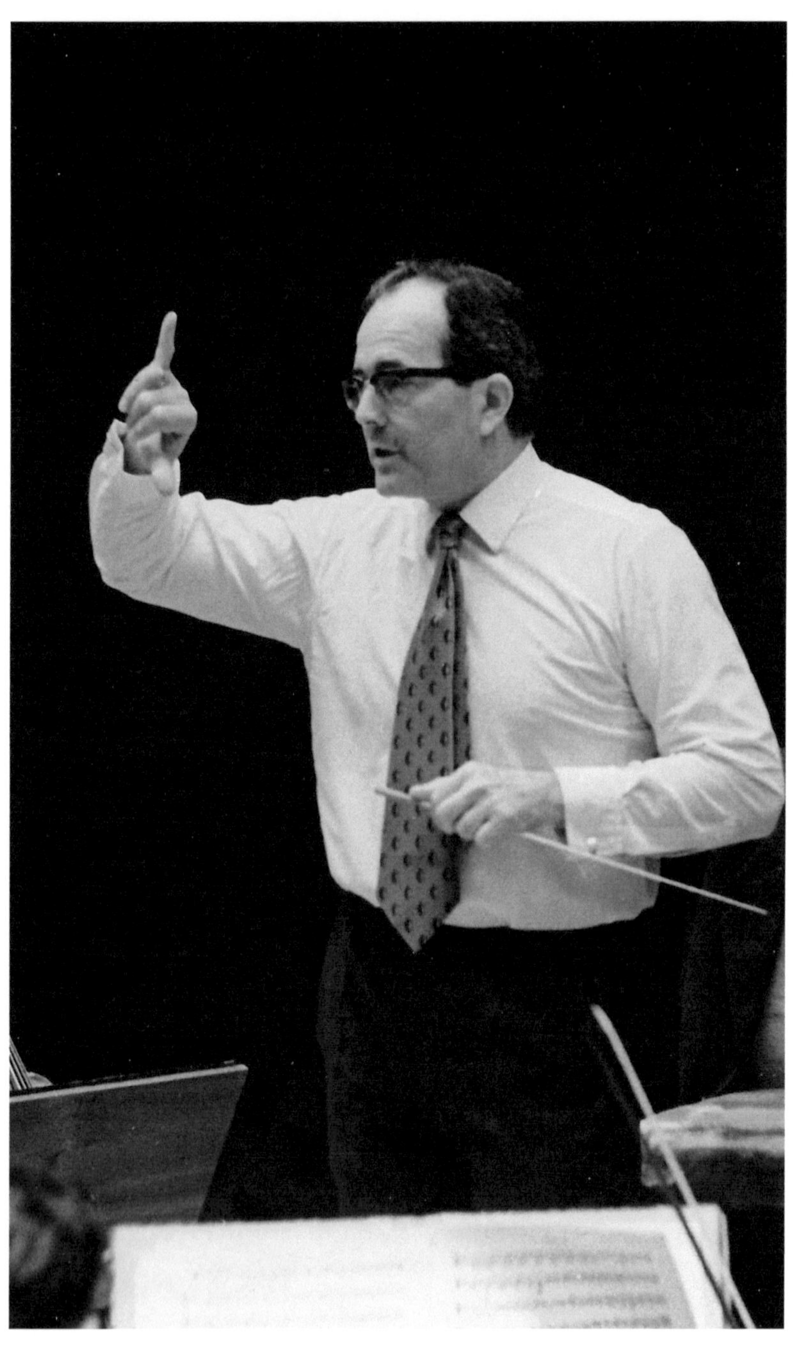

Wolfgang Sawallisch, 1973 (Foto: Erwin Döring)

Wolfgang Sawallisch (1923–2013)

Geboren 1923 in München. Frühe musikalische Interessen. Ziel: Pianist und Dirigent. Studium in München bei Joseph Haas und den Dirigenten Hans Rosbaud und Igor Markevitch. Erste Anstellung am Stadttheater Augsburg, danach an den Theatern Aachen, Wiesbaden, Köln; Chefdirigent der Wiener Symphoniker, des Philharmonischen Staatsorchesters Hamburg und des Orchestre de la Suisse Romande. 1971–1992 Musikalischer Leiter der Staatsoper München, 1993–2003 Leiter des Philadelphia Orchestra. Seit 1949 angesehener und vielbegehrter Liedbegleiter u. a. von Elisabeth Schwarzkopf, Dietrich Fischer-Dieskau, Peter Schreier. Gefeierter Gastdirigent in Deutschland, Europa, Japan und Amerika. Unzählige Aufnahmen: Orchesterwerke, Opern von Wagner und Strauss. 2003 Gründung der Wolfgang-Sawallisch-Stiftung mit Sitz in Grassau zur Förderung junger Musiker. Gestorben 2013 in Grassau.

Unter Orchestermusikern galt der Bayer vielfach als eine Art „Lehrmeister“ am Pult. Seine Interpretationen widersprechen dem entschieden. Auch Sawallisch konnte zum Beispiel den typischen Klang der „Dresdner“ für seine Konzerte und Aufnahmen mit der Staatskapelle entdecken und nutzen, auch sich daran begeistern. Seine Methode, ein solches Ziel zu erreichen, war aber – der Persönlichkeit entsprechend – anders als bei Kollegen gleicher Klasse.

Sawallisch war ein ausgesprochen feinsinniger Mensch, der niemals die Grenzen der Zumutbarkeit bei Belastungen oder schwierigen Situationen verlassen hat und immer die Balance zwischen dem Orchester und den Anforderungen der Aufnahmetechnik fand, ohne dabei auf seine künstlerischen Anforderungen zu verzichten. Auch ihm war die jeweils auf dem Programm stehende Komposition „heilig“ und unantastbar.

Seit 1965 mit dem Konzert anlässlich der Salzburger Festspiele schätzte Sawallisch die Dresdner Kapelle. Mit den Aufnahmen der Sinfonien von Schubert und Schumann gelangen wertvolle Beiträge der Zusammenarbeit, die ihren Niederschlag in Konzerten für unser Publikum fand. Es gab aber auch manches Problem: Trotz seiner für die Dresdner Musiker zunächst nicht genau nachzuvollziehenden Forderung nach gleicher Wichtigkeit von Emotionalität und Perfektion des Orchesterklanges gehören die Aufnahmen zum Feinsten des vorhandenen Repertoires. Ein „Musizierorchester“ wie die Staatskapelle musste dafür erst den Weg finden, der dann aber auch ein entsprechendes Ergebnis brachte. Wie Rudolf Kempe löste Sawallisch alle aufgetretenen Fragen stets persönlich und sehr auf den Einzelnen zugehend. Seine zutiefst

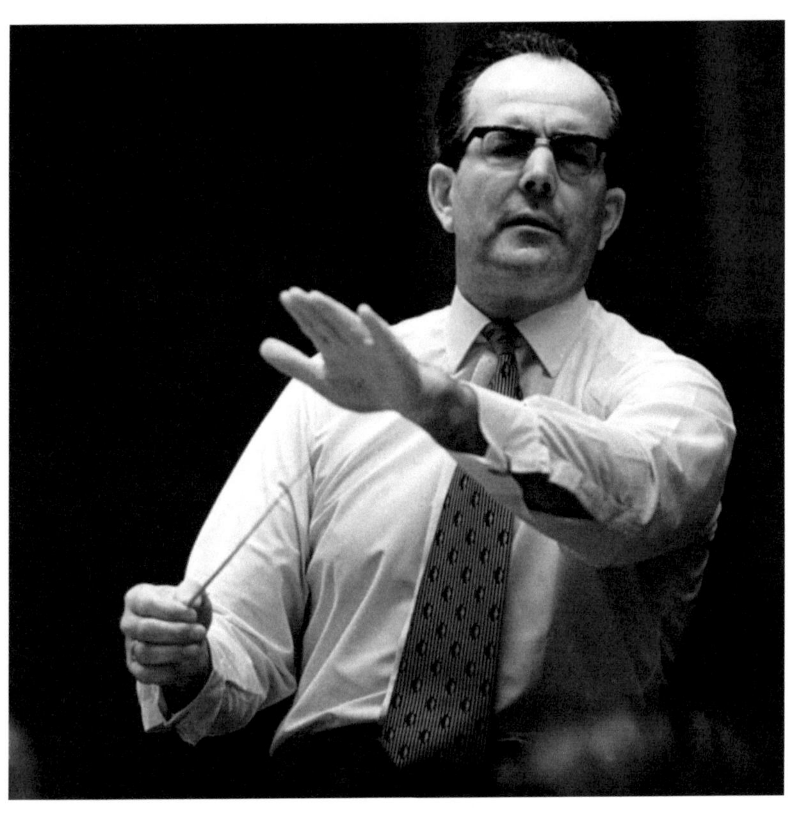

Wolfgang Sawallisch, 1973 (Foto: Erwin Döring)

menschliche Art des Umgangs mit dem Orchester fand ihren Widerhall in der Zuneigung der Kapelle.

1966 gastierte Sawallisch mit seinem Hamburger Staatsorchester in zwei Konzerten im Großen Haus der Staatstheater Dresden, unsere damalige Spielstätte. Seitdem war unsere Verbindung eng. Dass sie von den offiziellen Kulturbehörden der DDR geduldet wurde, hing wie auch bei allen anderen „Ost-West-Produktionen" mit dem für den sozialistischen Staat notwendigen Erwerb von Devisen, von „harter" Währung zusammen. Ganz offensichtlich besaß ich das Vertrauen des großen Dirigenten, wie Gespräche im Dirigentenzimmer erkennen ließen, sodass wir gemeinsam Pläne entwickelten, die dem Orchester hinter dem „Eisernen Vorhang" die Möglichkeit geben sollten, international nicht den Anschluss zu verlieren und im „Klein-Klein" des herrschenden sozialistischen

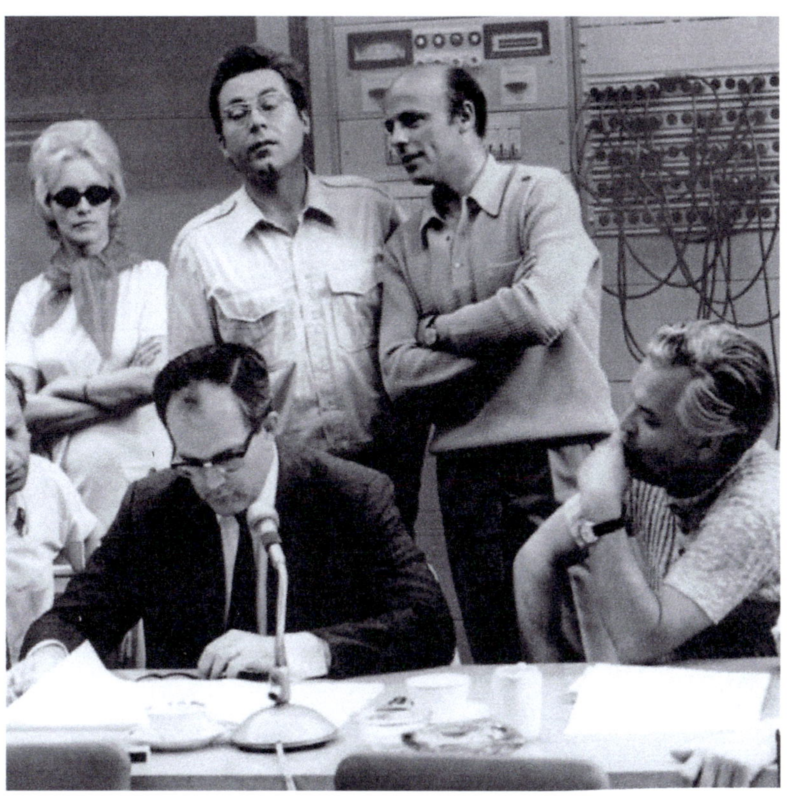

Wolfgang Sawallisch in der Lukaskirche beim Abhören von Aufnahmen, Juni 1971 (Foto: Wolfgang Wahrig)

Musikbürokratismus zu versinken. Dass Sawallisch sie nicht alle verwirklichte, hing mit der Verpflichtung Herbert Blomstedts zusammen, dessen Amtsantritt als Chef der Staatskapelle er begrüßte und bei dem er die Geschicke des Orchesters in den richtigen Händen wusste. Beide Dirigenten waren Schüler von Igor Markevitch.

Ob Musiker, Dramaturg oder Orchesterdirektor – allen begegnete Sawallisch auf gleicher Augenhöhe. Im Gespräch betonte er die Notwendigkeit, ein Orchester nicht zu führen, sondern zu leiten und die Impulse der Musiker aufzunehmen und in das Ganze einzufügen. „Manchmal eine Herkulesarbeit, aber immer lohnend", sagte er mir.

Wie sehr Sawallisch einem Werk nahekommen wollte, beweist seine Haltung zu einer geplanten Gesamtaufnahme von Wagners 1842 in Dresden zuerst erklungener Grand opéra *Rienzi*. Er setzte sich gründlich mit dem umfangreichen Werk des Anfängers Wagner auseinander und kam nach ausführlichem Studium zu der Erkenntnis, die Aufnahme nicht machen zu können. An seiner Stelle kam dann Heinrich Hollreiser zu uns ins Studio Lukaskirche.

In Japan wurde Sawallisch sehr verehrt. Ich bekam das während unseres Gastspiels dort im Jahr 1978 zu spüren, als mir von japanischen Kollegen nicht nur seine Grüße, sondern auch umfangreiche, von ihm angeregte Betreuungsvorschläge zuteil werden sollten. Ich solle nicht nur meinen Job machen, sondern auch etwas das Land genießen, war die Botschaft.

In Salzburg konnte ich Sawallisch am 9. August 1975 in der Felsenreitschule mit dem ORF-Symphonieorchester und den ORF-Chören aus Wien und Salzburg mit Orffs *Carmina Burana* und Hindemiths Sinfonie *Mathis der Maler* während unseres dortigen Gastspiels bei den Festspielen hören. Es war für mich hoch interessant zu erfahren, wie der Maestro, den ich bisher mit der Aufführung klassischer Kompositionen erlebt hatte, aus diesen beiden Meisterwerken des 20. Jahrhunderts ebensolche Klänge herauszufiltern vermochte wie aus Werken der Klassik und Romantik. Das Publikum war begeistert. Und als ich Sawallisch nach dem Konzert im Dirigentenzimmer zu seiner umjubelten Leistung gratulieren wollte, lehnt er bescheiden mit dem Hinweis auf die Interpreten und die Werke ab. Er sei ja nur der „Verwalter“ und „Anreger“; ohne Solisten, Chöre und Orchester hätte er gar nichts erreichen können. Für mich war es auch ein Erlebnis, dass Sawallisch aus einem Ensemble, das ein Aufnahme- und nicht unbedingt ein „Musizierorchester“ (wie die Wiener oder Dresdner es sind) ist, seine eigenen Klangmöglichkeiten hervorzubringen vermochte. Er war eben doch kein „Lehrmeister“, sondern ein Künstler.

Die Konzerte mit der Staatskapelle im Ausland:

9.8.1965	Salzburger Festspiele Werke von Joseph Haydn – Strawinsky – Schumann

Die Konzerte mit der Staatskapelle in Dresden:

12./13.10.1966	Werke von Schubert
19./20.6.1969	Werke von Bartók – Strauss (425-Jahrfeier der Staatskapelle Dresden)
27./28.9.1973	Werke von Schubert – Prokofjew – Brahms

Schallplatten-Aufnahmen mit der Staatskapelle in Dresden:

1966/67	Schubert: *Sinfonien*
1972	Schumann: *Sinfonien, Ouvertüren, Messen*

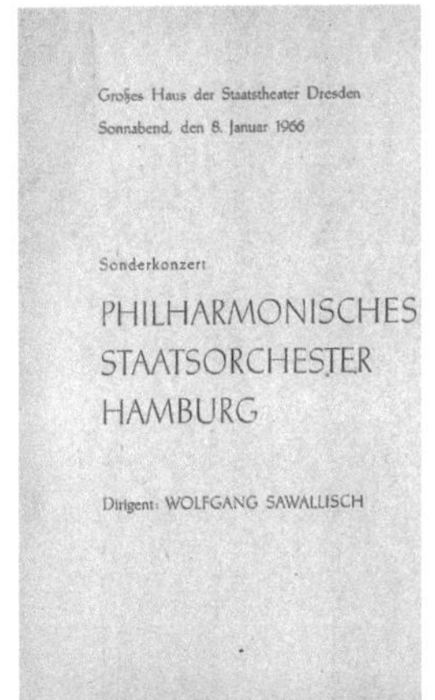

Großes Haus der Staatstheater Dresden

Sonnabend, den 8. Januar 1966

Sonderkonzert

PHILHARMONISCHES
STAATSORCHESTER
HAMBURG

Dirigent: WOLFGANG SAWALLISCH

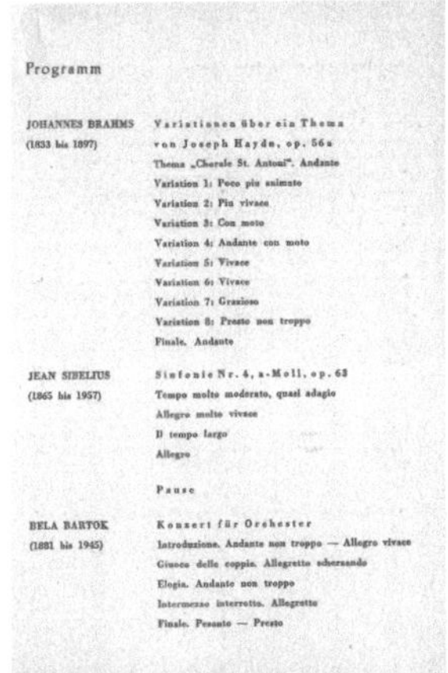

Programm

JOHANNES BRAHMS (1833 bis 1897)	Variationen über ein Thema von Joseph Haydn, op. 56a Thema „Chorale St. Antoni". Andante Variation 1: Poco più animato Variation 2: Più vivace Variation 3: Con moto Variation 4: Andante con moto Variation 5: Vivace Variation 6: Vivace Variation 7: Grazioso Variation 8: Presto non troppo Finale. Andante
JEAN SIBELIUS (1865 bis 1957)	Sinfonie Nr. 4, a-Moll, op. 63 Tempo molto moderato, quasi adagio Allegro molto vivace Il tempo largo Allegro
	Pause
BELA BARTOK (1881 bis 1945)	Konzert für Orchester Introduzione. Andante non troppo — Allegro vivace Giuoco delle coppie. Allegretto scherzando Elegia. Andante non troppo Intermezzo interrotto. Allegretto Finale. Pesante — Presto

Konzertprogramm des Gastspiels des Hamburgischen Staatsorchesters im Großen Haus der Staatstheater Dresden, 8. Januar 1966

Gastspiel des Hamburgischen Staatsorchesters in Dresden:
8.1.1966 Werke von Brahms – Sibelius – Bartók

Wolfgang Sawallisch über sein Selbstverständnis als Dirigent und die Staatskapelle Dresden:

„So bemühe ich mich, dem Orchestermusiker ein Höchstmaß an persönlicher Freiheit zu lassen, aber ihn gleichzeitig zu musikalisch-musikantischer Mitwirkung zu ‚zwingen'. Bei aller Kontrolle, die ich ausübe, soll der Einzelne die Möglichkeit zu eigenem Musizieren haben. Ich bin immer gut damit gefahren, den spontanen Ehrgeiz der Musiker herauszufordern. Das Ziel ist, eine möglichst weitgehende Mitwirkungsbereitschaft des Einzelnen zu erreichen. Er muss überzeugt sein oder zumindest anerkennen, dass die Vorstellung, die ich von einem Werk habe, von der interpretatorischen Seite her Sinn macht." (Wolfgang Sawallisch: *Kontrapunkt – Herausforderung Musik*, Hamburg 1993, S. 81)

„Es ist nicht von ungefähr, daß die größten Komponisten seit eh und je in der Staatskapelle den idealen Interpreten gefunden haben, daß dieses Orchester – gleichermaßen in Oper und Konzert beheimatet – in aller Welt als ein Klangkörper von besonderer Kultur bekannt ist und geliebt wird. Vor diesem Orchester zu stehen, mit ihm zu musizieren ist beglückend und verpflichtend zugleich." (Wolfgang Sawallisch, in: *Staatskapelle Dresden.* Mit einem Essay von Ernst Krause, hrsg. von Eberhard Steindorf und Dieter Uhrig, Berlin 1973, S. 138)

Zusammenfassende Darstellungen von „Ost“-Dirigenten

Infolge der staatlich gelenkten Politik der Künstleragenturen der „sozialistischen Bruderländer“ gab es bis zur politischen Wende und zum Mauerfall einen jährlich neu verhandelten, vertraglich gebundenen Künstleraustausch. Der Vorteil war, dass wir auf der einen Seite Künstler von Weltruf für unsere Konzerte in Dresden und Berlin verpflichten konnten, die sonst von ihren Ländern zuerst als Devisenbringer ins westliche Ausland verschickt wurden. Auf der anderen Seite bekam der Nachwuchs die Möglichkeit von Konzerten. Außerdem wurden die Gastspiele durch die vertragliche, länderübergreifende, gegenseitige Bindung höchstens im Krankheitsfall oder bei Emigration in den Westen abgesagt. Die Einhaltung der Vereinbarung hatte dabei das unbedingte Vorrecht.

Dass Künstler meist nicht in positivem Verhältnis zur gerade herrschenden Obrigkeit stehen (wobei dadurch aber bedeutende Kunstwerke entstanden sind), hat meine Verbindung zu den meisten Dirigenten mitgeprägt: Wir waren uns einig, dass Politik in der Kunst nichts zu suchen hat, dass wir verpflichtet sind, unser Bestes und den Konzertbesuchern mit unserem Tun ein Teil der Kraft zu geben, auch schwere Zeiten zu ertragen und zu überstehen. Es gab in solchen Momenten keine Unterschiede zwischen West und Ost oder Ost und West. Die Einigkeit in solch einem Ziel war auch die Kraft, aus der wir schöpften und die uns niemand nehmen konnte.

Außer den sowjetischen, russischen, polnischen und tschechischen Dirigenten konnten wir eine Reihe von Künstlern aus Ungarn, Rumänien und Kroatien kennenlernen, die unser Konzertleben mit ihren Gastspielen bereicherten. Von den Ungarn besuchten uns Vilmos Komor, György Lehel, Miklos Erdely und Adam Fischer zu Konzerten. Ihre Programme waren stets interessant und brachten manchen bei uns bis dahin unbekannten Komponisten zur Aufführung. Sie vermittelten die Werke ihrer „Nationalheiligen“ Kodály und Bartók in authentischer Interpretation, aber auch von Pál Kadosa; dazu erklang Musik von Joseph Haydn, Mozart, Chopin, Schumann, Schostakowitsch und unserer Dresdner Komponisten Fidelio F. Finke und Siegfried Kurz.

Aus Rumänien gastierten Ervin Acél, Sergiu Comissiona und Horia Andreescu. Von den kroatischen Dirigenten war Milan Horvát sowohl in Dresden als auch in Berlin häufiger und beliebter Gastdirigent, der die Staatskapelle Dresden auch am 9. August 1972 bei den Salzburger Festspielen dirigierte. Er wurde damals mit einem Privatflugzeug eingeflogen und hatte das Konzert für einen russischen Dirigenten, den das mächtige „GOS-Konzert“ (Staatliche Künstleragentur der damaligen Sowjetunion) nicht ausreisen ließ, von gestern auf heute übernommen.

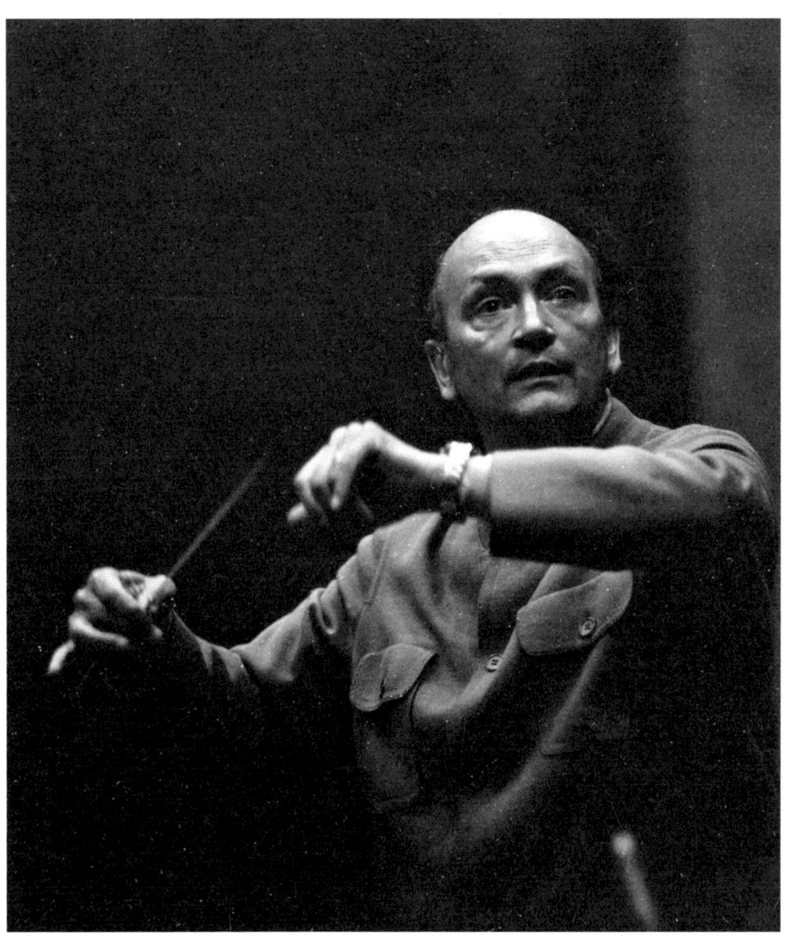

Milan Horvat in der Lukaskirche, 1977 (Foto: Erwin Döring)

Milan Horvat (1919–2014) dirigierte Konzerte in Dresden und Berlin. Er stammte aus Pakrac im heute selbständigen Kroatien. Nach dem Abitur studierte er Jura in Zagreb und promovierte dort. Außerdem widmete er sich musikalischen Studien (Klavier, Dirigieren und Komposition). Später gehörte er zu den Kurs-Teilnehmern von Igor Markevitch in Salzburg, danach leitete Horvat diese Kurse selbst. Sein liebenswürdiges, weltmännisches Auftreten hatte nichts mit dem Bild des Pult-Löwen zu tun, das einem manchmal seitens eines Künstlers vor einer Probe aus Unsicherheit vor dem Kommenden begegnen konnte. Horvat kam damals meist aus Wien, wo er die Chefposition des ORF-

Symphonieorchesters innehatte. Sein erstes Konzert in Dresden fand am 6./7. April 1972 mit Werken Gottfried von Einems, Mozarts und Strawinskys statt. Die Wiedergabe von *Sacre de printemps* als einem sehr schwer zu dirigierenden und zu spielenden Werk brachte Horvat großen Erfolg. Es folgten in Dresden noch Konzerte in den Jahren 1973, 1975 und 1977/78 sowie in Berlin 1990 und 1992/93. Beim Berliner Sinfonieorchester gastierte Horvat in den Jahren 1990 bis 1993, wo wir uns im Dirigentenzimmer trafen. Später kamen vertrauliche Gespräche in seinem Hotel dazu und vertieften das gute Verhältnis.

Aufgeführte Komponisten waren Bartók, Beethoven, Berlioz, Frank Michael Beyer (UA), Blacher, Brahms, Ramirez Chávez, Dvořák, von Einem, de Falla, Lutz Glandin, Joseph Haydn, Hummel, Mahler, Benedetto Marcello, Mozart, Mussorgski, Pfitzner, Prokofjew, Rachmaninow, Ravel, Schostakowitsch, Schumann, Strauss, Strawinsky, Verdi und Webern. In der Begleitung seiner internationalen Solisten Alexis Weissenberg, Andor Foldes, Maurizio Pollini, Liana Issakadse und Maurice André, derjenigen aus der DDR Walter Olbertz und Rolf-Dieter Arens sowie der Orchestersolisten Ottomar Borowitzky und Erich Krüger verlieh Horvat Sicherheit und das Gefühl absoluter Gemeinsamkeit des musikalischen Anliegens. Vorliebe besaß er auch für die Aufführung von Vokalmusik, besonders von großer Chorwerken.

Außer Horvat konnten wir auch die Bekanntschaft von Anton Nanut, Oscar Danon und Kresimir Sipus machen.

Bemerkenswert war für mich als Erkenntnis der vielen Begegnungen, dass Dirigent und Solist, obwohl sie sich vor den Proben nicht gekannt hatten, in den meisten Fällen mit dem Orchester zueinander fanden, das der Musik geschuldet war, nicht persönlichen Interessen. Dass unser Dresdner und Berliner Publikum davon profitierte, war besonders in der Zeit des Bestehens der DDR ein wichtiges Moment in Bezug auf die Gemeinsamkeit des Erlebens und des Miteinanders ohne Zwang. Die Nische war für den Staatsapparat nicht völlig erreichbar, obwohl unter den Besuchern als eine Art Dauerabonnenten die Herren „mit den bekannten Täschchen", also Mitarbeiter der Staatssicherheit, saßen. Interessant war die Wirkung der Dresdner Konzerte auf solche Besucher wie den Ersten Sekretär der Bezirksleitung der SED und den Bischof der Katholischen Kirche: Sie vergaßen dann wohl ganz ihre eigentliche Funktion und wurden zu einfachen Hörern, die von der Musik mitgenommen wurden, ohne Ansehen der Person. In solchen Momenten habe ich verstanden, welche Wirkung von Musik ausgehen kann und wie wichtig es ist, niemand davon auszuschließen.

Russische und lettische Dirigenten

In den Jahren des „Eisernen Vorhangs" zwischen Ost und West hatten die vertraglichen Vereinbarungen der staatlichen Agenturen „GOS-Konzert" für die Sowjetunion und die „Künstleragentur" für die DDR den Vorteil, dass gegenseitige Gastspiele von Künstlern und Ensembles über staatliche Abkommen für eine gewisse Garantie des Stattfindens sorgten. So konnten wir in Dresden eine Reihe der damaligen „Star-Dirigenten" und den nach vorn drängenden sowjetischen Nachwuchs in unseren Konzerten begrüßen. Namen wie Kirill Kondraschin, Arvid Jansons, Alexander Gauk, Gennadi Roshdestwenski (der die Staatskapelle Dresden auch bei den Salzburger Festspielen 1975 dirigierte), aber auch die Jüngeren wie Juri Temirkanow, Dimitri Kitajenko, Mariss Jansons und Wassili Sinaiski versprachen besondere künstlerische Leistungen.
Kondraschin, bereits umfänglich gewürdigt, galt als Nr. 1. Aber auch mit Arvīd Jansons und Temirkanow verbanden mich enge Beziehungen mit Gesprächen im Dirigentenzimmer, die in vielen Fällen nicht für fremde Ohren bestimmt waren und bei Bekanntwerden für beide Partner möglichen Schaden angerichtet hätten. Arvīd Jansons und Temirkanow waren uns vor ihrem ersten Zusammentreffen mit der Dresdner Staatskapelle unbekannt, was sich nach den Dirigaten schlagartig änderte.

Der Lette **Arvīd Jansons (1914–1984)** gab seinen ereignisreichen Einstand bei der Staatskapelle in Dresden am 4. November 1964 mit der *4. Sinfonie* von Tschaikowski, der *2. Suite* aus Prokofjews Ballett *Romeo und Julia* und Beethovens *3. Klavierkonzert* mit unserem österreichischen Gastpianisten Jörg Demus. Jansons kam aus Dresdens damaliger Partnerstadt Leningrad, wo er Dirigent der Philharmoniker war. Jansons wurde sofort wieder eingeladen und kam 1970, 1972 und 1973 zu weiteren Konzerten. Zur Aufführung brachte er u.a. am Dresdner Gedenktag Verdis *Missa da Requiem* und Beethovens *9. Sinfonie* an Palmarum. Dass er sich auch mit zwei Uraufführungen in die Kapellgeschichte eingetragen hat, lässt seine enge Verbundenheit zu uns erkennen: *Rondo leggiero* des Kapellmitgliedes Karl Friedrich und Gerhard Rosenfelds *Violinkonzert*. Im Oktober 1984 leitete Jansons die Kapelle mit Werken von Schostakowitsch und Brahms in Berlin und Moskau.

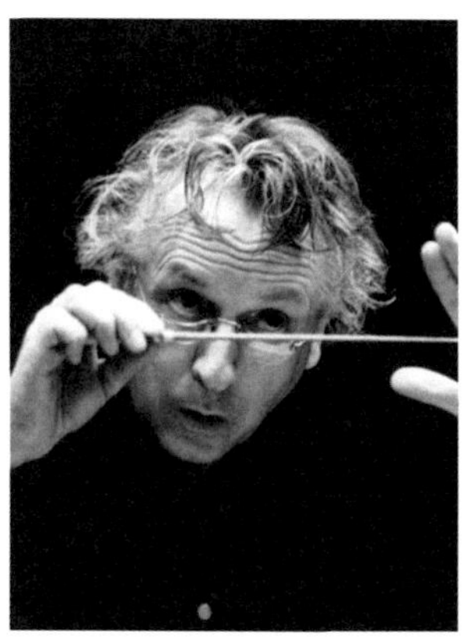

Arvīd Jansons, 1973
Foto: Erwin Döring

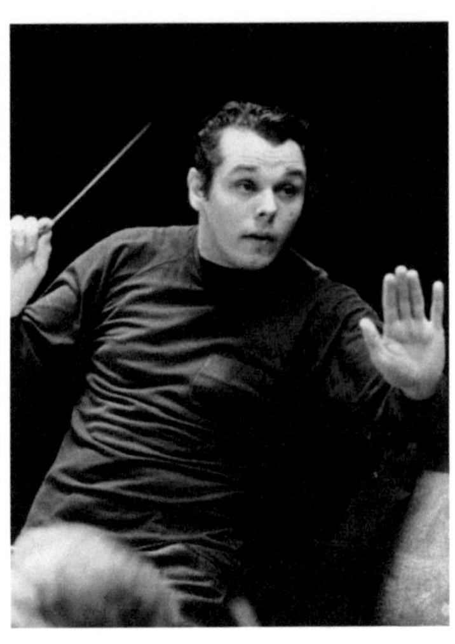

Mariss Jansons, 1976
(Foto: Erwin Döring)

Mariss Jansons (1943–2019) gastierte am 18./19. November 1976 zum ersten Mal in unseren Dresdner Konzerten mit Werken von Schostakowitsch, Mozart und Ravel sowie der Uraufführung der *Ostinati* des einheimischen Komponisten Karl-Rudi Griesbach. Aufmerksam gemacht worden war ich auf das außerordentliche Talent des jungen Mannes in einem Konzert der Dresdner Philharmonie, das er leitete und wozu mich eine der Kapelle enthusiastisch verbundene Dresdner Konzertbesucherin eingeladen hatte. Mariss Jansons setzte dann mit Konzerten 1978 und 1981 die Dresdner „Jansons-Reihe" fort. Seine späteren Vorlieben im Programm mit Tschaikowski, Schostakowitsch, Bartòk, Mahler bildeten schon damals den Schwerpunkt seiner Konzerte, die die spätere Außerordentlichkeit seiner Interpretation ahnen ließen. Dass wir uns nach Jahren noch einmal in der Berliner Philharmonie in einem Frühbeck-Konzert wieder trafen, freute uns beide. Allerdings mein Wunsch, Mariss Jansons an das Pult des Rundfunk-Sinfonieorchester Berlin zu bekommen, war ausgeschlossen. In Städten mit mehreren gleichartigen Orchestern gibt es die „innerbetriebliche" Regelung einer Art Dirigenten- und Solistenaufteilung. Wer bei A auftritt, kann das – mindestens im gleichen Jahr – nicht bei B oder C tun. Gehört habe ich ihn auch mit den Leningrader Philharmonikern am 26.5.1987 anlässlich der Dresdner Musikfestspiele mit Beethovens *2. Sinfonie* und Schostakowitschs *10. Sinfonie.* Über sich und sein nicht leichtes Schicksal wollte Mariss Jansons nie sprechen, sondern ausschließlich über Musik. Ich glaube, dass sie seine Wunden geheilt hat, die in der Haltung des Sowjet-Regimes gegenüber seiner Familie entstanden waren. Trotz des Schutzes durch den hochgeschätzten und staatlich unangreifbaren Jewgeni Mrawinski konnte Mariss Jansons sich erst im Ausland so entwickeln, wie wir ihn kennen und schätzen gelernt haben.

Sein bescheidenes Auftreten und sein offenes Wesen haben diesen wunderbaren Künstler und Menschen ausgezeichnet. Sein „aufrichtiges Musizieren" ermöglichte „eine unbeirrbare Entschlüsselung musikalischer Verläufe" (Alexander Gudon).

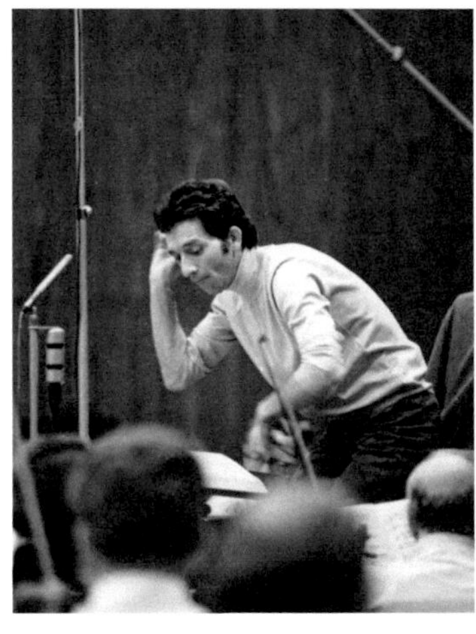

Juri Temirkanow, 1971
(Foto: Erwin Döring)

Juri Temirkanow (* 1938) kam ebenfalls aus Dresdens Partnerstadt Leningrad (heute wieder St. Petersburg). Nach dem ersten erfolgreichen Konzert folgten weitere in den Jahren 1971, 1974 und 1981. Tschaikowski und Schostakowitsch, aber auch Mendelssohn Bartholdy und Bruch mit den von ihm geschätzten Geigern Viktor Tretjakow, Wolfgang Schneiderhan und Leonid Kogan. Temirkanow hatte so viel Interesse an der Zusammenarbeit mit der Dresdner Kapelle gefunden, dass er sie als Chef übernehmen wollte. Recherchen in dieser Richtung sind aber trotz aller „brüderlichen" Zusammenarbeit im Sumpf der Funktionärskaste sowohl in Berlin als auch in Moskau steckengeblieben. Als Operndirigent konnte ich Temirkanow in der Semperoper im März 1985 beim Gastspiel der Kirow-Oper Leningrad mit Tschaikowskis *Eugen*

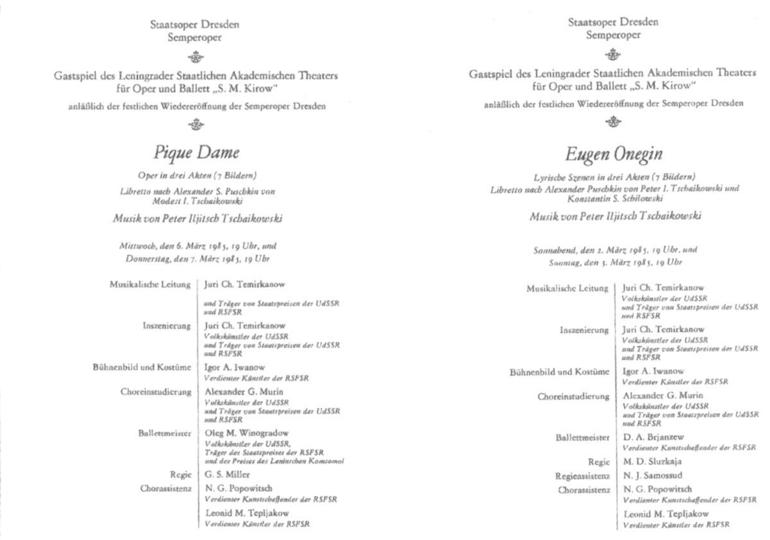

Staatsoper Dresden
Semperoper

Gastspiel des Leningrader Staatlichen Akademischen Theaters
für Oper und Ballett „S. M. Kirow"

anläßlich der festlichen Wiedereröffnung der Semperoper Dresden

Pique Dame

Oper in drei Akten (7 Bildern)

Libretto nach Alexander S. Puschkin von Modest I. Tschaikowski

Musik von Peter Iljitsch Tschaikowski

Mittwoch, den 6. März 1985, 19 Uhr, und
Donnerstag, den 7. März 1985, 19 Uhr

Musikalische Leitung	Juri Ch. Temirkanow *und Träger von Staatspreisen der UdSSR und RSFSR*
Inszenierung	Juri Ch. Temirkanow *Volkskünstler der UdSSR und Träger von Staatspreisen der UdSSR und RSFSR*
Bühnenbild und Kostüme	Igor A. Iwanow *Verdienter Künstler der RSFSR*
Choreinstudierung	Alexander G. Murin *Volkskünstler der UdSSR und Träger von Staatspreisen der UdSSR und RSFSR*
Ballettmeister	Oleg M. Winogradow *Volkskünstler der UdSSR, Träger des Staatspreises der RSFSR und des Preises des Leninschen Komsomol*
Regie	G. S. Miller
Chorassistenz	N. G. Popowitsch *Verdienter Kunstschaffender der RSFSR* Leonid M. Tepljakow *Verdienter Künstler der RSFSR*

Staatsoper Dresden
Semperoper

Gastspiel des Leningrader Staatlichen Akademischen Theaters
für Oper und Ballett „S. M. Kirow"

anläßlich der festlichen Wiedereröffnung der Semperoper Dresden

Eugen Onegin

Lyrische Szenen in drei Akten (7 Bildern)
Libretto nach Alexander Puschkin von Peter I. Tschaikowski und Konstantin S. Schilowski

Musik von Peter Iljitsch Tschaikowski

Sonnabend, den 2. März 1985, 19 Uhr, und
Sonntag, den 3. März 1985, 19 Uhr

Musikalische Leitung	Juri Ch. Temirkanow *Volkskünstler der UdSSR und Träger von Staatspreisen der UdSSR und RSFSR*
Inszenierung	Juri Ch. Temirkanow *Volkskünstler der UdSSR und Träger von Staatspreisen der UdSSR und RSFSR*
Bühnenbild und Kostüme	Igor A. Iwanow *Verdienter Künstler der RSFSR*
Choreinstudierung	Alexander G. Murin *Volkskünstler der UdSSR und Träger von Staatspreisen der UdSSR und RSFSR*
Ballettmeister	D. A. Brjanzew *Verdienter Kunstschaffender der RSFSR*
Regie	M. D. Sluzkaja
Regieassistenz	N. J. Samossud
Chorassistenz	N. G. Popowitsch *Verdienter Kunstschaffender der RSFSR* Leonid M. Tepljakow *Verdienter Künstler der RSFSR*

Programmheft von Juri Temirkanows Leningrader Gastspiel in der Semperoper mit Tschaikowski-Opern, 1985

Onegin und *Pique Dame* erleben und auch hier seine Leistungsfähigkeit in der Führung großer Apparate bewundern. Beim Gegengastspiel der Dresdner Staatsoper in Leningrad war er mir ein liebenswürdiger Gastgeber. Danach ist unsere Verbindung irgendwie abgerissen: Temirkanow kehrte zwar nach Dresden zurück, aber nicht zur Kapelle, sondern zur Philharmonie als Erster Gastdirigent von 1992 bis 1997. In Berlin war er für mich in der Verpflichtung für Konzerte mit dem RSB durch seine Dirigate bei den dortigen Philharmonikern „tabu".

Michael Jurowski (1945–2022), aus einer bekannten russischen Musikerfamilie stammend, war 1989 nach Berlin gekommen und dort auf der Suche nach Engagements. Wir lernten uns in der Kantine der Komischen Oper kennen, wo Jurowski damals Dirigate übernommen hatte. Für das Rundfunk-Sinfonieorchester Berlin konnten wir uns schnell auf Produktionen mit Werken russischer Komponisten einigen, später folgten auch Konzerte. Jurowski erschloss dem RSB eine ganz andere Welt der russischen Musik, als sie uns vorher bekannt gewesen war. Seine Produktionen der Schauspielmusiken von Prokofjew und Schostakowitsch erhielten ebenso Anerkennung wie die Aufnahme unbekannter Werke von Rimski-Korsakow. Seinen Konzerteinstand gab Jurowski am 22./23. Mai 1992. Für die Jahre 1998 bis 2006 berief ihn das RSB als Ersten Gastdirigenten. Jurowski trug durch seine unermüdliche Arbeit mit dem Orchester dazu bei, dass sich das RSB unter den Bedingungen der Konkurrenz, die nach dem Fall der Mauer in Berlin täglich Fakt war, weiter zu einem Spitzen-Klangkörper entwickeln konnte. Ich glaube, dass man ihn auch um Mitternacht eines Proben- oder Aufnahmetages immer noch mit dem Orchester hätte arbeiten lassen können, wenn das möglich gewesen wäre. Musik war sein Leben. Dass sein Sohn Vladimir später (nach Marek Janowski) das RSB als Chefdirigent übernahm und voller Elan auf dem erreichten Spitzenniveau hielt und auch weiterentwickelte, hat den „Altmeister" der Familie der Jurowski-Dirigenten mit Freude und Stolz erfüllt.

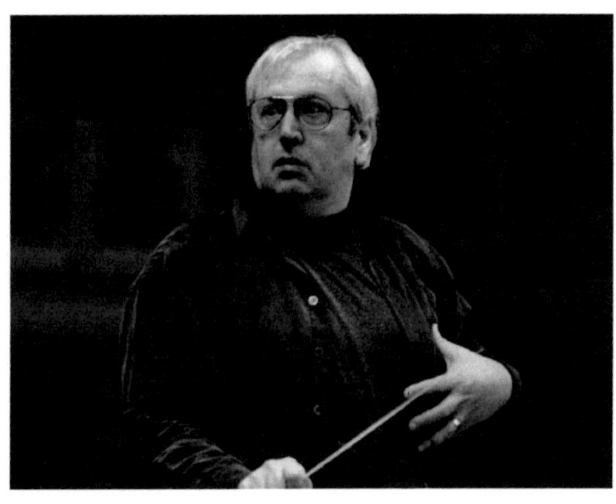

Michael Jurowski, 1994 (Foto: Christian Bard)

Polnische Dirigenten

Auch zu polnischen Dirigenten hatte ich in Dresden und Berlin ein gutes Verhältnis, in der Sache und im Persönlichen. Besonders eng war die Verbindung mit Jan Krenz, den ich seit seinem ersten Konzert in Dresden am 14./15. Oktober 1970 schätzen gelernt hatte. Der Kontakt kam durch die damals allmächtigen und alleinbestimmenden Künstleragenturen in Berlin und Warschau zustande, die uns aber danach nicht hindern konnten – mittels eines auf dem Verordnungsweg verbotenen persönlichen Briefwechsels – alle Kontakte ohne deren Zutun und Zugriff zu erledigen.
Polnische Dirigenten, denen ich begegnete, waren Tomasz Bugaj, Henryk Czyz, Kasimirsz Kord, Jan Krenz, Jerzy Maksymiuk, Stanisław Skrowaczewski, Tadeusz Strugala, Stanislaw Wislocki, Antoni Wit, außerdem den Komponisten Witold Lutosławski und Krzyzstof Penderecki als Interpreten ihrer Werke.

Jan Krenz (1926–2020), als Dirigent von Kasimirz Wilkomirski , als Komponist von Kasimirsz Sikorski in Łódź ausgebildet, seit 1949 Dirigent in Kattowitz, Warschau, Bonn, Kopenhagen, Hilversum und Krakau. Als Komponist begann er siebzehnjährig mit einem Streichquartett die Aufmerksamkeit auf sich zu lenken, sein letztes Werk war ein Requiem. Als Gast dirigierte er vornehmlich in Deutschland, in den USA und in Japan.
Krenz war eine umfassend gebildete, markante musikalische Persönlichkeit, genau in der Probenarbeit, dem Orchester den angemessenen Freiraum im Konzert lassend. Sein Konzept setzte er mit Überzeugung durch, nicht mit Zwang. Das Repertoire reichte von Klassik über Romantik bis zu Zeitgenössischem, wobei er sich seiner polnischen Komponistenkollegen ebenso annahm wie der Interpretation eigener Werke.
Als erstes Programm mit der Staatskapelle Dresden hatte sich Krenz Werke von seinem Landsmann Lutosławski sowie von Mahler und Strauss ausgesucht in dem Wissen, dass er das Strauss-Orchester vor sich hatte. Das Ergebnis war die sofortige Wiedereinladung und eine Folge von Konzerten in den nächsten Jahren 1971, 1973/74, 1976 und 1978/79.
In Berlin dirigierte er am 28. Oktober 1992 beim Rundfunk-Sinfonieorchester ein Programm mit Werken von Beethoven, Chopin, Sibelius und Ravel. Die Solistin in Chopins *Klavierkonzert f-Moll* war Annerose Schmidt. Zu meinem Bedauern wurde ich von der Senderleitung angehalten, den Dirigenten vorläufig nicht wieder einzuladen. Eine Begründung dafür wurde nicht gegeben und ist mir auch nicht nachvollziehbar. Es war der einzige „Eingriff“ in meine Programmpolitik beim RSB; ich

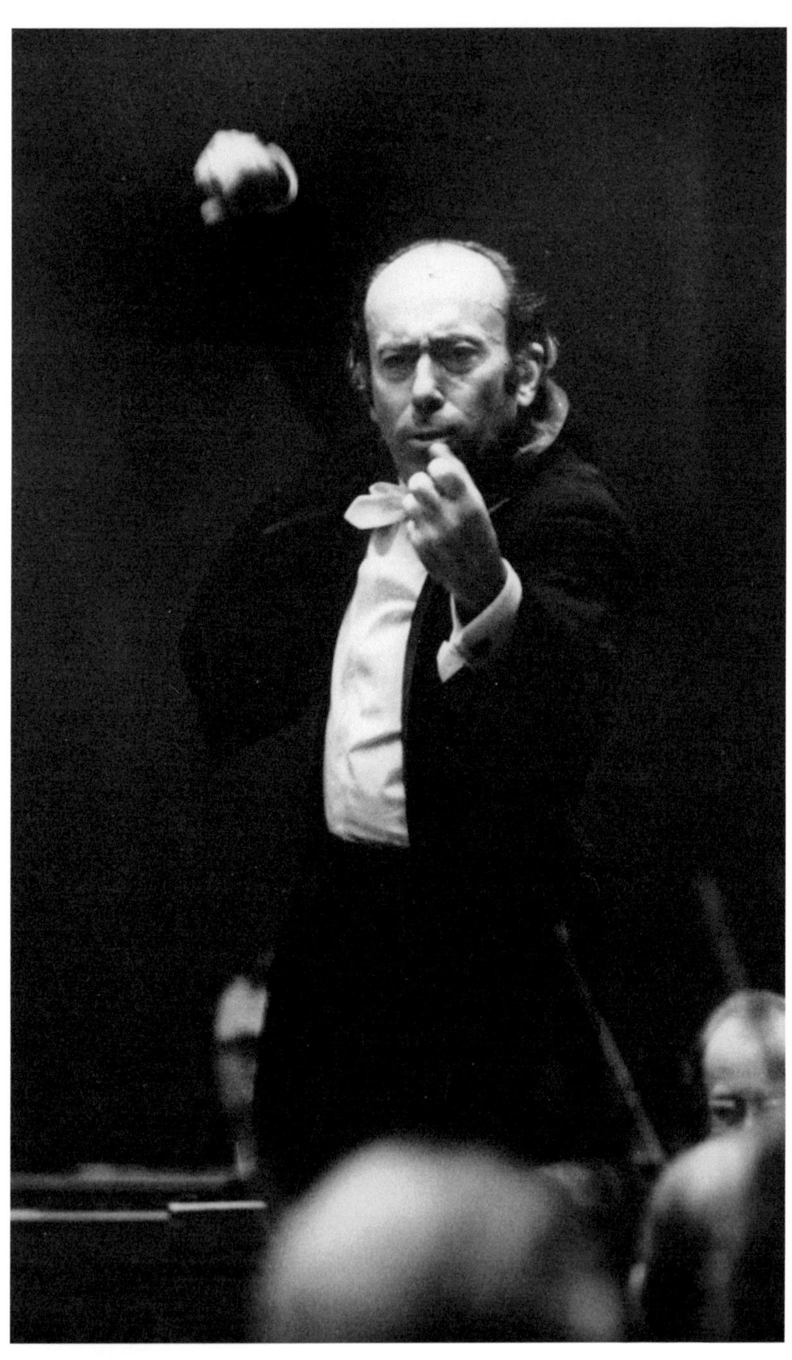

Jan Krenz, 1973 (Foto: Erwin Döring)

hatte sonst immer freie Hand und die Unterstützung für meine Planung seitens der Senderobrigkeit und vor allem seitens des Orchesters.
Die aufgeführten Komponisten in den einzelnen Konzerten waren Baird, Bartók, Beethoven, Brahms, Britten, Chopin, Mahler, Mozart, Prokofjew, Ravel, Sibelius, Strauss und Tschaikowski.
Krenz hatte eine innige Beziehung zu Brahms' Werk. Eindrucksvoll war die Wiedergabe des *Deutschen Requiems* am 12./13. Februar 1978 zum Gedenken an die Zerstörung Dresdens. Seine Solisten, die polnische Sopranistin Bozena Betley, und mein ehemaliger Klassenkamerad aus der Kreuzschule Dresden, der Bariton Wolfgang Hellmich, der Chor der Staatsoper und die Staatskapelle auf der Bühne waren wie das Publikum im Saal des Kulturpalastes nach Konzertschluss so ergriffen, dass eine fast endlose Stille eintrat, die Krenz damit beendete, dass er die Solisten, die Chöre und das Orchester mit seinem Abtreten von der Bühne auffordern musste, aufzustehen und von der Bühne abzugehen. Beifall war nach diesen Gedenk-Aufführungen generell nicht erwünscht.
Auch als feinsinniger, nachvollziehender Begleiter war Krenz geschätzt: die weltberühmten Geiger David Oistrach, Wolfgang Schneiderhan und Gidon Kremer haben das ebenso bestätigt wie sein Landsmann, der Pianist Krystian Zimerman.

In Erinnerung ist mir auch **Stanisław Skrowaczewski (1923–2017**) geblieben, der Gastdirigent beim Rundfunk-Sinfonieorchester Berlin war. Er kam damals aus Saarbrücken vom dortigen Rundfunk-Sinfonieorchester, wo er mit der Aufführung und Aufnahme der Sinfonien Bruckners große Zustimmung gefunden hatte; eigentlich lebte er aber in den USA. Sein Konzert am 28. Januar 1994 mit Bruckners *8. Sinfonie* war ein Höhepunkt in der langen Reihe der Bruckner-Aufführungen durch das RSB. Der alte Herr war wie seine Kollegen Czyz und Krenz auch als Komponist hervorgetreten, fand mein Interesse daran „sehr freundlich", wollte aber ein weiteres Konzert nicht mit einem eigenen Werk „belasten". Skrowaczewski war für mich die Inkarnation des „Dirigenten alter Schule", völlig mit der Partitur vertraut und daraus das Fazit für die eigene Interpretation ziehend. Seine Überzeugung konnte er ohne Mühe auf das Orchester übertragen.

Eine Besonderheit in dieser Dirigenten-Gala aus Polen waren die Komponisten **Witold Lutosławski** und **Krzysztof Penderecki** als Interpreten eigener Werke. Von der Kulturobrigkeit der DDR wurden die Aufführungen dieser in aller Welt anerkannten Komponisten trotz aller vermeintlichen „Brüderlichkeit" nicht als Ruhmesblatt im Programm gewertet. (Vgl. dazu meine spätere Publikation über Komponisten.)

Tschechische Dirigenten

Die Nähe Dresdens zu Prag muss es mit sich gebracht haben, dass ich eine ganze Reihe tschechischer Dirigenten kennenlernen und sie zu Konzerten einladen konnte. Wolfgang Schreiber erwähnt in seinem Buch *Große Dirigenten* (München 2007, S. 312–314) als Inspirator aller dieser „böhmischen Musikanten" Václav Talich und dessen Credo, niedergelegt in einem Brief vom 16. März 1961: „Nein, ich bin kein Virtuose, ich bin ein ehrlicher Arbeiter – und ein tschechischer Künstler."
Diesen Weg sind sie alle gegangen, unbeirrt und erfolgreich: Rafael Kubelik (den ich leider nicht persönlich erleben konnte), Karel Ančerl, Václav Smetácek, Václav Neumann, Zdeněk Košler, Martin Turnovský, Jiri Belohlávek und Gerhard Auer. (Neumann und Belohlávek sind bereits an anderer Stelle gewürdigt worden.)
Hervorheben will ich im Folgenden meine Begegnungen mit Karel Ančerl, mit dem mich über die Zusammenarbeit hinaus das Persönliche verbunden hat, und mit Gerhard Auer.

Altmeister **Karel Ančerl (1908–1973)** war verehrungswürdig und eine große Persönlichkeit. Er hat uns die Deportation 1942 ins KZ Theresienstadt und später ins KZ Birkenau, die er glücklicherweise überlebt hat, in keiner Situation als schreckliches, ihn dauerhaft bedrückendes Erlebnis spüren lassen. Im Gegenteil. Er kam nach Dresden und gab mit der Staatskapelle am 22. Dezember 1954 sein erstes Konzert. Es folgten am 14./15. Juni 1959 weitere Konzerte und eine wunderbare Aufnahme der Mozart-*Sinfonien KV 425 „Linzer"* und KV 504 *„Prager"*. Zuletzt musizierte die Kapelle am 19. Februar 1965 unter seiner Leitung.
Seit 1957 hatten wir einen sehr persönlichen Kontakt. Ančerl hat mich mehrfach nach Prag eingeladen, und ich konnte dort so manchen für einen DDR-Bürger damals unerreichbaren „West-Künstler" hören. Die Konzerte der Berliner Philharmoniker unter Herbert von Karajan und eine Aufführung von Strawinskys *The Rakes Progress* durch die Sadlers Wells Opera London unter dem damals noch wenig bekannten Colin Davis gehören zu meinen wertvollen Erinnerungen aus dieser Zeit, als solche Gastspiele in der DDR noch ausgeschlossen waren. Eine Einladung zum Mittagessen in Ančerls Prager Stadtwohnung festigte unser gutes Verhältnis. Die Herzenssache konnte ich dabei erreichen: einen weiteren Konzerttermin des Vielbeschäftigten für die Staatskapelle. Aufgeführte Komponisten in Ančerls vier Dresdner Konzerten waren Beethoven, Brahms, Viktor Bruns, Jan Ladislav Dusik, Dvořák, Haydn, Janáček, Martinů, Mozart, Mussorgski, Otakar Ostril und Prokofjew.

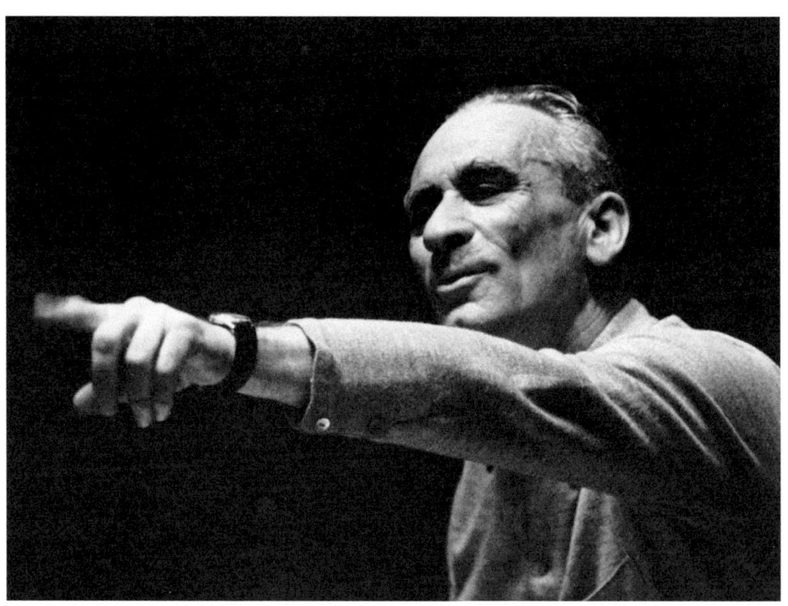

Karel Ančerl, 1965 (Foto: Hans Dieter Grohé)

Sobald ich im Klaren bin, was mit
mir im Herbst 1967 los sein wird
bekommen Sie alle freien Termine.
Viele Grüsse Ihrer lieben Frau
und Ihnen. Ihr K. A.

PRAHA 1-STARÉ MĚSTO, DŮM UMĚLCŮ, TELEFON 63854-8

Brief von Karel Ančerl an Dieter Uhrig, o. J.

Als die Tschechoslowakei 1968 durch den Einmarsch der sowjetischen Streitkräfte ihren politischen „Prager Frühling" wieder verloren hatte, emigrierte Ančerl folgerichtig nach Kanada. Danach war er für uns leider unerreichbar geworden.

Gerhard Auer (1925–2017) hatte ich während eines Gastspiels des Slowakischen Nationaltheaters Bratislava als Dirigent einer Aufführung von Smetanas Oper *Dalibor* am 25. Oktober 1959 kennen und schätzen gelernt. Er stammte aus Nachod im Riesengebirge und war nach dem Schulabschluss Schüler von Joseph Keilberth in Prag. Nach dem Krieg setzte er die Studien in Bratislava fort. Seine Karriere begann er am dortigen Slowakischen Nationaltheater als Korrepetitor, als Ballett- und schließlich als Operndirigent (mit Bevorzugung des deutschen Repertoires). Wir kamen über unsere Ansichten zur Musik und ihrer Wiedergabe schnell in persönliche Beziehungen mit gegenseitigen Besuchen. Es gelang mir, Auer für Opernaufführungen an die Staatsopern in Dresden und Berlin als Gastdirigent zu vermitteln. In Dresden leitete er mit außerordentlichem Erfolg *Eugen Onegin* und *Carmen,* in Berlin neben *Onegin* auch *Don Giovanni*. Ernst Krause urteilte:

„Zu den Vorzügen dieser Mozart-Aufführung gehörte die musikalische Leitung des Gastes aus Bratislava Gerhard Auer. Er gefiel diesmal noch besser als kürzlich bei einem dramatisch überzogenen ‚Onegin'. Dieser ‚Don Giovanni' besaß Stil und riß den geistigen Horizont des Werkes deutlich auf. Auer scheute sich nicht vor kräftigeren Akzenten, aber er hat für die reine Arienbegleitung auch eine kammermusikalische Zeichnung bereit, die aus einer sicheren Beherrschung der Materie kommt. Das Schönste ist das federnde Brio der graziösen Bezirke der Partitur."
(Aus: *Am Pult ein Gast aus Bratislava. Gerhard Auer dirigiert „Don Giovanni"*, in: *National-Zeitung*, Datum unbekannt)

Über *Dalibor* konnte man in der Dresdner Presse lesen:

„Pracht und Klangfreude wie der sinfonische Atem weiter Strecken der Partitur wurde von dem geradezu hinreißend musizierenden jungen Dirigenten Gerhard Auer gültig herausgearbeitet."
(Hans Böhm: *Smetanas „Dalibor" in Dresden. Abschluß des Gastspiels des Slowakischen Nationaltheaters Bratislava*, in: *Die Union*, Dresden, 29.10.1959)

Am Pult ein Gast aus Bratislava

Gerhard Auer dirigiert „Don Giovanni"

An der Aufführung des „Don Giovanni", einer der ersten Taten der neu errichteten Deutschen Staatsoper Unter den Linden, läßt sich so recht die erfreuliche Verjüngung des Ensembles ablesen. Dieser Mozart-Abend stand unter einem glücklichen Stern. Neben die im Dramatischen wie im Lyrisch-Verhaltenen bedeutende Anna von Jutta Vulpius, neben die Elvira Ruth Keplingers, die merklich an tonlicher Kultur gewonnen hat, und die mit schlankem Sopran ausgestattete Zerline Ingeborg Wenglors treten nun neue junge Vertreter des Octavio, Leporello und Masetto.

Mit dem Dresdner Tenor Peter Schreier hat die Staatsoper einen guten Griff getan: ein Mozart-Tenor par excellence, dabei nie weichlich, sondern mit dem schönen Schwelgen einer männlich klaren Stimme. Nur die tiefen Töne bedürfen noch der Festigung. Reiner Süß ist auch als Leporello der handfeste Komödiant mit fast zu kräftig eingesetztem Spielbaß, aber wie immer eine blutvolle Gestalt. Dem Nachwuchsbaß Günter Bochmann gelingt ein munterer, volkstümlicher Masetto. Im Zentrum der Bühne bewegte sich, wie es sein muß, der elegant-draufgängerische Giovanni Kurt Rehms — souverän gesungen und gespielt.

Zu den Vorzügen dieser Mozart-Aufführung gehörte die musikalische Leitung des Gastes aus Bratislava Gerhard Auer. Er gefiel diesmal noch besser als kürzlich bei einem dramatisch überzogenen „Onegin". Dieser „Don Giovanni" besaß Stil und riß den geistigen Horizont des Werkes deutlich auf. Auer scheut sich nicht vor kräftigeren Akzenten, aber er hat für die reine Arienbegleitung auch eine kammermusikalische Zeichnung bereit, die aus einer sicheren Beherrschung der Materie kommt. Das Schönste ist das federnde Brio der graziösen Bezirke der Partitur. Die Staatskapelle schien sich unter dieser Führung wohl zu fühlen. Kr.

Rezension zum „Don Giovanni" an der Staatsoper Berlin, Januar 1965

Dass Auer auch komponierte und ein doch recht umfangreiches Werkverzeichnis eines Orchester- und Kammermusik-Œuvres aufzuweisen hatte, hat er mir gegenüber niemals erwähnt. Auch die Schwierigkeiten, die ihm als Nicht-Slowake mit noch dazu deutscher Abstammung gemacht wurden, beklagte Auer niemals. Ihm ging es einzig und allein um die Musik. Im Dirigentenzimmer tauschten wir unsere Meinungen über die Aufführungen aus, wobei Auer besonders die Berliner Sänger-Elite mit Ingeborg Wenglor, Jutta Vulpius, Ruth Keplinger, Kurt Rehm, Peter Schreier und Günter Bochmann als *Giovanni*-Besetzung hervorhob. Aus der *Onegin*-Besetzung hatte ihn Theo Adam als Gremin beeindruckt, der ihn nach der Vorstellung in seinem Auto zurück nach Dresden brachte und sein Dirigat sehr im Sinne der Partitur lobte. Der bescheidene Auer wollte das Lob aus berufenem Munde nicht für sich in Anspruch nehmen, sondern begeisterte sich am hohen Niveau der Vorstellungen und aller Mitwirkenden.

Zusammenfassende Darstellungen von „West"-Dirigenten

Direkt vom „Klassenfeind" kamen zu uns Dirigenten aus der Bundesrepublik Deutschland, aus Großbritannien, Frankreich, Italien, den Niederlanden, aus den USA, aus Japan und aus „neutralen" Staaten wie Österreich, Schweden und der Schweiz. Dass diese Künstler nicht allseits und freudig offiziell begrüßt wurden – trotz der nicht zu umgehenden Bestimmung der vertraglichen Verpflichtung durch die staatliche Künstleragentur – lag in der Natur der Sache. Man war „östlich" angebunden, und viele Funktionäre vertraten diese Haltung ohne den kleinsten Schritt des Entgegenkommens. Wiewohl es diplomatische Beziehungen zu fast allen Staaten gab, wiewohl man gern vom Osthonorar Steuern abzog und sich damit brüstete, Künstler aus aller Welt in der DDR zu empfangen und mit den „volkseigenen" Klangkörpern musizieren zu lassen. Vor allem bei den Ehrungen der Komponisten Bach und Beethoven, auch bei Mozart und Weber, ersetzte man die „rote" Brille durch ein rosa gefärbtes Exemplar. Ähnliches galt für die staatlich genehmen Festwochen und Festspiele. Im letzten Jahrzehnt des Bestehens der DDR versuchte man, noch mehr Devisengewinne daraus zu erzielen.
Als „Devisenbringer" waren Karl Böhm, Rudolf Kempe, Wolfgang Sawallisch, Carlos Kleiber, Marek Janowski und andere notwendigerweise gelitten, weshalb wir stets versuchten, die „West-Produktionen" (immer in Kooperation mit VEB Deutsche Schallplatten Berlin) auch mit Konzerten zu verknüpfen. Mit den Dirigenten hatten wir dabei kein Problem, wohl manches Mal aber mit den dafür notwendigen Genehmigungen. Bedingung war meist der Verzicht auf einen Devisen-Anteil ihres Honorars, erlaubt dagegen der Kauf und die zollfreie Mitnahme von Noten, Büchern, Meißner Porzellan und sogar Antiquitäten.

Westdeutsche Dirigenten

Aus der BRD kamen nach Dresden und später nach Berlin neben den genannten „Schallplatten-Dirigenten" auch Hanns-Martin Schneidt, Heinz Wallberg, Lothar Zagrosek und Hans Zanotelli. Dirigenten mit Programmen eigener Werke waren die Komponisten Werner Egk und Wolfgang Fortner. Wie wir es seinerzeit geschafft haben, die politisch angelegten Vorgaben der Künstleragentur der DDR bei der Verpflichtung von Künstlern aus der BRD zu umgehen, kann ich nicht mehr genau nachvollziehen. Ich kann nur sagen: „Not macht erfinderisch!" In diesem Sinne müssen wir erfolgreich gewesen sein.

Heinz Wallberg und Hans Zanotelli waren seinerzeit Generalmusikdirektoren an westdeutschen Theatern: Wallberg in Essen, Zanotelli in Augsburg. Der Dritte im Bunde, Marek Janowski, kam aus Dortmund, allerdings via Schallplatten-Ko-Produktion West – Ost. Insofern hatten wir für seine Verträge kein Problem.
Nach den beschriebenen Erinnerungen an Janowski gilt es auch, von Wallberg und Zanotelli zu berichten. Mit ihren Gastspielen gaben sie dem Opernalltag in Dresden Impulse, und im Konzert stellten sie ihr Vermögen zu musizieren unter Beweis. Wallberg konnte ich auch für Konzerte des Rundfunk-Sinfonieorchesters Berlin gewinnen.

Heinz Wallberg (1923–2004) stammte aus Herringen (Hamm) und studierte in Dortmund und Köln. In Darmstadt und Köln war er als Geiger und Trompeter im Orchester tätig. Seine Dirigentenlaufbahn führte ihn nach Münster, Trier und Hagen, später folgten Chefpositionen in Augsburg, Bremen, Wiesbaden und seit 1975 in Essen sowie 1964–1975 beim Niederösterreichischen Tonkünstler-Orchester und 1975–1982 beim Münchner Rundfunkorchester. Wallberg war als Opern- wie als Konzertdirigent gleichermaßen beliebt und in vielen europäischen Städten (mit Schwerpunkt Wien) sowie beim NHK-Sinfonieorchester in Tokio gern gesehener Gast. Sein Repertoire war umfangreich, er leitete mehr als 100 Schallplatten-Produktionen (darunter 16 Opern-Gesamtaufnahmen) und ebenso viele im Fernsehen.
In Dresden begegneten wir uns zuerst in den Silvester-/Neujahrskonzerten der Staatskapelle 1979/1980, die so erfolgreich waren, dass Wallberg die bei Publikum und Musikern so beliebte Literatur der leichten Muse 1981/82 und 1985/86 wiederholen musste. Er dirigierte 1981 Beethovens *9. Sinfonie* und 1983 Bruckners *9. Sinfonie*. Auch Opernaufführungen fanden seit 1982 (1. April 1982 *Fidelio* von Beethoven) unter seiner Leitung und zum Vergnügen des Opernensembles, der Kapelle und des Chores sowie vor allem des Publikums statt, weil damit dem zum Teil grauen Opernalltag Lichter aufgesetzt wurden. Das Repertoire reichte von Mozart über Verdi und Wagner bis Strauss. Die Vorstellungen fanden im Großen Haus und in der Semperoper statt. Am 13./14. Januar 1983 habe ich in einem Gewandhaus-Konzert in Leipzig, wohin Wallberg mich eingeladen hatte, seine *Vierte* von Bruckner gehört.
Später konnte ich ihn auch nach Berlin zum Rundfunk-Sinfonieorchester verpflichten, wo er im Schauspielhaus am 17. Dezember 1993 ein Wagner-Bruckner-Programm und am 17. November 1995 Werke von Webern, Bruch und Tschaikowski dirigierte.
Wallberg war der typische Vertreter deutscher Kapellmeistertradition. Mit absoluter Werktreue verband er Musizierfreude, die er dem Orches-

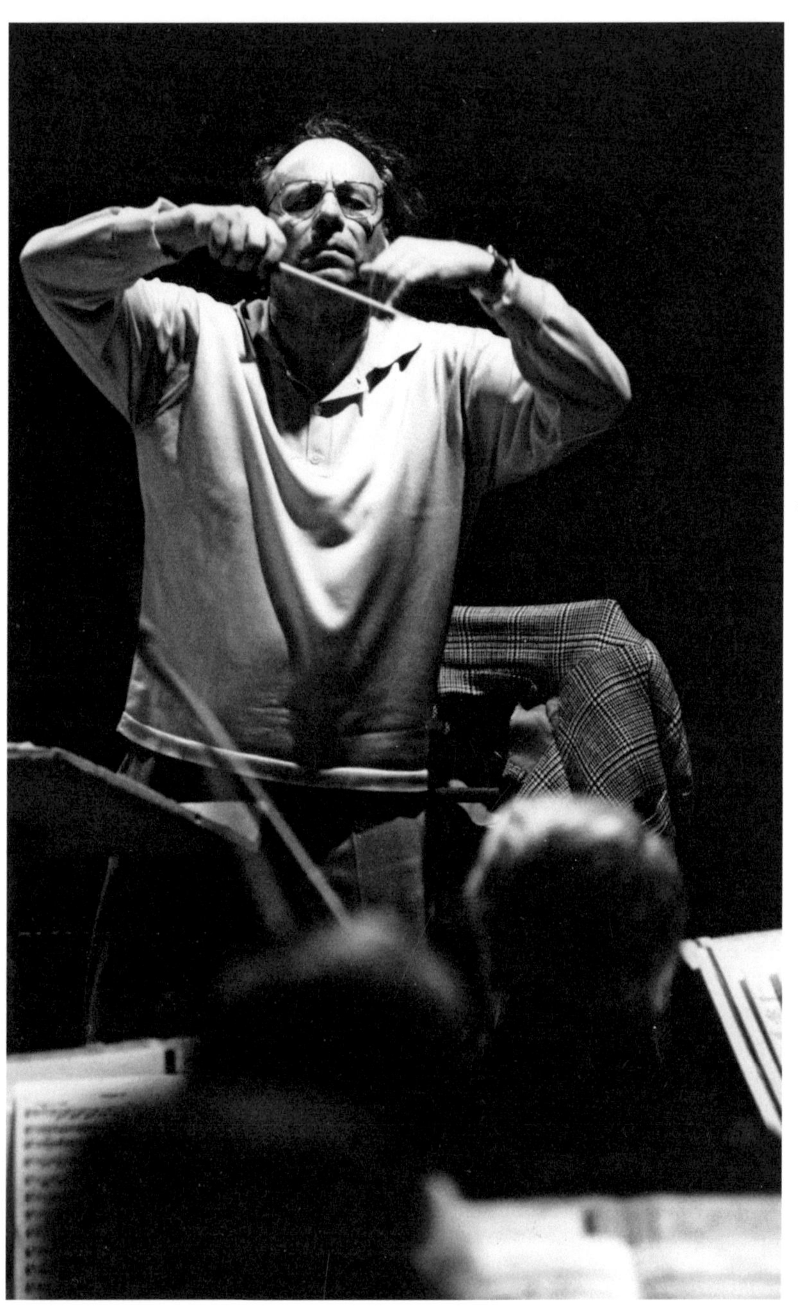

Heinz Wallberg in der Probe zum Silvesterkonzert in Dresden, 1981
(Foto: Erwin Döring)

ter zwanglos vermitteln konnte. Dass er einen ehemaligen Dresdner Trompeter, der wegen des Verdachts auf Republikflucht verurteilt worden war, nach dessen Freilassung in sein Essener Orchester integrierte, ist ihm hoch anzurechnen. Er musste damit rechnen, dass dieses Engagement der Staatssicherheit bekannt war und er seine Verpflichtungen in Dresden nicht mehr wahrnehmen konnte. Wallberg war so klug, mich zu DDR-Zeiten damit nicht zu konfrontieren, sondern sprach erst nach dem Mauerfall darüber.
Im Dirigentenzimmer war es immer wieder gesprächsweise um den Fortbestand des RSB in der damaligen Berliner Orchesterlandschaft gegangen.

Hans Zanotelli (1927–1993) aus Wuppertal-Cronenberg stammend, war als Dirigent von ähnlichem Charakter. Ausgebildet wurde er von Hans Swarowsky, nachdem er in Köln Musik studiert hatte. Seine Karriere begann in Remscheid-Solingen, es folgten die Stationen Düsseldorf, Bonn, Hamburg. 1957–1963 war er GMD in Darmstadt und 1963–1971 in Augsburg, seit 1971 Chefdirigent der Stuttgarter Philharmoniker. Gastspiele führten ihn nach Berlin, München und Dresden. 1985 wechselte er als GMD nach Kiel und musste 1987 seine Karriere aus gesundheitlichen Gründen beenden.
Am 26. Juni 1964 dirigierte Zanotelli im Dresdner Kapellkonzert anstelle des erkrankten Georges Sébastian Regers *Klavierkonzert* mit Günter Louegh (zwei Westdeutsche – das war ein Wagnis!) und die *Große C-Dur-Sinfonie* von Schubert – ein Programm, wie für Zanotellis ästhetischen Anspruch gemacht. Es folgten 1965 ein Beethoven-Programm, 1966 Werke von Webern, Hartmann und Brahms und 1967 zum Dresdner Gedenktag Verdis *Missa da Requiem.*
In der Dresdner Staatsoper leitete Zanotelli in den Jahren 1965 bis 1967 eine Reihe von Aufführungen mit Werken von Mozart, Weber, Wagner, Verdi und Strauss (darunter *Tristan und Isolde* und *Der Rosenkavalier*). Warum Zanotelli danach nicht mehr in Dresden dirigierte, kann ich nicht mehr nachvollziehen. Vielleicht war er doch zu „westdeutsch".
Ich habe seine Aufführungen, ob im Konzert oder in der Oper, als Ergebnisse eines Enthusiasten für das jeweilige Werk empfunden. Dass er dabei das Ensemble, den Chor und die Kapelle mitzureißen verstand, hat damals den Opern-Alltag belebt und war schon außergewöhnlich. Im Dirigentenzimmer ging es stets um die Musik!
In Berlin lernte ich dann Hanns-Martin Schneidt und Lothar Zagrosek (dem ich schon vorher in Dresden begegnet war) im Konzert und bei Produktionen kennen.

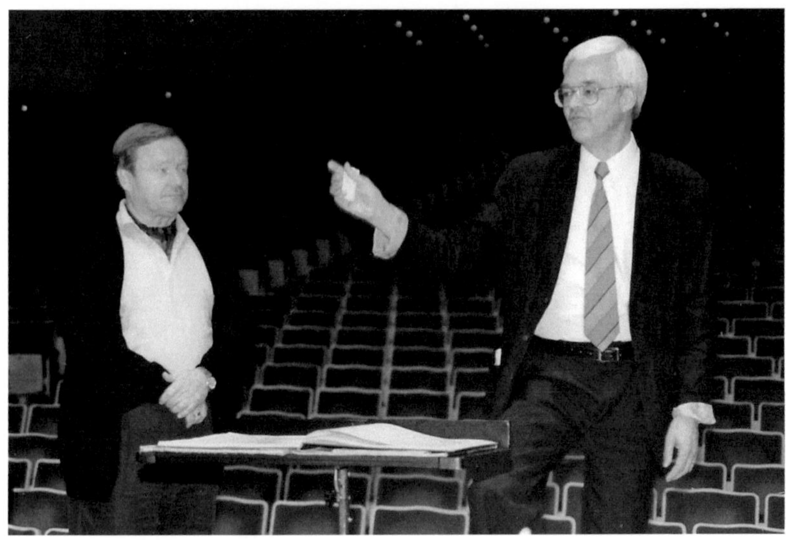

Dieter Uhrig begrüßt Hans-Martin Schneidt zur Probe, o. J. (Foto: Christian Bard)

Hanns-Martin Schneidt (1930–2018), gebürtig aus Kitzingen, lebte als Kind in Leipzig und war Mitglied des Thomanerchores und später Schüler von Günther Ramin. 1949–1952 studierte er in München und arbeitete als Chorleiter und Organist. 1955 wurde er zum Direktor der Kirchenmusikschule in West-Berlin berufen. Er gründete das Bach-Collegium und den Bach-Chor. 1971–1978 übernahm er eine Professur an der Hochschule für Musik in Hamburg. 1963–1985 war Schneidt Chefdirigent des Sinfonieorchesters in Wuppertal, 1985–2001 Nachfolger des legendären Karl Richter als Leiter des Münchner Bachchores und Professor an der Musikhochschule in München.

Beim Rundfunk-Sinfonieorchester Berlin dirigierte Schneidt am 7. Februar 1992 Werke von Mozart und Bruckner. 1993 folgten Aufführungen der *9. Sinfonie* von Bruckner und 1994 einer Bach-Kantate sowie des *100. Psalms* von Reger. Außerdem dirigierte Schneidt Konzerte während der Japan-Tournee des RSB im Mai und Juni 1994.

Dass er Chorwerke bevorzugte, lag in seiner Herkunft aus dem Leipziger Thomanerchor begründet. Dazu kam bei seinen Konzerten mit dem RSB und dem Rundfunkchor Berlin seine Erfahrung als Chorleiter in Berlin und München. So kamen authentische Wiedergaben zustande, die in der Öffentlichkeit viel Anerkennung fanden. Obendrein versuchte Schneidt, als wir uns im Dirigentenzimmer unterhielten, Chor und Orchester in den damals noch offenen Fragen des Weiterbestehens zu helfen. Ich glaube, dass er mit seiner Person beim Berliner Senat unterstützend Einfluss nehmen wollte.

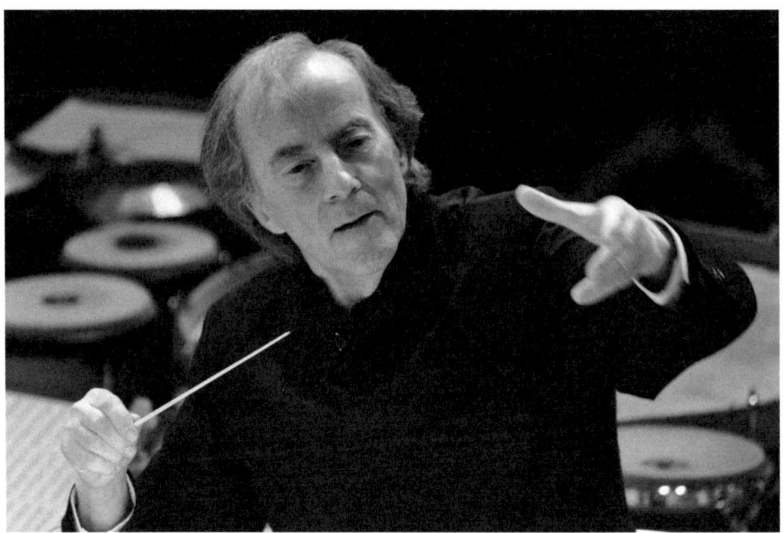

Lothar Zagrosek, o. J. (Foto: Henning Kaiser)

Lothar Zagrosek (* 1942) stammt aus Otting. Zunächst war er Knabensolist bei den Regensburger Domspatzen unter Theobald Schrems. Sein Dirigentenstudium absolvierte er bei Hans Swarowsky, István Kertész und Herbert von Karajan. Seine Karriere führte ihn nach Solingen, Krefeld-Mönchengladbach und schließlich 1982 zum ORF als Chefdirigent des Symphonieorchesters. 1986–1989 war er Directeur musicale der Grand Opéra in Paris und Ständiger Gastdirigent des BBC Sympony Orchestra in London. 1990–1992 leitete er die Oper in Leipzig als GMD, war 1995–2014 Erster Gastdirigent der Jungen Deutschen Philharmonie, 1997–2006 GMD der Württembergischen Staatsoper in Stuttgart und 2006–2010 Chefdirigent des Konzerthausorchesters Berlin. Er wurde zweimal als „Dirigent des Jahres“ ausgezeichnet. Zagrosek ist gleichermaßen als Opern- und als Konzertdirigent tätig. Das zeitgenössische Schaffen hat in ihm einen verständnisvollen und engagierten Befürworter gefunden. Sinfonieorchester in Deutschland, Europa, USA, Kanada und Japan begrüßen ihn gern als Gast.

Mit dem Rundfunk-Sinfonieorchester Berlin führte er am 25. Februar 1994 Werke von Schreker, Ulrich Stranz und Hindemith auf. Außerdem stand er bei vielen Produktionen am Pult, u. a. mit Musik von Hindemith, Victor Ullmann und Berthold Goldschmidt.

Ich hatte Lothar Zagrosek schon Jahre vorher in Dresden getroffen und ihm meine Pläne eines vorgesehenen notwendigen „Ortswechsels“ dargelegt. Er hat mir damals sehr geholfen, sodass ich wieder Mut gefasst habe und Boden unter die Füße bekam.

Englische Dirigenten

Von den englischen Dirigenten habe ich damals außer Sir Colin Davis und Sir Nelville Marriner auch Sir Charles Groves, Alan Hacker (als Operndirigent in Barcelona), Elgar Howarth, Lord Yehudi Menuhin (Würdigung in einer späteren Publikation), Sir John Pritchard und Sir Jeffrey Tate kennen und schätzen gelernt. Dazu kommt der auch als Dirigent wirkende Komponist Sir Peter Maxwell Davies.

Sir Charles Groves (1915–1992) kam als Konzertdirigent nach Dresden. Der gebürtige Londoner stammte aus der Chorknaben-Tradition der St. Paul's Cathedral, studierte 1932–1937 am Royal College of Music und wurde danach Chordirigent bei der BBC. Später wirkte er als Dirigent des BBC Philharmonic (BBC Northern Orchestra), leitete 1951 das Bournemouth Symphony Orchestra, übernahm 1961 die musikalische Leitung der Welsh National Opera und 1963 die Chefposition des Royal Liverpool Philharmonic Orchestra, 1967 in Kombination als Associate Conductor mit dem Royal Philharmonic Orchestra London. 1978/79 leitete Groves die English National Opera und wirkte danach als Gastdirigent in aller Welt.
Groves war der erste britische Dirigent, der die Aufführung aller Sinfonien Mahlers in Großbritannien in einem Zyklus wagte. In Dresden dirigierte er am 20./21. Februar 1986 Werke seiner Landsleute Michael Tippett und Edward Elgar sowie mit dem japanischen Klavier-Star Takahiro Sonoda Mozarts *Klavierkonzert C-Dur KV 467.* Der alte Herr – damals fast 77jährig – vertraute mir an, dass es immer sein Wunsch war, einmal die Dresdner Staatskapelle zu dirigieren, die er während ihres London-Gastspiels im Jahr 1936 unter Karl Böhm zum ersten Male gehört hatte. Dass Groves mit der Realisierung 50 Jahre später glücklich war, bezeugt sein Brief vom 2. Februar 1986 an mich, in dem er schrieb:

„May I, in thanking you for a most inspiring week in Dresden, by you to convey to my collegues in the Staatskapelle my warmest thanks and high praise for the work with me. – My wife joins me, too, to say thank you for making it possibile to visit Semperoper, an evening never to be forgotten. We hope we shall see you when the orchestra visits England next year."
(„Als Dankeschön für eine äußerst inspirierende Woche in Dresden möchte ich meinen Kollegen in der Staatskapelle meinen herzlichsten Dank und mein großes Lob für die Zusammenarbeit übermitteln. – Auch meine Frau möchte sich bedanken, dass Sie uns den Besuch der Semperoper ermöglicht haben, einen unvergesslichen Abend. Wir hoffen, wir sehen uns wieder, wenn das Orchester nächstes Jahr England besucht.")

21. 2. 86

As from:- 12 CAMDEN SQUARE
LONDON NW1 9UY

Dear Herr Uhrig,

May I, in thanking you for a most inspiring week in Dresden, beg you to convey to my colleagues in the Staatskapelle my warmest thanks and high praise for their work with me. I shall always remember this collaboration.

My wife joins me, too, to say thank you for making it possible to visit Semperoper, an evening never to be forgotten. We hope we shall see you when the orchestra visits England next year.

All good wishes,

Yours sincerely,

Charles Groves.

Brief von Charles Groves an Dieter Uhrig, 2. Februar 1956

Sir Jeffrey Tate (1943–2017) wurde mir durch Rudolf Kempe bekannt gemacht. Er wirkte bei dessen Produktion der Strauss-Oper *Ariadne auf Naxos* 1968 im Dresdner Schallplattenstudio Lukaskirche als Pianist mit. Kempe bezeichnete ihn mir gegenüber als einen kommenden Musiker, von dem noch viel zu erwarten wäre. Er schätzte ihn, den leider von Natur nicht besonders gut behandelten, verwachsen wirkenden, re-

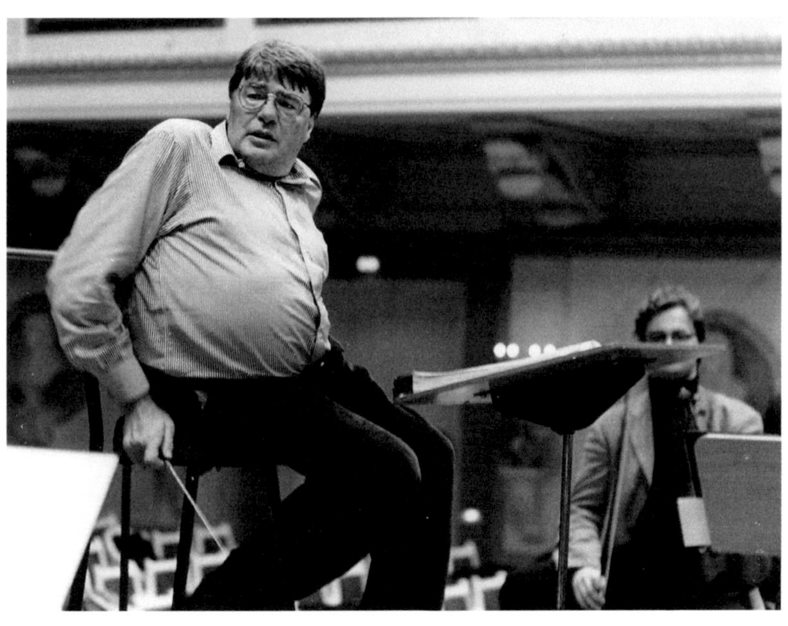

Sir Jeffrey Tate, 1998 (Foto: Christian Bard)

lativ kleinen Mann, als große Begabung und Hoffnung für die Musik: „Man wird von ihm reden." Tate stammte aus Salisbury. Er schloss zunächst ein Medizinstudium ab und arbeitete als Augenarzt. Er begann 1970, sich ganz der Musik zu widmen, studierte am London Opera Centre, wurde 1971 Chorleiter am Covent Garden, arbeitete als Assistent mit Herbert von Karajan, James Levine und Pierre Boulez zusammen. 1978 gab Tate sein Dirigentendebüt. 1985 begann seine Zusammenarbeit mit dem English Chamber Orchestra, später dirigierte er an Covent Garden und leitete das Philharmonische Orchester Rotterdam. Zuletzt war Tate Chefdirigent der Hamburger Symphoniker. Seiner Körperbehinderung wegen dirigierte er im Sitzen.
Als Dirigent kam Tate zum ersten Mal am 8. Mai 1995 nach Berlin mit einem Bekenntnis-Programm: der *1. Sinfonie* von Hartmann und dem Chorwerk *Dona nobis pacem* von Williams. Danach folgten Konzerte in den Jahren 1998/99 und darüber hinaus. Die Programme enthielten Werke von Mozart, Schumann und Strauss sowie seiner Landsleute Elgar, Britten und Williams. Bemerkenswert war für uns Beteiligte, wie Tate trotz seiner augenscheinlichen körperlichen Behinderung auch die besetzungsmäßig größten Werke mit einer Leichtigkeit zu bewältigen schien wie eine vergleichsweise in der Musikerzahl kleine Mozart-Sinfonie. Über seine Zusammenarbeit mit dem RSB hat mir Jeffrey Tate 1998 das Folgende geschrieben:

„Vor 25 Jahren war es, als ich an einem nebligen Novembermorgen das Hotel ‚Am Zoo' (in Westberlin) verließ, über den Checkpoint Charlie in den ‚exotischen' Osten fuhr, wo ich für eine Woche in der schmucklosen Pracht des Hotels ‚Stadt Berlin' am Alexanderplatz (in Ostberlin) verweilen sollte. Ich traf den italienischen Dirigenten Vittorio Negri, wir aßen gemeinsam und diskutierten über die abendliche Aufnahme, und wenige Stunden später fuhren wir südostwärts die abweichende Karl-Marx-Allee hinunter, über unebene Kopfsteinpflasterstraßen, an riesigen Kraftwerken vorbei und endeten schließlich am roten Backsteinbau der Köpenicker Christuskirche. Dort sollte ich bei einer Aufnahme des Oboenkonzertes von Tomaso Albinoni Cembalo spielen, und an jenem Abend traf ich zum ersten Mal Mitglieder des Berliner Kammerorchesters, einer eigenständigen Gruppe von Musikern des Ostberliner Rundfunk-Sinfonieorchesters, dem heutigen RSB. Jeden Abend erklang für vier Stunden Barockmusik unter dem dunklen Dach der Kirche; Apfelsaft und Bockwurst waren unsere Nahrung, und trotz meiner damals zögerlichen Deutschkenntnisse begann ich Freundschaften zu schließen mit der großartigen Gruppe von Musikern, deren Liebe zu ihrer Kunst im starken Gegensatz zu der Verbissenheit und Boshaftigkeit ihrer täglichen Umgebung stand. Ich kehrte nach Ostberlin und zum Orchester für weitere außerordentlich erfreuliche Aufnahmen zurück, wobei ich jedes Mal Freundschaften erneuerte und verwundert war über die Spannkraft und den Geist dieser Menschen. Ich konnte damals nicht wissen, dass ich – 20 Jahre später – auf diese Straße in Köpenick zurückkehrte, ein Stück vor der Christuskirche anhalten würde, in die nahezu menschenleeren Gebäude des Ostberliner Rundfunks gehen und so viele meiner alten Freunde – diesmal als Mitglieder ihres Stammorchesters, des RSB – treffen würde, um mit ihnen erneut Musik zu machen, aber dieses Mal als ihr Dirigent. Seit jenem Tag bin ich zweimal als Dirigent zurückgekehrt, und jedes Mal erinnerte ich mich an die Liebe und Hingabe zur Musik, die mich vor 25 Jahren so beeindruckte. Dieser Geist ist nicht gestorben, ein Geist geboren in einem unterdrückenden Regime, aber ungebrochen von Materialismus, der über beide Seiten der gefallenen Mauer wirbelt. Lang möge dieses Orchester diesen Geist bewahren."

Unser Verhältnis war allein schon durch die gemeinsame Beziehung zu Rudolf Kempe von besonderer Intensität. Ich habe Jeffrey im Juni 1995 in Genf im Grand Theatre anlässlich seiner Aufführung von Glucks *Orpheus und Eurydike* getroffen und sein Konzert mit den Hamburger Symphonikern am 27. August 2008 in Bonn anlässlich des Beethovenfestes besucht. Er war von der gleichen liebenswürdigen Herzlichkeit und Bescheidenheit wie in den Jahren zuvor und lebte mit seinem großen Können in der Begeisterung für die Musik.

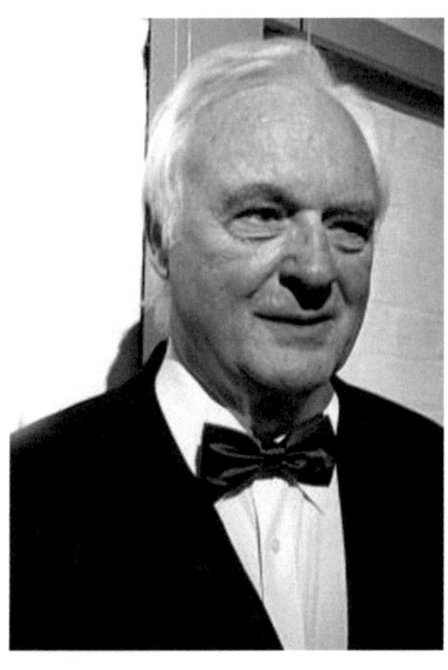

Elgar Howarth, 2012
(Foto: Tom Yates, Wikimedia)

Elgar Howarth (* 1935) stammt aus Cannock, Staffordshire. Er studierte in Manchester Trompete und Komposition und genoss den Umgang mit den bedeutenden englischen Komponisten Harrison Birtwistle, Alexander Goehr und Peter Maxwell Davies. Er war zunächst als Trompeter beim Orchester des Covent Garden und beim Royal Philharmonic Orchestra, bei der London Sinfonietta und beim Philip Jones Brass Ensemble tätig. Als Dirigent begann er 1969 und ist eng mit der London Sinfonietta verbunden. Später leitete er eine Brass Band. Howarths Tätigkeit war auf zeitgenössische Musik spezialiert. Sein besonderes Interesse galt der Oper.

Howarth leitete am 10. November 1995 die Aufführung von Brittens *War Requiem* im Konzert des Rundfunk-Sinfonieorchesters Berlin. Er überzeugte uns damals so sehr, dass wir ihn auf Anregung von Witiko Adler, Berliner Konzertdirektion, baten, am 15. September 1996 die Berliner Erstaufführung des Oratoriums *Das Floß der Medusa* von Henze zu übernehmen, nachdem er mit dem Ausnahmewerk beim Bayerischen Rundfunk in München einen großen Erfolg gefeiert hatte. Das Konzert war Bestandteil einer „Henze-Woche" anlässlich des 70. Geburtstages des Komponisten und fand in dessen Anwesenheit statt. Henze schrieb mir am 17. November 1998:

„Die Aufführung von ‚Medusa' ist als unvergessliches Ereignis in mein Bewusstsein eingeschnitten. Was war es an jenem Abend, das die große Wirkung machte, der sich kaum jemand, nicht einmal der Komponist, entziehen zu können schien? Ich denke, es war auf allen Seiten großes Engagement zu spüren, ein Wille, das Werk sachgerecht und ausdrücklich zu seiner Entfaltung zu bringen. Noch heute höre ich das scharfe, raue Getön der Todesfanfaren, das Klagen und Wimmern der Leidenden, das Besänftigende der Streicher, die paradiesische Stille verbreiteten. Und den ganzen Abend über war es doch so, dass die Instrumentalisten im Vollbesitz des strukturellen und inhaltlichen Wissens um das Werk zu sein schienen. Sie schienen sich die Noten persönlich angeeignet zu haben, es klang, als gehörten sie ihnen voll und ganz."

Französische Dirigenten

Von den Franzosen Antonio de Almeida, Serge Baudo, Michel Plasson und Yan Pasqual Tortelier hatte ich die persönlichsten Kontakte zu Baudo.

Serge Baudo (*1927) stammt aus Marseille. Seine Ausbildung absolvierte er in Paris. War zunächst das Komponieren sein Aufgabengebiet, so konzentrierte er sich seit 1959 auf die Tätigkeit als Dirigent. Nach Engagements an der Pariser Oper und beim Orchestre de Paris leitete Baudo von 1971 bis 1980 das Orchestre National de Lyon, später dirigierte er die Tschechische Philharmonie vornehmlich mit Werken von Arthur Honegger, die auch produziert wurden und Referenz-Charakter haben. An der Wiener Staatsoper und an der Metropolitan Opera in New York betreute er als ständiger Gast einen Teil des Repertoires. Als Konzertdirigent war er weltweit tätig.
In seinem ersten Dresdner Konzert mit der Staatskapelle leitete er am 12./13. Februar 1971 am Gedenktag der Zerstörung der Stadt Mozarts *Requiem.* Es folgten Konzerte in den Jahren 1973 und 1980. Später begegneten wir uns in Berlin beim Rundfunk-Sinfonieorchester Berlin (1993, 1995, 1997–1999). Bereits am 21. Dezember 1987 hatte Baudo mit The London Philharmonic und Werken von Wagner, Messiaen, Franck im Schauspielhaus gastiert. In Dresden und Berlin erklangen Kompositionen von Bartók, Berlioz, Bizet, Busoni, Debussy, Dutilleux, Franck, Honegger, Milhaud, Jean-Joseph Mouret, Mozart, Poulenc, Ravel, Roussel, Tschaikowski und Wolf. Im Dirigentenzimmer kam die Sprache immer wieder auf die Situation der beiden Orchester in Dresden und Berlin vor und nach der Maueröffnung. Baudo war sich sicher, dass auch das Rundfunk-Sinfonieorchester bestehen würde, trotz eines vorhandenen harten Konkurrenzkampfes, der in Berlin von verschiedenen Seiten zugespitzt worden war. Letztlich hat Baudo recht behalten. Beide Orchester existieren weiter und sind hoch angesehen.

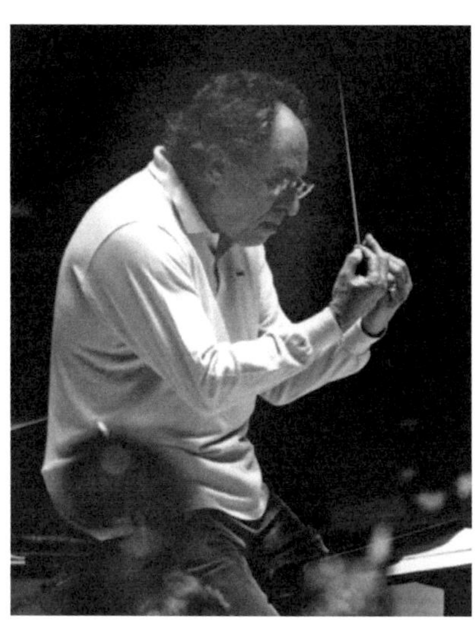

Serge Baudo (Foto: unbekannt)

Italienische Dirigenten

Die Italiener waren mit Claudio Abbado, Roberto Benzi, Oleg Caetani, Aldo Ceccato, Alberto Erede, Igor Markevich, Ricardo Muti, Giuseppe Patané und Carlo Zecchi zahlreich vertreten. (Abbado und Markevitch fanden bereits Erwähnung.) An Erede und Patané habe ich bleibende Erinnerungen.

Maestro Alberto Erede (1909–2001) stammte aus Genua, wo er mit dem Studium begann, das er in Mailand und Basel (bei Felix Weingartner als Dirigier-Lehrer) fortsetzte. In Dresden war er Assistent von Fritz Busch. 1934 übernahm er die Leitung des Orchesters Accademia di Santa Cecilia in Rom. Danach gastierte er in Salzburg, Turin und New York. Nach Kriegsende übernahm Erede vorrangig Positionen in den Opernhäusern von Wien, London und New York sowie an der Deutschen Oper am Rhein. Später wirkte er in Göteborg, dirigierte bei den Bayreuther Festspielen und ständig an der Mailänder Scala. Seit 1975 war er der Leiter des Paganini-Wettbewerbs in Genua.
In seinen Konzerten am 25./26. November 1971 mit der Staatskapelle Dresden dirigierte Erede Werke von Casella, Bartók (*Klavierkonzert Nr. 3* mit Annerose Schmidt) und Brahms. Der Erfolg war groß und das Interesse an einer Fortsetzung der Zusammenarbeit gegenseitig. In einem Brief schrieb mir der Maestro am 2. Dezember 1971: „Über Ihr Orchester kann ich nur sagen, dass meiner Meinung nach, in Europa es gibt kein besseres, und dass es besitzt wirklich Weltklasse. Mit ihren Musikern zu arbeiten, war für mich eine reine Wonne." Im Dirigentenzimmer war reichlich Gesprächsstoff über die Dresdner Kapelle in Vergangenheit und Gegenwart. Erede war begeistert, dass das Orchester alle Wirrnisse der Zeit überstanden hat und ihr Klang immer noch unverwechselbar und einzigartig lebendig ist.

Giuseppe Patané (1932–1989) stammte aus Neapel, wo er auch studierte. Er debütierte dort am Teatro Mercadante als Dirigent. Zunächst in der Saison 1961/62 als Chefdirigent an der Oper in Linz, war er danach bis 1968 Dirigent an der Deutschen Oper Berlin. Später wirkte er an der Mailänder Scala, am Covent Garden in London, an der Metropolitan Opera in New York, an der Arena di Verona, in Mannheim und München. Sein Schwerpunkt blieb trotz zunehmender Konzerttätigkeit die Oper.
Mit der Staatskapelle Dresden hatte Patané seit 1965 zunächst eine Reihe von Opern-Querschnitten in deutscher Sprache für VEB Deutsche Schallplatten Berlin produziert (Verdi: *La forza del destino, La Traviata* und *Aida*; Puccini: *Turandot*; Bizet: *Carmen*). Dann folgten am 21./22.

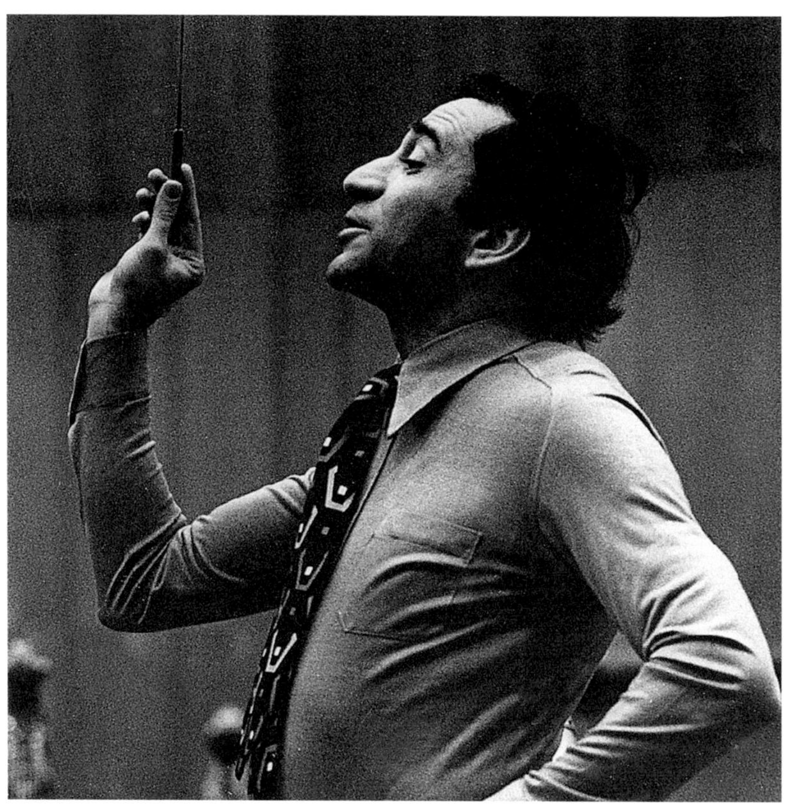

Guiseppe Patané, o. J. (Foto: Hansjoachim Mirschel)

Oktober 1966 Konzerte mit Ausschnitten aus Verdis *Maskenball* und Puccinis *Turandot*.

Die internationale Sängerelite, die für die Aufnahmen nach Dresden gereist war, sang leider nur im Studio und nicht in der Oper, deren Ensemble solche Stars kaum besaß. Die Kapelle konnte in dieser illustren Umgebung selbstverständlich „mithalten" und wünschte sich sicher den einen oder den anderen Gesangsstar auf der Bühne ihres Opernhauses. Im Konzert vom 24. Oktober 1974 dirigierte Patané Werke von Saint-Saëns, Sibelius und Respighi. Ein Wiedersehen hatten wir am 16. Juni 1979, als der Maestro an der Wiener Staatsoper *Lucia di Lammermoor* dirigierte und ich sein Gast sein durfte. Zu Hause habe ich ihn am 21. August 1979 während eines Gastspiels der Kapelle in Stresa am Lago Maggiore besucht, wo er auf der gegenüberliegenden Seeseite sein Häuschen hatte. Dort zeigte er mir stolz die vielen von seinem Vater Franco Patané eingerichteten Partituren italienischer Komponisten.

Österreichische Dirigenten

Eine stattliche Anzahl Dirigenten kam aus Österreich, das als „neutral" galt und mit vielen Partnerschaften in Handel und Kultur akzeptiert wurde, ohne hierbei ideologische Probleme in den Vordergrund zu rücken oder gar als Grund für die Verweigerung von Engagements zu gebrauchen. Es gab sogar zwischen beiden Staaten ein Kulturabkommen.
Von den Dirigenten war Karl Böhm der Senior und Otmar Suitner mein Chef in Dresden. Außerdem bin ich Erwin Binder, Hans Graf, Leopold Hager, Nikolaus Harnoncourt, Manfred Honeck, Theodor Guschlbaur, Gustav Kuhn, Friedemann Layer, Günter Neuhold, Edgar Seipenbusch, Hans Swarowsky, Alfred Walter, Ralph Weikert und Walter Weller in Dresden und in Berlin begegnet. Manche habe ich auch „unterwegs" getroffen: Friedemann Layer in Bonn, Gustav Kuhn in Erl, Günter Neuhold in Italien.

Günter Neuhold (* 1947) stammt aus Graz. In seiner Heimatstadt beendete er 1969 das Dirigentenstudium und ging nach Rom in die Lehre von Franco Ferrara und danach in Wien zum „Dirigentenmacher" Hans Swarowsky. Neuhold ist Preisträger bedeutender Wettbewerbe. Zunächst war er als Dirigent in der Bundesrepublik Deutschland tätig, später in Italien und Antwerpen. 1989–1995 war er GMD des Badischen Staatstheaters in Karlsruhe und folgte 1995 dem Ruf nach Bremen. Später war er Chef des Orquestra Sinfonica di Bilbao und Erster Gastdirigent des Hungarian National Symphony Orchestra Szeged. Umfangreiche Gasttätigkeit absolvierte Neuhold als Konzert- und als Operndirigent sowie bei Tourneen.
Neuhold hatte am 11. Mai 1982 an der Staatsoper Dresden eine *Fidelio*-Vorstellung und 1984/85 erstmalig das Silvester- und Neujahrskonzert der Staatskapelle mit der Solistin Agnes Habereder dirigiert. Später brachte er Werke von Schreker, Haydn und Brahms (10./11. April 1986) sowie von Rossini, Strauss und Mendelssohn Bartholdy (25. Mai 1986) zur Aufführung. In der Folge des *Fidelio* kam es zu weiteren Operndirigaten: 1983 *Ariadne auf Naxos* von Strauss (auch während eines Gastspiels der Dresdner Staatsoper 1984 in Moskau), 1987 in der Semperoper *Tannhäuser* von Wagner, *Otello* von Verdi und *Elektra* von Strauss. In Berlin übernahm Neuhold am 17. Dezember 1993 kurzfristig ein Konzert des Rundfunk-Sinfonieorchesters mit Dvořáks *Stabat mater.* Außer einem gelegentlichen Gruß zum Jahreswechsel sind wir uns nach dem Berliner Konzert nicht mehr begegnet.
Im Gedächtnis geblieben ist eine Episode: Neuhold hatte Kindernahrung von einer „westlichen" Firma im Gepäck, als er in die DDR ein-

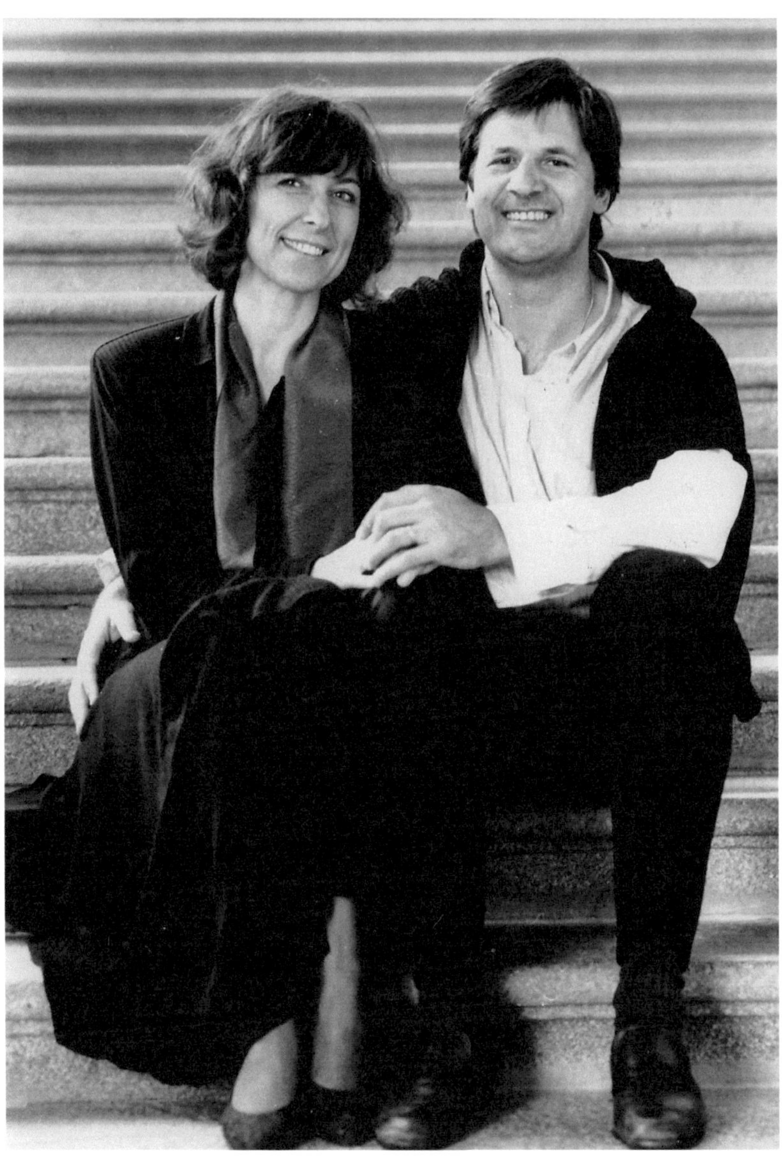

Günter Neuhold mit seiner Frau, der Pianistin Emma Schmidt (Foto: Archiv Uhrig)

reisen wollte und wurde prompt bei der Kontrolle durch den Zoll darauf angesprochen. Neuhold fragte die Zolldame, ob sie Kinder habe. Als sie dies bejahte, sagte er: „Sehen Sie, ich habe auch für Ihre Kinder ein paar Büchsen dabei!"

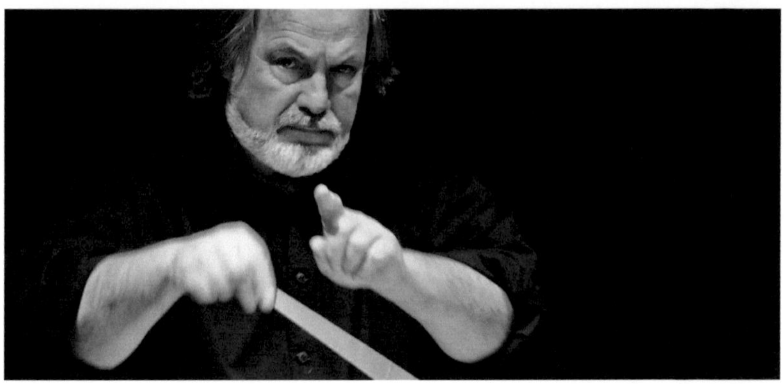

Gustav Kuhn (Foto: unbekannt)

Gustav Kuhn (* 1945) stammt aus der Steiermark. Er wuchs in Salzburg auf, bekam als Kind Musikunterricht und studierte in Salzburg und Wien. Seine Lehrer waren die Komponisten Gerhard Wimberger und Bruno Maderna sowie die Dirigenten Hans Swarowsky und Herbert von Karajan. 1969 war er Gewinner des ORF-Dirigierwettbewerbs in Wien.
Der frischgebackene Dr. phil. Kuhn (Promotion an der Universität Salzburg) ging zunächst 1970 nach Istanbul (Chordirektor und Dirigent) und wirkte dann als Dirigent in Dortmund. Er gastierte in Italien, später folgten europäische Orchester, das Israel Philharmonic und das NHK Orchestra Tokio sowie Einladungen durch die Berliner Philharmoniker und die Wiener Philharmoniker sowie die Opernhäuser in Wien, München, London, Chicago, Paris und Mailand, zudem Gastspiele in Glyndebourne, zu den Salzburger Festspielen und in der Arena von Verona. 1979 wurde Kuhn GMD in Bern, dann in Bonn, Rom und Neapel. 1986 debütierte Kuhn als Opernregisseur, 1987 gründete er die Accademia di Montegridolfo (später Accademia di Montegral und in Lucca ansässig) für junge Sänger und 1997 die Tiroler Festspiele Erl (2012 Eröffnung des neuen Festspielhauses). Dort widmete er sich bis 2018 vornehmlich dem Opernschaffen Wagners (u. a. mit einem *„24-Stunden"-Ring* 2005). 2003–2012 leitete er das Haydn-Orchester Bozen und Trient, 2010–2012 die Festspiele Südtirol Toblach. 2018 gab Kuhn seine Ämter in Erl auf.
Meine erste Begegnung mit Gustav Kuhn fand in Dresden statt, als er im Studio Lukaskirche des VEB Deutsche Schallplatten Ouvertüren unseres einstigen Chefs Carl Maria von Weber aufnahm und sogleich mit der Dresdner Tradition und Spielkultur zurechtkommen musste. Er leitete dann am 31. Dezember 1980 und 1. Januar 1981

das Silvesterkonzert der Staatskapelle mit der Solistin Lilian Watson. Unsere nächste Begegnung fand zehn Jahre später beim Rundfunk-Sinfonieorchester in Berlin statt, als Kuhn am 18./19. Januar 1992 im Schauspielhaus Schumanns Oratorium *Das Paradies und die Peri* zur interessanten Wiederaufführung brachte.

Im Dirigentenzimmer fanden wir bald die Gelegenheit zu ausführlichen Gesprächen. Da wir uns offensichtlich sympathisch waren, gab es in Bezug auf die Offenheit keine Grenzen. Kuhn erkundigte sich nach dem Status quo des Orchesters in der Berliner Orchesterhierarchie und machte den Vorschlag künftiger Zusammenarbeit bei Opernprojekten mit seiner „Accademia“ und deren Sängerpotential. Er lud mich und meinen Kollegen, den Chordirektor Hans-Hermann Rehberg, nach Hannover ein, wo er mit jungen Sängern arbeitete. In Folge entstand eine Reihe von Opern-Gesamtaufnahmen. Involviert waren CD-Labels und Deutschlandradio als Partner, so dass eine Basis für die Finanzierung vorhanden war. Produziert wurden 1993 *Der Cid* von Peter Cornelius, 1994 *Otello* und 1995 *Erminone* von Rossini sowie 1998 *Don Quixote* von Wilhelm Kienzl, jedesmal mit eingebundener öffentlicher Aufführung. Vor einer solchen – hier fehlt mir die genaue Erinnerung – kam Kuhn ins Schauspielhaus als dem Aufführungsort und informierte mich, dass der Sänger einer Hauptpartie stockheiser sei. Ich solle mir keine Sorgen machen. Er werde einige Stellen der Oper auslassen und entsprechende Ansagen dazu machen oder machen lassen.

Auf seinen Berliner Konzertprogrammen standen am 23. Oktober 1992 ausschließlich Werke von Richard Strauss mit der Star-Sopranistin Edda Moser. Mit einem weiteren Strauss-Programm gastierten das RSB unter Kuhns Leitung am 3. Juni 1993 in der Kölner Philharmonie, diesmal mit Ulf Hoelscher als Solist des selten aufgeführten *Violinkonzertes.*

Später habe ich Gustav Kuhn in einem Konzert der Dresdner Philharmonie im dortigen Kulturpalast besucht und vor allem in Erl bei den Tiroler Festspielen seine Wagner-Aufführungen. Er hatte sich hier sein eigenes Imperium aufgebaut, unabhängig von Gesangsstars und Impresarios, jungen Sängern vertrauend und eine Chance gebend und gegenüber dem „Grünen Hügel“ von Bayreuth einen „Erler Hügel“ von international geschätzter Besonderheit geschaffen. Dass er dabei auch Regie führte, hat mancher als „Karajan-Abklatsch“ abzutun versucht, ohne die Absicht der speziellen szenischen Umsetzung für die Erler Bühne wahrzunehmen.

Dass wir immer noch in Verbindung stehen, lässt unser zwar ein sporadischer, aber immer herzlicher Briefwechsel erkennen. Das RSB verdankt Gustav Kuhn in den schwierigen Jahren des Existenzkampfes der Berliner Orchester eine nicht gering zu schätzende künstlerische Unterstützung.

Schweizer Dirigenten

Die Schweizer Dirigenten waren in Dresden und Berlin mit Peter Maag, Karl Anton Rickenbacher und Mario Venzago vertreten. Dabei hat sich Rickenbacher besondere Verdienste um den Erhalt des Rundfunk-Sinfonieorchesters Berlin erworben.

Karl Anton Rickenbacher (1940–2014) stammte aus Basel. Er studierte in Berlin, besuchte Kurse von Pierre Boulez und Herbert von Karajan, außerdem gehörte er zu den Assistenten Otto Klemperers. 1966 begann er seine Karriere am Opernhaus Zürich, 1969 wechselte er nach Freiburg im Breisgau, 1975–1985 war er Chefdirigent des Westfälischen Sinfonieorchesters in Recklinghausen, 1978–1980 des BBC Scottish Symphony Orchestra in Glasgow, seit 1987 des BRT Filharmonisch Orkest in Brüssel. Seit 1990 wirkte Rickenbacher freischaffend.
Charakteristisch für seine Haltung zur Musik war die Verwurzelung in der deutschen Tradition und sein starkes Verhältnis zur französischen Musik. Dazu zählte sein Engagement für die Zeitgenossen, denen er vielerorts zu Anerkennung verhalf und neue Interessenten gewann.
Als Gast dirigierte er Konzerte und Opern in Berlin, München, London, Paris und Brüssel sowie in den USA, in Japan und Australien.
Zum RSB kam Rickenbacher zum ersten Mal 1992 und dirigierte am 23. Februar ein Programm mit Werken von Mahler, Sibelius und Honegger. Es folgten 1994 und 1997–1999 Konzerte mit Musik von Beethoven, Hartmann, Honegger, Mahler, Messiaen, Mozart, Schumann, Sibelius, Strauss und Zemlinsky.
Bei Gastspielen dirigierte Rickenbacher das RSB im Forum Leverkusen und in Garmisch Partenkirchen bei den Richard Strauss-Wochen.
Im Aufnahmestudio produzierte Rickenbacher mit dem RSB und dem Rundfunkchor Berlin Werke von Beethoven, Messiaen und Strauss. Besonders hervorzuheben sind seine Aufnahmen mit Musik von Messiaen, mit dem Rickenbacher befreundet war (ebenso mit dessen Frau, der Pianistin Yvonne Loriod, die er mit nach Berlin brachte), darunter *La Transfiguration de Notre Seigneur Jésus-Christ* als besonderes Ereignis für alle Beteiligten. Neben wenig bekannten Beethoven-Werken für Chor und Orchester widmete sich Rickenbacher auch dem unbekannten Œuvre von Strauss, darunter dessen letztes Werk *Des Esels Schatten,* ein Singspiel für Kinder. Die Aufnahme entstand mit Peter Ustinov als Sprecher, den er ebenfalls mit nach Berlin brachte.
Im Dirigentenzimmer lobte Rickenbacher unsere Zusammenarbeit und brachte stets Ideen ins Gespräch, wie man dem RSB helfen könne und

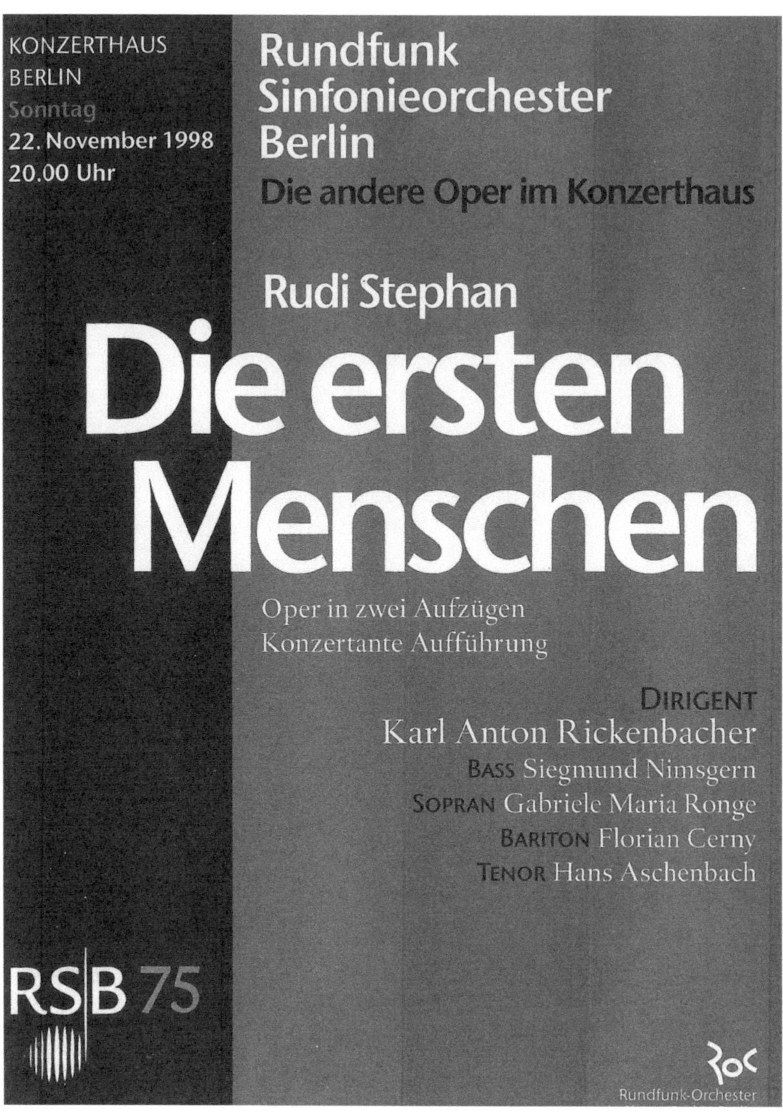

auch müsse, um es als ein wertvolles Stück der deutschen Rundfunk- und Orchester-Geschichte zu erhalten und weiter zu entwickeln.
Wir haben ihn und seine Frau auch in seinem Haus in Montreux besucht und die herzliche Gastfreundschaft dieses bescheidenen liebenswürdigen Ehepaars wohltuend empfunden, die so ganz im Gegensatz zum Glamour anderer Künstler stand. Rickenbacher war immer die Sache wichtig, der Gegenstand, nicht die Person. Dieses Credo hat er in seinen Konzerten und Aufnahmen verwirklicht und uns als Erbe hinterlassen.

Dirigenten aus den USA und aus Japan

US-amerikanische Dirigenten

Auch US-amerikanische Dirigenten waren in Dresden und Berlin unsere Gäste: George Cleve, Carl Davis, Lawrence Foster, Gilbert Levine, John Mauceri, John Nelson, Julius Rudel und Gerard Schwarz. Sie waren unkompliziert, sehr praktisch und stets gute Musiker, bestens vorbereitet und auch kommunikativ in der Vermittlung des jeweiligen Anliegens.

Lawrence Foster (* 1941) war nach seinem ersten Berliner Engagement eine Art Dauergast beim Rundfunk-Sinfonieorchester. Ich kannte ihn aus Dresden, wo er am 17./18. August 1976 mit einem Williams-, Mozart- und Schumann-Programm bei der Staatskapelle gastierte. Dass wir uns in Berlin wieder trafen, war einer Serie von Produktionen zu verdanken, die er übernommen hatte und die wir im Anschluss zu Konzerten nützten.
Zuerst dirigierte Foster am 30./31. Dezember 1994 unser Jahresabschlusskonzert mit Beethovens *9. Sinfonie*. Es folgten 1996–1998 Konzerte mit Werken von Bartók, Frank Michael Beyer (UA), Enescu, Grieg, Haydn, Hindemith, Liszt, Mendelssohn Bartholdy und Penderecki.
Foster stammt von rumänischen Eltern ab, die nach Los Angeles ausgewandert waren. Er studierte bei Fritz Zweig, Bruno Walter und Karl Böhm. 1960 fand sein erstes Dirigat bei dem von ihm gegründeten Young Musicians' Foundation Début Orchestra statt. 1962–1965 war er Dirigent des San Francisco Ballet, 1965–1968 Assistent von Zubin Mehta beim Los Angeles Philharmonic Orchestra. Später leitete er das Houston Symphony Orchestra, das Monte Carlo Philharmonic Orchestra, die Duisburger Philharmoniker, das Orchestre de Chambre de Lausanne, das Orquestra Sinfonica de Barcelona i National de Catalunya und das Orquestra Gulbenkian in Lissabon; seit 2013 ist er Chef der Oper in Marseille und seit 2019 des Polnischen Nationalen Rundfunk-Sinfonieorchesters in Katowice.
Foster führte das Aspen Music Festival und das International Festival George Enescu (bis 2001), widmete sich Oper und gastierte bei Orchestern Europas und den USA. An der Deutschen Oper Berlin konnten wir am 30. März 1994 unter seiner Leitung eine wunderbar „musikalische" *Zauberflöte* von Mozart genießen. Es war die reine Freude, wie auf der Bühne und im Orchestergraben mit Engagement agiert wurde.
Seine Produktionen mit Werken von Franz Waxman und Erich Zeisl lenkten die Aufmerksamkeit auf das RSB und waren nützlich für die damals immer wieder gestellten existenzbedrohlichen Fragen: Foster

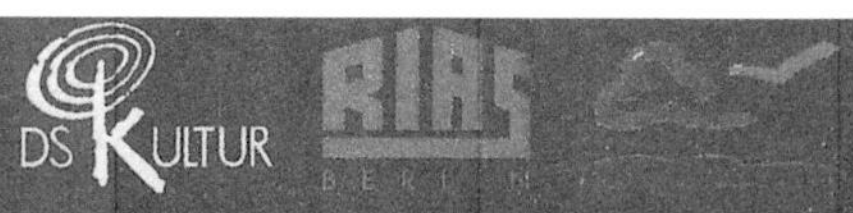

präsentieren im Rahmen der Ausstellung
„Amerikanische Kunst im 20. Jahrhundert“
das

5. FILMHARMONISCHE KONZERT
BERLIN 1993

mit Werken von

FRANZ WAXMAN
(1906-1967)

RUTH
A Symphonic Poem for Two Narrators & Orchestra

THE SPIRIT OF ST. LOUIS
A Symphonic Suite for Narrator & Orchestra

Poems by JAMES FORSYTH

Erzähler
HELGA LEHNER
JÜRGEN WEGENER

RUNDFUNK SINFONIE ORCHESTER BERLIN
LAWRENCE FOSTER

Sonntag, 13. Juni 1993, 20.00 Uhr • Funkhaus Naleppastraße, Naleppastr. 10-50

hat sich im Dirigentenzimmer eindeutig zu dessen Weiterbestehen ausgesprochen und mit seinen Auftritten die hohe künstlerische Leistungskraft der Musiker unterstützt. Ein gutes persönliches Verhältnis hat dazu beigetragen, die Zusammenarbeit weit über das Alltägliche hinaus zu heben. In der Sendereihe der Aufführungen von Filmmusiken gastierte das RSB 1993 mit Werken von Franz Waxman.

Japanische Dirigenten

Bei den Orchestern in Dresden und Berlin waren japanische Dirigenten und Solisten beliebt. Ihr Können verbarg sich meist hinter großer Bescheidenheit.

Hiroyuki Iwaki (1932–2006), gebürtig in Tokio, wo er auch studiert hatte. Hideo Saito und Akeo Watanabe waren seine Lehrer für Schlagzeug und Orchesterleitung. 1954–1957 leitete Iwaki das NHK-Sinfonieorchester. 1957 übernahm er als Dirigent auch den Philharmonischen Chor Tokio und brachte eine Vielzahl japanischer Werke zur Uraufführung. 1965–1967 Musikdirektor der Fujiwars Opera Company. Danach lebte er in Hamburg und dirigierte viele europäische Orchester. 1969 Chefdirigent des NHK-Sinfonieorchesters auf Lebenszeit, 1974 Chefdirigent des Sinfonieorchesters von Melbourne und 1988 des neugegründeten Ensembles Kazanawa.
Iwaki galt als Förderer zeitgenössischer Komponisten, deren Werke er auch in Europa zur Aufführung brachte.
In Dresden gastierte Iwaki in Konzerten der Staatskapelle Dresden am 28./29.10.1976 und am 11./12.6.1979 sowie am 14.1.1987 mit der Kapelle in Berlin. Zur Aufführung kamen Werke von Samuel Barber, Brahms, Karl Amadeus Hartmann, Toshiro Mayuzumi, Mozart, Sibelius und Richard Strauss. Seine Musizierart gründete Iwaki auf das Aufspüren und Nachempfinden feinster Nuancen der Kompositionen: Er konnte ein Orchester wunderbar zum Klingen bringen! Im Gespräch erwies er sich als absoluter Kapellfan und rühmte die klanglichen Möglichkeiten des Orchesters. Als er mit dem NHK-Orchestra Tokio erfolgreich im Sommer 1979 zu den Dresdner Musikfestspielen gastierte, meinte er: „Die Kapelle möchte ich von allen Orchestern, die ich dirigiere, nicht missen – sie ist besonders!"

Ken-Ichiro Kobayashi (* 1940) stammt aus Fukushima. Er studierte in Tokio bei Akeo Watanabe und Kazuo Yamada Orchesterleitung sowie bei Mareo Ishikata Komposition. 1970 Debüt als Dirigent. 1974 Gewinner des Budapester Wettbewerbs. Dirigent verschiedener japanischer Orchester, 1985–1990 in Kyoto, seitdem in Tokio. Gastdirigate in Europa, vor allem in den Niederlanden (Amsterdam) und in Ungarn (Budapest). 1987 übernahm er als Nachfolger von János Ferencsik die Ungarische Nationalphilharmonie.
Gastspiele mit der Ungarischen Nationalphilharmonie und der Tschechischen Philharmonie in Europa und Asien. Lehrer an den Hochschu-

len in Tokio und Budapest. Musikdirektor des Bunka Kaikan, des berühmten Musiksaals in Tokio. Von seinen Verehrern wird er liebevoll „Kabaken“ genannt.
Während des Gastspiels mit dem RSB im Jahr 1996 in Japan hatte Kobayashi mich in Tokio zu einer fulminanten Aufführung der *8. Sinfonie* von Gustav Mahler eingeladen, die ein Zeugnis für das tiefe Verständnis der japanischen Musiker für europäische Musik war. In Berlin leitete er am 13. April 1997 eine Aufführung von Berlioz‘ *Fausts Verdammnis,* wiederum ein „Spektakel“, wie er es liebte, ohne dabei den Komponisten zu vergessen. Bewundernswert und schwer erklärbar, wie intensiv sich Asiaten in europäische Musik und ihre Spezifika hineinversetzen können, als sei diese Literatur eigens für sie komponiert.

Hiroshi Wakasugi (1935–2009) war von den japanischen Dirigenten als Ständiger Gastdirigent der Staatsoper Dresden ein stets höflicher und freundlicher Partner in Oper und Konzert, wo er seit 1982 regelmäßig am Pult stand.
Aus New York gebürtig (Sohn eines japanischen Generalkonsuls), studierte er in Tokio, war 1965–1977 Chefdirigent des Yomiuri-Nippon-Sinfonieorchesters und 1977–1983 des WDR-Sinfonieorchesters Köln, 1981–1986 GMD der Deutschen Oper am Rhein und 1987–1991 Chefdirigent des Tonhalle-Orchesters Zürich. Sein erstes Dresdner Konzert fand am 28./29. Mai 1981 statt.
In Dresden widmete er sich zwischen 1982 und 1992 als Ständiger Gastdirigent dem gängigen Opern-Repertoire von Mozart, Weber, Wagner und Strauss. Bergs *Wozzeck* in der Inszenierung von Joachim Herz und in Nachfolge von Siegfried Kurz übernahm Wakasugi am 5. Juni 1984 im Großen Haus, später auch in der Semperoper, und fand internationale Beachtung und Anerkennung. Dass japanischen Musikern das deutsche Repertoire besonders naheliegt, ist bekannt und führte zu Thesen einer ähnlichen Klangempfindung von deutschen und japanischen Musikern. Im Konzertsektor (auch auf Auslands-Gastspielen der Staatskapelle) dirigierte Wakasugi Werke von Wagner, Henze und Brahms sowie Beethovens *9. Sinfonie* im Palmsonntagskonzert vom 22./23. März 1986 in der Semperoper. Außerdem musizierte er mit der Kapelle in Edinburgh ein Mozart-Programm.
Wakasugi zeigte sich im Dirigentenzimmer stets begeistert vom Klang der Kapelle. „Er geht von Herzen zu Herzen“ war sein Credo, das er 1989 seinen Landsleuten auf der Japan-Tournee mit Werken von Brahms, Mahler, Mozart, Strauss und Schubert nahegebracht hat, mit viel Zustimmung allerorten.

Besondere Erlebnisse mit Dirigenten aus West und Ost

Leonard Bernstein (1918–1990) konnte ich zweimal erleben: 1975 zu den Salzburger Festspielen, wo er mit dem London Symphony Orchestra gastierte, und 1989 in Berlin nach der Maueröffnung.
In Salzburg gastierte er zu den Festspielen und hatte u. a. die *5. Sinfonie* von Sibelius im Programm. Als ich auf dem Weg ins Festspielhaus war, traf ich den Maestro auf der Straße vor dem Festspielhaus, wo er alle möglichen Leute ansprach und zu seiner Probe einlud. Ich habe mich auch in die Probe gesetzt und genossen, wie er Musik machte und als Extra, wie er sie mit Worten interpretierte. Ich glaube, dass damals niemand sich diesem Zauber entziehen und jeder ein besonderes Erlebnis mit sich nehmen konnte.
Am 23. und 25. Dezember 1989 dirigierte Bernstein Beethovens *Neunte* mit einem Orchester aus deutschen, englischen, französischen und amerikanischen Musikern als „Lobgesang“ auf den Mauerfall. Er sprach von der „Ode an die Freiheit“.
Beide Ereignisse gehören zum Bild eines für die Musik brennenden Dirigenten, einer Ausnahmeerscheinung.

Heinz Bongartz (1894–1978), der Altmeister unter den Dresdner Dirigenten, Chef der Philharmonie wie nach ihm Kurt Masur, stammte aus Krefeld. In Dresden wirkte er von 1947 bis 1963 als Chefdirigent des Orchesters, das er über schwierige Zeiten gebracht hatte.
Obwohl das Verhältnis zwischen Philharmonie und Staatskapelle oft unter der Optik der Konkurrenz gesehen wurde und die Stadt Dresden als Rechtsträger gegen solch eine „Philosophie“ keine wirkliche Lösung anbot, fanden wir – mein stellvertretender Orchesterdirektor Alfons Orpky und ich – einen Weg, Bongartz ans Pult der Kapelle zu holen. Er übernahm am 22./23. November 1959 die Leitung des *Deutschen Requiems* von Brahms anstelle von Franz Konwitschny und dirigierte 1967 unsere Palmsonntagskonzerte mit Beethovens *9. Sinfonie* anstelle von Kirill Kondraschin.

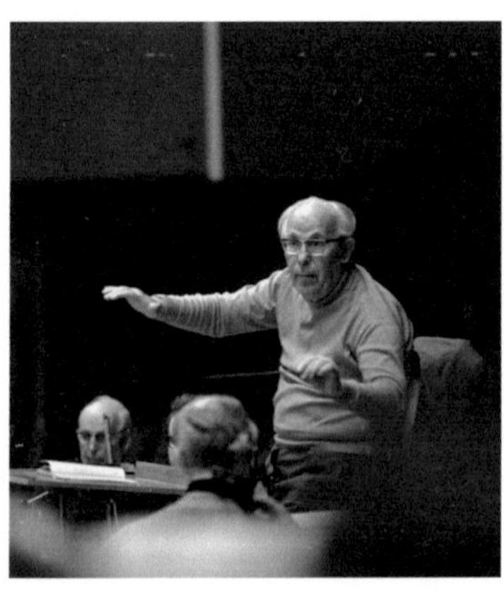

Heinz Bongartz (Foto: Erwin Döring)

Weitere Konzerte dirigierte Bongartz von 1971 bis 1973. Ein Erlebnis waren seine Aufführungen von Wagners *Tristan und Isolde*, wobei ihm seine frühere Tätigkeit an den Theatern in Mönchengladbach, Meiningen, Gotha, Kassel und Saarbrücken zu Gute kam. Die Aufführungen wirkten damals wie eine Art Sinfonie in der Nachfolge Bruckners, waren spannungsvoll und musikalisch. Der altersweise Bongartz hatte seinen Frieden mit der „Konkurrenz“ gemacht!

Franz Konwitschny (1901–1962) stammte aus dem mährischen Ort Fulnek und kam aus einer musikalischen Familie. Seine Ausbildung erhielt er in Brünn (Brno) und in Leipzig. Als Dirigent begann er 1927 in Stuttgart. Danach wirkte er in Freiburg im Breisgau und in Frankfurt am Main und nach Ende des Zweiten Weltkrieges als GMD in Hannover. 1949 wurde er zum Gewandhauskapellmeister nach Leipzig berufen. Später übernahm er die Chefpositionen an den Staatsopern in Dresden und Berlin. In der DDR galt er als das Vorbild für Dirigenten. Seine Aufführungen der klassisch-romantischen Sinfonik sowie seine Operneinstudierungen besitzen nach wie vor Referenz-Charakter.
Konwitschny dirigierte sein erstes Konzert mit der Staatskapelle Dresden am 30. März 1951. Ich habe seine Konzerte erlebt, als er dort ihr Chefdirigent war: am 9./10. April 1960, 23. Juni 1961 und 15. Mai 1962 (kurz vor seinem Tod am 28. Juli 1962). Auf den Programmen standen Werke von Bach, Mozart, Beethoven, Bruckner und Strauss. Die Schlusswerke waren stets monumental: Bruckners *5. Sinfonie* und Strauss‘ *Sinfonia domestica*. In Prag dirigierte er Beethovens *Neunte* anlässlich der Gastkonzerte der Kapelle beim „Prager Frühling“ und in Salzburg Beethovens *4. Sinfonie*, Mozarts *Klavierkonzert A-Dur KV 488* (Solist: Dieter Zechlin) und Strauss‘ *Sinfonia domestica.*
Konwitschny liebte Aufmerksamkeit, wie sie zum Beispiel sein Fahrer, namens Post, gegenüber der Öffentlichkeit zu verlangen verstand. Wenn er vor einer Probe oder vor einem Konzert auftauchte, wies er den Theaterpförtner an, dafür zu sorgen, dass auf dem Weg zum Dirigentenzimmer der „Chef“ keine Personen treffen dürfe.
Die Musiker nannten ihn wegen seiner Vorliebe für Sekt, den er oft im Dirigentenzimmer stehen hatte, trotz der Hochachtung vor seinen Leistungsmöglichkeiten „Con-Whisky“. – Als wir ihn in Leipzig in seinem vorstädtischen Heim besuchten, um künstlerische Fragen zu besprechen und uns über die Gartenzwerge in seinem Vorgarten ihrer Anzahl und Größe wegen anerkennend äußerten, meinte Konwitschny: „Da haben die Leute etwas zu reden!“
Ich war noch ein Neuling in der Dresdner Dramaturgie – es muss im Juni 1961 gewesen sein – als ich beauftragt wurde, zu Konwitschny ins

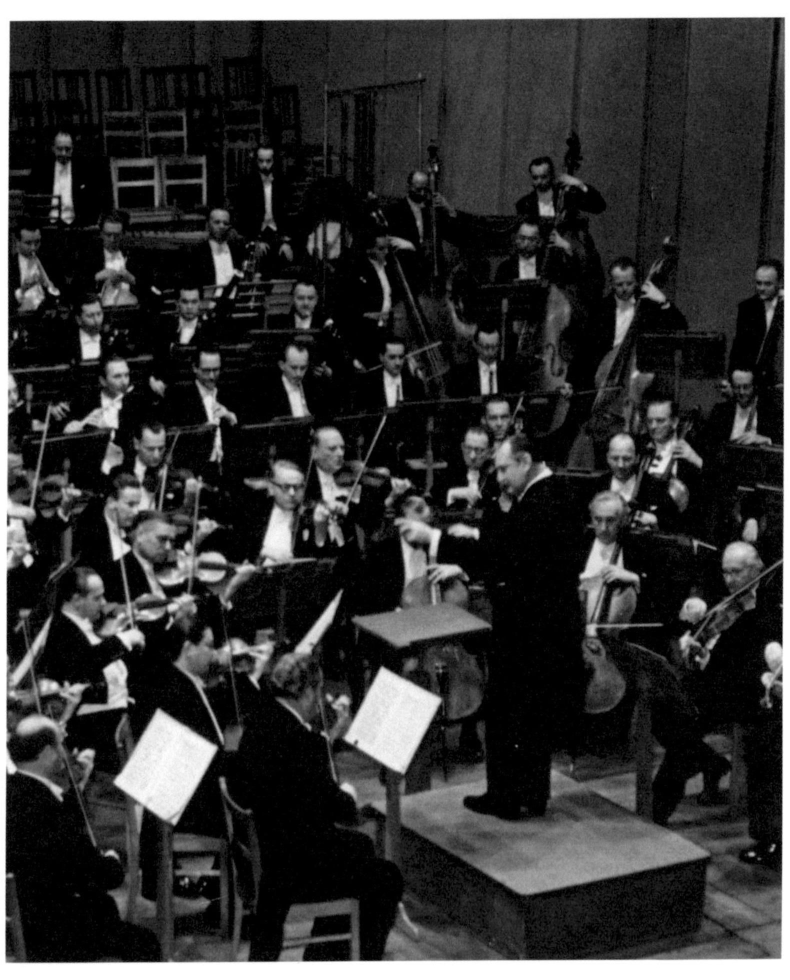

Franz Konwitschny mit der Staatskapelle Dresden, 1954 (Foto: Werner Frost)

Dirigentenzimmer im Großen Haus der Staatstheater Dresden zu gehen und ihn um die Aufnahme des Werkes eines DDR-Komponisten in sein nächstes Konzertprogramm zu bitten. Konkret ging es um den Dresdner Altmeister Fidelio F. Finke, der wie Konwitschny aus dem Böhmischen stammt. Konwitschny empfing den jungen Mann freundlich und offensichtlich bei bester Laune. Als ich mein Anliegen in entsprechend ehrfürchtiger Rede vorgebracht hatte, sagte Konwitschny lächelnd: „Ich dirigiere die DDR-Komponisten oft. Nehmen wir ein Werk des Größten: Johann Sebastian Bach!" Damit war ich entlassen. Meine Kollegen Dramaturgen haben mich getröstet: Niemand ist Konwitschny gewachsen, vor allem nicht unsere Obrigkeit. Als ihn einer der Dresdner Intendanten zu einem Gespräch einlud, antwortete Konwitschny kurz: „Ich bin eine Stunde vor Beginn der Vorstellung im Dirigentenzimmer erreichbar." Er war eben gewöhnt, dass man zu ihm kam, nicht dass er kommen sollte.

Kurt Masur (1927–2015) stammte aus Schlesien. Er war in Schwerin und an der Komischen Oper Berlin Chefdirigent. Von 1967 bis 1972 leitete er die Dresdner Philharmonie, bei der er bereits zwischen 1955 und 1958 als zweiter Dirigent verpflichtet war. 1970–1996 war Masur Gewandhauskapellmeister und 1991–2002 Musicdirector des New York Philharmonic Orchestra und 2000–2007 Chefdirigent des London Philharmonic Orchestra. Danach dirigierte er krankheitshalber nur noch selten.
Unsere Bekanntschaft begann 1959, als Masur ein Konzert mit Werken von Dvořák und Strauss leitete, dem 1960 ein weiteres folgte. Danach kam es noch einmal zu Dirigaten in der Oper. Insgesamt war das Verhältnis zur Kapelle aber gebrochen. Trotz aller Versuche ließ Masur sich nicht zur Versöhnungsgeste eines Konzertes mit der Staatskapelle in Dresden bewegen. Der Stachel, dass ihn die Kapelle als Dirigent abgelehnt hatte, saß zu tief. Als Gewandhausmusiker nach Dresden zur Kapelle wechselten, wurde der Graben weiter vertieft.
Ich war deshalb froh, als mich Kurt Masur in sein Berliner Hotel einlud, um mit mir über das Programm zu sprechen, das er zum 75-jährigen Bestehen des ältesten deutschen Rundfunk-Sinfonieorchesters 1988 zu dirigieren

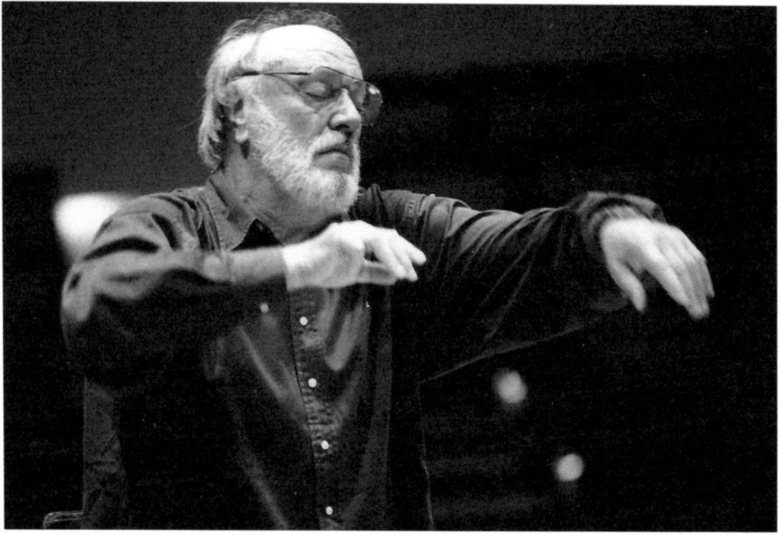

Kurt Masur, 1998 (Foto: Christian Bard)

bereit war. Der Zwist zwischen Leipzig und Dresden spielte keine Rolle. Masur war aufgeräumt und unverkrampft. Wir einigten uns auf ein „österreichisches Programm" mit Werken von Friedrich Cerha und Bruckner. Masur hatte nicht vergessen, dass das Rundfunk-Sinfonieorchester Berlin ihm seinerzeit mit Produktionen geholfen hatte, als er in Schwierigkeiten wegen seines abgebrannten Hauses in Schwerin steckte. 1988 hat er uns und meinen Nachfolger beim RSB, Bernd Runge, zu einer illustren Gesellschaft in Berlin eingeladen, um sein 50. Kapellmeister-Jubiläum zu feiern.

Seiji Ozawa (*1935) bin ich mehrfach begegnet: anlässlich der Konzerte der Staatskapelle Dresden zu den Salzburger Festspielen und bei seinen Gastspielen mit den Wiener Philharmonikern im Schauspielhaus Berlin. Die Erlebnisskala war durch des Maestros Temperament sehr hoch – gleich, ob er Werke von Dvořák, Brahms, Bartók oder Prokofjew dirigierte. Als wir uns Anfang August 1972 im Großen Festspielhaus in Salzburg auf die Probe mit dem uns bis dahin nur vom Hörensagen bekannten Dirigenten vorbereiteten, war für uns lange Zeit kein japanischer Künstler in Sichtweite. Schließlich habe ich ihn in einer Sitzreihe des Parketts entdeckt, wo er seine Sportsachen in seine Dirigierkleidung wechselte. Kurze Vorstellung: „Ich bin Ozawa!" Er kam vom Schwimmen und ging nach der Probe auf den Tennisplatz. 1976 war die Freude des Wiedersehens und Musikmachens beiderseits groß. Vor allem mit *Threnos* von Penderecki erreichten Dirigent und Orchester eine Symbiose, wie sie selten gefunden wird. Und das Publikum, das in Salzburg bei den Festspielen ein sehr spezielles ist, war eingeschlossen.
In Berlin gastierte Ozawa im Rahmen eines Zyklus, den die Wiener Philharmoniker 1993 und 1995 in der wiedervereinigten Stadt mit Werken von Bartók, Berlioz, Dvořák, Joseph Haydn, Mozart und Prokofjew im Ost-Berliner Schauspielhaus gaben. Im Dirigentenzimmer war „Musik eint!" seine Botschaft. Dem konnten wir mit Freude und Dankbarkeit zustimmen.

Ein wohl einmaliges Erlebnis hatten **Alfred Walter (1929–2004)** und ich. Der aus dem böhmischen Wallern stammende österreichische Dirigent war mit einem Programm von Chorwerken von Mozart und Strauss, das auch produziert werden sollte und eigentlich unter der Leitung von Dietrich Knothe, unserem erkrankten Chordirigenten, geplant war, kurzfristig „eingesprungen". Das Projekt war für Anfang November 1989 disponiert worden. Die Konzerttermine im Berliner Schauspielhaus am Gendarmenmarkt waren der 3. und 5. November 1989, die Produktion hatte davor stattgefunden. Walter war zu dieser Zeit freischaffend tätig und konnte uns eine Zusage als „Ersatz-Dirigent" geben, wie er selbst formulierte.

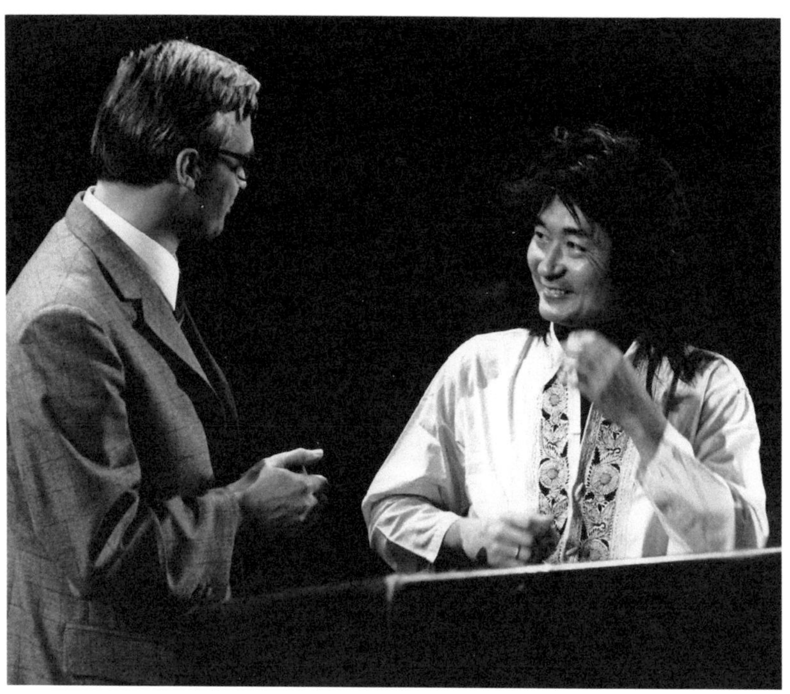

Dieter Uhrig begrüßt Seiji Ozawa zur Probe in Salzburg, 1976
(Foto: Wolfgang Wahrig)

An einem der Novembertage rief er mich aus dem Interhotel am Alexanderplatz an und wollte sich baldmöglichst mit mir treffen. Ich hatte keine Ahnung, worum es gehen sollte, zumal mir signalisiert war, dass die Produktion gut laufe. Im Hotel angekommen, zogen wir uns in eine Ecke zurück, und Walter rückte mit der Sprache heraus: „Was haben die Demonstrationen zu bedeuten, die ich vom Hotelzimmer aus gestern Abend beobachtet habe? Wofür gehen die Menschen auf die Straße? Ist das überhaupt möglich und wird gestattet?" Wir standen damals mitten in der Zeit des Wendeprozesses, und ich versuchte, Walter davon einen Einblick zu geben, soweit mir das möglich war. Denn den Ausgang aller dieser Demonstrationen mit ihren vielen Teilnehmern aller Altersgruppen, die Freiheit forderten, kannte ich natürlich nicht. Nach den Konzerten hat mir Alfred Walter gesagt, wie sehr es ihn bewegt habe, in diesem historischen Moment in Berlin gewesen zu sein, um ein humanistisches Programm zu übernehmen und aufzuführen. Wir haben danach noch korrespondiert; Walter hat mir in den Jahren immer wieder Literatur geschickt, die in der DDR nicht zu bekommen war. Ein weiteres Zusammentreffen in Konzerten hat es danach leider nicht mehr gegeben.

Abkürzungen

BRD	Bundesrepublik Deutschland (23.5.1949 – 2.10.1990)
DDR	Deutsche Demokratische Republik (7.10.1949 – 2.10.1990)
EA	Erstaufführung
FDJ	Freie Deutsche Jugend in der DDR
GA	Gesamtaufnahme
GMD	Generalmusikdirektor
UA	Uraufführung
RSB	Rundfunk-Sinfonieorchester Berlin
RSO	Radio-Sinfonieorchester Berlin
VEB	Volkseigener Betrieb in der DDR

Bildnachweis

Historisches Archiv der Sächsischen Staatstheater
Wolfgang Wahrig: S. 33, 74, 115, 118, 120, 128, 131, 139, 145
Erwin Döring: 23, 34, 41, 47, 48, 51, 65, 82, 92, 110, 132, 135, 136, 142, 144, 149, 151, 152, 153, 156, 164, 186, 191
Marina Augustin: S. 108
Hans Dieter Grohé: S. 18, 30, 116, 159
Matthias Creutziger: S. 66
Helmut Schäfer: S. 100
Hansjoachim Mirschel: S. 24, 88, 89, 119, 125
Werner Frost: 188

Archiv des ROC Berlin
Christian Bard: S. 154, 166, 170, 189
Hans Pölkow: S. 69
Evelyn Richter: S. 98
Henning Kaiser: S. 167
Klaus Rudolph: S. 70

SLUB Dresden/Deutsche Fotothek
S. 63, 67, 78, 86, 122, 175

Weitere Fotografen
Archiv Dieter Uhrig: S. 10, 111, 138, 177, Siegfried Lauterwasser: S. 102, Werner Wurst: S. 112, Tom Yates: S. 172, Susanne Rögner: S. 52, 56, Gertrud Gröllmann: S. 29, Volker Anders: 32, Elke A. Jung-Wolff: S. 58, 63, Fotograf unbekannt: 173, 178

Wir danken den Fotografen für ihre Zustimmung zur Veröffentlichung der Bilder. Sollten überdies Fotografen nicht benannt sein oder Rechte Dritter bestehen, bitten wir um Rückmeldung.

Literaturverzeichnis

Herbert Blomstedt: Mission Musik. Gespräche mit Julia Spinola, Leipzig/Kassel 2017

Peter Brem/Doris Mendlewitsch: Ein Leben lang erste Geige. Meine Zeit bei den Berliner Philharmonikern, Reinbek bei Hamburg 2016

Julian Caskel/Hartmut Hein (Hrsg.): Handbuch Dirigenten. 250 Porträts, Kassel 2005

Peter Csobádi (Hrsg.): Karajan oder Die kontrollierte Extase, München 1990

Christina Drechsel: Carlos Kleiber … einfach was dasteht!, Köln 2010

Franz Endler: Karl Böhm. Ein Dirigentenleben, Vorwort von Leonard Bernstein, hrsg. von Stefan Jaeger, Hamburg 1981

Festschrift im Andenken an Kurt Sanderling 1912–2011, Redaktion Peter Gülke/Ulf Werner, Konzerthaus Berlin 2012

Jens Malte Fischer, Carlos Kleiber – der skrupellose Exzentriker, 3. Auflage Göttingen 2007

Johannes Forner, unter Mitarbeit von Manuela Runge: Kurt Masur. Zeiten und Klänge. Biographie, München 2003

Peter Gradenwitz: Leonard Bernstein. Unendliche Vielfalt eines Musikers, München 1993

Peter Gülke: Auftakte – Nachspiele. Studien zur musikalischen Interpretation, Stuttgart/Weimar 2006

Peter Gülke: Dirigenten, Hildesheim/Zürich/New York 2017

Wolfgang Hattinger: Der Dirigent. Mythos – Macht – Merkwürdigkeiten, Kassel 2013

Rudolf Kempe. Bilder eines Lebens. Mit einem Geleitwort von Dietrich Fischer-Dieskau, Zusammenstellung und Text von Cordula Kempe-Oettinger, München 1977

Alain Paris: Klassische Musik im 20. Jahrhundert. Instrumentalisten, Sänger, Dirigenten, Orchester, Chöre, 2. erweiterte, völlig überarbeitete Auflage, München 1997

Eckhard Roelcke: Der Taktstock. Dirigenten erzählen von ihrem Instrument, Wien 2000

Rückblick. Fotos, Berichte, Kritiken, Statistik, Staatstheater Dresden 1974

Wolfgang Schreiber: Große Dirigenten, Aktualisierte Neuausgabe, München 2007

Wolfgang Seifert: Atmen mit dem Orchester. Der Dirigent Marek Janowski, Autorisierte Biografie, Mainz 2010

Julia Spinola: Die großen Dirigenten unserer Zeit, Berlin 2005

Wolfgang Sawallisch: Kontrapunkt. Herausforderung Musik, hrsg. von Eckhart Schmidt, Hamburg 1993

Staatskapelle Dresden. Mit einem Essay von Ernst Krause, hrsg. von Eberhard Steindorf und Dieter Uhrig, Berlin 1973

Eberhard Steindorf: Die Staatskapelle Dresden, Leipzig 1987

Eberhard Steindorf: Die Sächsische Staatskapelle Dresden, Berlin 1997

Eberhard Steindorf: Wie Glanz von altem Gold. 450 Jahre Sächsische Staatskapelle Dresden. Ein Bildband, Kassel 1998

Markus Thiel: Mariss Jansons. Ein leidenschaftliches Leben für die Musik, München 2020

Robert Vaughan: Herbert von Karajan. Ein biographisches Porträt, Frankfurt am Main/Berlin 1889

Alexander Werner: Carlos Kleiber. Eine Biografie, 2., durchgesehene Auflage, Mainz 2008

Berndt W. Wessling: Herbert von Karajan. Eine kritische Biographie, München 1994

Wunderharfe. 450 Jahre Sächsische Staatskapelle Dresden, Redaktion Werner Schmidt unter Mitarbeit von Ortrun Landmann und Eberhard Steindorf, Staatliche Kunstsammlungen Dresden in Zusammenarbeit mit der Sächsischen Staatsoper Dresden, Dresden 1998

450 Jahre Sächsische Staatskapelle Dresden. Eine Festschrift, Dresden 1998

Lexika

Riemann Musik-Lexikon. Personenteil, 12. völlig überarbeitete Auflage in drei Bänden, hrsg. von Willibald Gurlitt, Mainz 1959

Riemann Musik-Lexikon. Ergänzungsband Personenteil, hrsg. von Carl Dahlhaus, Mainz 1972

Horst Seeger: Musiklexikon in zwei Bänden, Leipzig 1966

Danksagung

Zunächst danke ich allen, die mich ermuntert und begleitet haben, diese „Erinnerungen“ aufzuschreiben.

Der erste Dank gilt meiner Frau, die mir immer zur Seite gestanden hat, mit Rat und Tat.

Neben meinem Herausgeber, Prof. Dr. Matthias Herrmann, nenne ich dankbar Janina Schütz mit ihrem Team vom Historischen Archiv der Sächsischen Staatstheater als Hauptunterstützende und nie nachlassende Ermunternde.

Außerdem danke ich zahlreichen Künstleragenturen für Material zur Erarbeitung der Biographien: Konzertdirektion Adler, Berlin; Künstlersekretariat am Gasteig, München; Konzertdirektion Schmid, Hannover; Agentur Böhm/Raab, Wien; Artists Management, Zürich; Stephen Wrigth, London und der Künstleragentur der DDR.

Geholfen hat mir die umfangreiche Detailkenntnis von meinem damaligen Dresdner Dramaturgenkollegen Dr. Eberhard Steindorf bei der Nachforschung von Details.

Außerdem waren mir Angaben in Artikeln von Wikipedia sowie die Notizen in den jeweiligen Konzertprogrammheften der Sächsischen Staatskapelle Dresden und des Rundfunk-Sinfonieorchesters Berlin eine Hilfe.

Nicht vergessen möchte ich die Tatsache, dass mich bei der Gewinnung und Betreuung aller Künstler die Vorstände (in der DDR die AGL) beider Orchester aktiv unterstützt haben. Bei der Staatskapelle Dresden waren das Heinz Billing, Alfons Orpky und Joachim Mäder; beim Rundfunk-Sinfonieorchester Berlin Joachim Jeitner, Erich Krüger und Silke Uhlig.

Wichtig und deshalb mit besonderem Dank bedacht sind die Fotografen, die mir geholfen haben, die Atmosphäre des Geschriebenen zu ergänzen und mir in Fragen der Rechte sehr entgegengekommen sind. Erinnern möchte ich im Besonderen an die „Orchesterfotografen“ der beiden Orchester: Wolfgang Wahrig, Violinist in der Staatskapelle Dresden, und Christian Bard, Cellist im Rundfunk-Sinfonieorchester Berlin. Sie haben in der Sphäre unmittelbarer künstlerischer Arbeit aus der Sicht des mitwirkenden Musikers ihre Aufnhamen gemacht, die ein getreues Abbild der jeweiligen Atmosphäre ermöglichen. Für die technische Beratung der Bildübermittlung danke ich Karl Hanenberg.

Ein ganz besonderer Dank gilt meiner Verlegerin, Dr. Romy Donath, die sich ohne „Wenn und Aber“ entschlossen hat, alle drei vorgesehenen Bände meiner „Erinnerungen“ zu veröffentlichen.

Dieter Uhrig

Nachwort des Herausgebers

Unsere Gesellschaft bedarf einer differenzierten Erinnerungskultur, so auch im Bereich der Klassischen Musik. Der Autor Dieter Uhrig hat diese in zwei politischen Systemen über Jahrzehnte hautnah erlebt und mitgestaltet. Davon zeugt sein Buch über die Begegnungen mit Dirigenten aus Ost und West auf bemerkenswerte Weise.

Der ehemalige Orchesterdirektor der Staatskapelle Dresden und des Rundfunk-Sinfonieorchesters Berlin wandte sich vor einigen Jahren mit der Frage an mich, ob ich es für sinnvoll erachten würde, dass er seine diesbezüglichen Materialien und Erinnerungen an beide Orchester aufarbeiten solle. Nach Durchsicht der überreichen Unterlagen und wiederholten Gesprächen kam ich zu dem Schluss, dies als lohnende Aufgabe meinem Gesprächspartner zu empfehlen. In diesem Zusammenhang entstand der Gedanke an eine Dreiteilung in Buchform: Dirigenten – Komponisten – Solisten.

Es bleibe nicht unerwähnt, dass mich die Thematik aus Dresdner Sicht besonders reizt, da ich zur Staatskapelle eine jahrzehntelange Zuneigung empfinde. Zum einen war die „Kapelle" ein regelmäßiger orchestraler Partner des Dresdner Kreuzchores unter Rudolf Mauersberger und Martin Flämig (wobei ich als jugendlicher Mitsänger manch einen Höhepunkt miterleben durfte), zum anderen erinnere ich mich für die 1970/80-Jahre zahlreicher Sternstunden in Konzerten unter Rudolf Kempe, Eugen Jochum, Karl Böhm, Igor Markevitch, Marek Janowski und Herbert Blomstedt.

Meine Aufgabe als Herausgeber konzentrierte sich darauf, Dieter Uhrig als Autor im Großen wie im Kleinen zu beraten: Wie kann das überreiche Material ausgewählt und in eine sinnvolle, lesbare Form gebracht werden? Wie erhält dieses Buchprojekt eine für den Leser nachvollziehbare Anmutung? Wie lassen sich Bilder und Dokumente anschaulich in den Gesamtzusammenhang einfügen?

Es kristallisierte sich ein Modell heraus, das zum betreffenden Dirigenten folgende Standards enthält: biographische Notiz, Erinnerungstext des Autors, Dirigier-Chronologie. Neben übergreifenden Erörterungen wird auf diese Weise die Vielfalt der Persönlichkeiten in Verbindung mit ihrem Wirken bei der Staatskapelle Dresden und/bzw. beim Rundfunk-Sinfonieorchester Berlin deutlich.

Matthias Herrmann
März 2023